高等职业教育物流类专业系列教材

物流营销与客户关系

主　编　任　翔　周希林

副主编　任广乐　邓尚新

参　编　金　涛　郭向红　许　慧

机械工业出版社

CHINA MACHINE PRESS

本书是全国物流职业教育教学指导委员会"基于新专业标准的物流类专业教材建设"专项课题研究成果，校企合作编写而成。

本书打破了传统按章节编写的范式，以物流营销职业晋升方向为主线，将学习内容分为4篇、16个任务。每篇制作了思维导图，梳理了"工学结合"的逻辑；配备了学习导引，明确了学习目的；设置了学习目标，强化了学习针对性。每个学习任务以物流企业营销岗位工作任务为驱动，系统、全面介绍了物流营销专员、物流营销主管、物流营销经理等3个职位应具备的知识、能力和素质，设置了"比一比""练一练""看一看""读一读""议一议"等特色板块，让学习者明确职业成长方向、明晰岗位任职要求、明了学习任务内容，内容编排符合认知规律和技术技能人才成长规律。

本书在编写过程中坚持立德树人，融合了国家交通强国战略、国家有关交通物流政策文件、行业人物事迹等，旨在弘扬爱国主义精神，发挥榜样的力量，将学生培养成为拥有"四个自信"的社会主义事业建设者和接班人。

本书可作为高等职业教育专科及本科层次物流管理相关专业的教材，也可作为物流企业营销从业人员的培训教材。

图书在版编目（CIP）数据

物流营销与客户关系 / 任翔，周希林主编. -- 北京：
机械工业出版社，2025.10. -- （高等职业教育物流类专业系列教材）. -- ISBN 978-7-111-78948-2

I. F252.2

中国国家版本馆 CIP 数据核字第 20254NH634 号

机械工业出版社（北京市百万庄大街 22 号　邮政编码 100037）
策划编辑：孔文梅　胡延斌　　责任编辑：孔文梅　胡延斌　施　红
责任校对：龚思文　张　薇　　封面设计：马若濛
责任印制：单爱军
保定市中画美凯印刷有限公司印刷
2025 年 10 月第 1 版第 1 次印刷
184mm×260mm • 14.25 印张 • 268 千字
标准书号：ISBN 978-7-111-78948-2
定价：49.00 元

电话服务　　　　　　　　　　网络服务
客服电话：010-88361066　　机 工 官 网：www.cmpbook.com
　　　　　010-88379833　　机 工 官 博：weibo.com/cmp1952
　　　　　010-68326294　　金 书 网：www.golden-book.com
封底无防伪标均为盗版　　机工教育服务网：www.cmpedu.com

本书是全国物流职业教育教学指导委员会"基于新专业标准的物流类专业教材建设"专项课题研究成果。同时，本书基于"交通职业教育交通强国专项试点任务"——"多式联运智力支撑与人才保障"项目，通过校企合作编写而成，该项目的批文为《交通运输部关于开展交通职业教育交通强国专项试点工作的意见》（交规划函〔2023〕708号）。

本书在编写过程中，以服务国家交通强国战略为宗旨，以深化校企合作、产教融合为目标，以物流营销职业发展路径为导向，以物流营销岗位工作任务为驱动，以物流营销三级岗位工作任务递进关系为逻辑，体现了职业教育特色、工学结合特色和产教融合特色。

1．以职业发展路径为导向

本书在编写前，调研了我国部分5A级物流企业物流营销岗位人员的岗位设置情况，归纳了该类人员从物流营销专员→物流营销主管→物流营销经理的职业发展路径，以职业发展路径为本书的编写脉络，让学生从职场人的角度来进行学习和训练，彰显了本书的职业教育特色。

2．以岗位工作任务为驱动

本书分为4篇，每篇以行业人物为标杆，引导学生学习他们的劳动精神。每个任务的"任务情景"中，以物流营销人员的真实岗位工作任务为驱动，让学生以问题为导向开展学习；"任务分析"中明确学生应掌握的知识与技能；"任务准备"中，让学生带着问题学习完成任务应具备的知识和技能；"任务实施"中，由老师带领学生按照操作步骤，完成实训任务，并评价任务完成情况。这种以岗位工作任务为驱动的编写方法，彰显了本书的工学结合特色。

3．以岗位工作任务递进关系为逻辑

本书在编写前，征求了京东、顺丰等我国5A级物流企业专家的意见和建议，明确了物流营销专员、物流营销主管和物流营销经理三者的分工和职责；在编写过程中，编者与企业专家代表共同确定了物流营销三个岗位所对应的学习任务，应用了京东、顺丰等企业的案例和微博公开视频；在编写后，征求了所调研企业所有专家的意见，进一步明确了物流营销专员、物流营销主管和物流营销经理三个项目学习任务之间的递进关系，从而让学生真正能以企业人、社会人的角色去学习、训练，激发学生的学习兴趣，明确进入企业后在职场生涯各个阶段的主要工作任务和职责。

本书主编为湖北交通职业技术学院任翔和周希林；副主编为京东集团副总裁、京东物流湖北省总经理任广乐，鄂州顺路物流有限公司总经理邓尚新；参编人员有湖北交通职业技术学院金涛、郭向红、许慧。具体分工为：任翔负责编写入职篇任务1和成长篇，并负责全书的总体策划、结构设计、统稿和定稿；周希林负责编写进阶篇任务1和任务2；任广乐负责编写积淀篇任务1、进阶篇任务3；邓尚新、任广乐负责编写积淀篇任务2、进阶篇任务4；金涛负责编写入职篇任务2；郭向红负责编写积淀篇任务3；许慧负责编写积淀篇任务4；任广乐和邓尚新负责审核本书的企业数字资源和案例。

为方便教学，本书配有电子课件等配套教学资源。凡使用本书的教师均可登录机械工业出版社教育服务网 www.cmpedu.com 进行下载。咨询电话：010-88379375，或加入 QQ 群：962304648。

由于编者水平有限，本书难免有错漏之处，敬请广大读者批评指正。

编　者

目 录

入职篇　物流营销岗前培训

思维导图

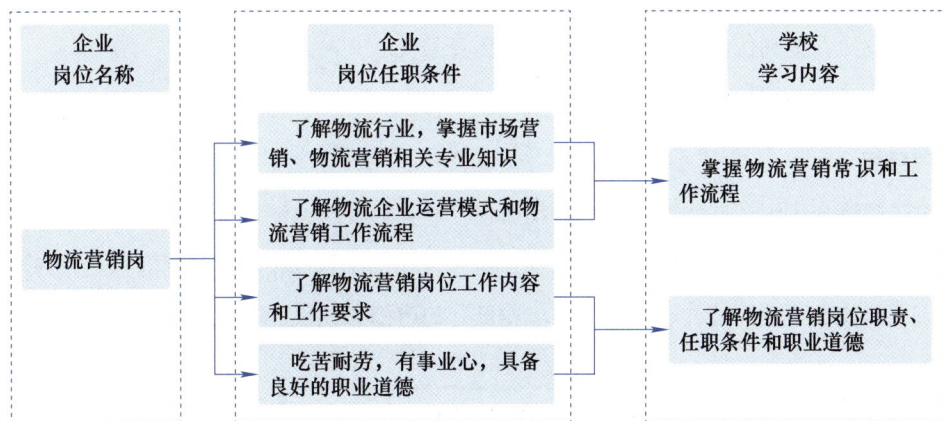

学习导引

　　物流营销岗位的准员工入职后，公司将会对其开展岗前培训。培训合格后，方可成为公司的正式员工。

　　准员工在岗前培训中将系统学习物流营销的理论知识、行业知识，掌握物流营销岗位的工作流程，了解物流营销岗位任职条件和工作职责，并认识物流营销岗位应具备的职业道德。

　　系统的岗前培训，有助于员工更好地了解企业文化、熟悉工作环境、掌握基本技能，从而更快地融入企业，胜任即将负责的工作。

学习目标

知识目标

　　了解市场营销的含义。

　　理解不同营销理念的联系与差别。

　　了解物流营销的内涵。

　　了解物流营销人员的岗位职责。

　　了解岗位职责的作用。

　　了解物流营销人员的任职条件。

了解物流营销活动中的职业道德。

能力目标

能将营销理论知识运用到物流营销岗位工作中。

能根据物流营销岗位工作流程开展相关工作。

能根据岗位职责的要求完成相应工作内容。

能根据物流营销岗位的任职条件不断完善自身条件。

能遵守物流营销岗位的职业道德要求。

素养目标

通过了解物流大国迈向物流强国的十年历程，增强对我国物流行业发展的自信。

通过掌握物流营销任职条件和岗位职责，培养遵守工作职责和规章制度的职业行为习惯。

通过了解物流营销岗位的职业道德，培养良好的道德和礼仪。

行业知识　物流大国迈向物流强国的十年历程

从 2014 年到 2023 年，在以习近平同志为核心的党中央领导下，中国迎来了现代物流高速发展的黄金十年。现代物流在构建现代流通体系、促进形成强大国内市场、维护产业链供应链稳定、建设现代化经济体系中发挥着先导性、基础性、战略性作用。

1．2014 年——首部中长期物流规划

2014 年 9 月 12 日，国务院发布《关于印发物流业发展中长期规划（2014—2020 年）的通知》，正式把物流业定义为融合运输、仓储、货代、信息等产业的复合型服务业，是支撑国民经济发展的基础性、战略性产业。将物流业定位为国家基础性、战略性产业，物流业的行业地位得到提高。

2014 年，我国快递业务量完成 140 亿件，首次成为世界第一。

2．2015 年——数字物流得顶层加持

2015 年 3 月 5 日，国家在《政府工作报告》提出"互联网＋"。同年 7 月 4 日，国务院印发《关于积极推进"互联网＋"行动的指导意见》，"互联网＋高效物流"纳入 11 项重点行动，这也是后来菜鸟物流、美团配送、满帮集团、货拉拉、快狗打车、滴滴货运等数字化货运平台得以发展的政策因素。

3．2016 年——"物流大国"推降本增效

2016 年 9 月 13 日，国务院办公厅转发国家发展和改革委员会《物流业降本增效专项行动方案（2016—2018 年）》，推进物流业供给侧结构性改革。提出 5 个方面（简政放权、降税清费、

补短强基、互联互通、联动融合）21 项具体措施，要求逐步有序地取消政府还贷二级公路收费。

2016 年，我国社会物流总费用超过 11 万亿元，首次成为全球最大的物流市场。

4．2017 年——深入推进物流降本增效

2017 年，国务院密集出台一系列物流与供应链政策。国务院办公厅先后印发《关于加快发展冷链物流保障食品安全促进消费升级的意见》（国办发〔2017〕29 号）和《关于进一步推进物流降本增效、促进实体经济发展的意见》（国办发〔2017〕73 号）。国办发〔2017〕73 号提出 7 项 27 条政策推进物流降本增效，包括深化"放管服"改革，激发物流运营主体活力；加大降税清费力度，切实减轻企业负担；加强重点领域和薄弱环节建设，提升物流综合服务能力；加快推进物流仓储信息化标准化智能化，提高运行效率；深化联动融合，促进产业协同发展；打通信息互联渠道，发挥信息共享效用；推进体制机制改革，营造优良营商环境。

5．2018 年——快递大国推进快递发展

2018 年 1 月 23 日，国务院办公厅印发《关于推进电子商务与快递物流协同发展的意见》（国办发〔2018〕1 号），提出强化制度创新，优化协同发展政策法规环境；强化规划引领，完善电子商务快递物流基础设施；强化规范运营，优化电子商务配送通行管理；强化服务创新，提升快递末端服务能力；强化标准化智能化，提高协同运行效率；强化绿色理念，发展绿色生态链。

2018 年 2 月 7 日，国务院召开国务院常务会议，会议通过《快递暂行条例（草案）》，这是我国快递业首部行政法规。

6．2019 年——交通强国建设助力物流

2019 年 9 月 19 日，国务院印发《交通强国建设纲要》，提出到 2035 年，基本建成交通强国，现代化综合交通体系基本形成，基本形成"全国 123 出行交通圈"和"全球 123 快货物流圈"。同年 9 月 6 日，交通运输部和国家税务总局颁布《网络平台道路货物运输经营管理暂行办法》，首次将"无车承运"更名为"网络平台道路货物运输经营"，并对其定义和法律地位进行了明确界定，推动数字货运物流发展。

同年 3 月，国家发展改革委、交通运输部等 24 个部门联合发布《关于推动物流高质量发展促进形成强大国内市场的意见》，首次提出物流业是支撑国民经济发展的战略性、先导性、基础性产业。

7．2020 年——抗疫纾困与物流降本

2020 年 3 月 3 日，国务院召开常务会议，确定支持交通运输、快递等物流业纾解困难加快恢复发展的措施。

2020 年 5 月 20 日，国务院办公厅转发国家发展改革委、交通运输部《关于进一步降低物流成本实施意见的通知》发布，提出，深化关键环节改革，降低物流制度成本；加强土地和资

全保障，降低物流要素成本；加强信息开放共享，降低物流信息成本；推动物流设施高效衔接，降低物流联运成本；推动物流业提质增效，降低物流综合成本。

8. 2021 年——冷链物流规划先行出炉

2020 年 10 月中国共产党第十九届中央委员会第五次全体会议通过的《中共中央关于制定国民经济和社会发展第十四个五年规划和二〇三五年远景目标的建议》明确要求构建现代物流体系。2021 年 12 月 12 日，国务院办公厅印发《"十四五"冷链物流发展规划》，要求加强顶层设计和工作指导，推动冷链物流高质量发展。冷链物流作为细分物流市场，先于国家"十四五"现代物流发展规划出炉，在一定程度上反映了国家对该市场的关切。

9. 2022 年——"十四五"现代物流规划出炉

2022 年 12 月 15 日，国务院办公厅关于印发《"十四五"现代物流发展规划的通知》，这是我国首部五年现代物流发展规划。该规划提出了国家物流枢纽建设工程、铁路物流升级改造工程、物流业制造业融合创新工程、现代物流企业竞争力培育工程等。

10. 2023 年——《政府工作报告》提供应链

2023 年 3 月 5 日，《政府工作报告》提出，持续做好"六稳""六保"工作，强化保居民就业、保基本民生、保市场主体、保粮食能源安全、保产业链供应链稳定、保基层运转，以改革开放办法推动经济爬坡过坎、持续前行。

思考：

1. 我国物流近十年发展有哪些特点？

2. 作为国内物流消费者，你感觉我国物流这十年有哪些变化？

任务 1　掌握物流营销常识和工作流程

任务情景

工作任务：编制新员工岗前培训方案。

2024 年年初，顺义物流公司市场营销部录取了一批大学毕业生。这其中既有物流管理专业的学生，也有市场营销等专业的学生。新员工入职后，向该公司物流营销主管李先生提了很多问题，主要包括以下几个方面：

1）我们是营销专业毕业的，但是老员工让我们明天和他们一起去上门拜访客户，这是去做推销吗？

2）我们应该做哪些事，不应该做哪些事？

3）我们的职位多久才能晋升？

针对这些问题，李先生准备制定新员工培训方案，为新员工开展入职培训，让大家系统了解物流营销岗位。

任务分析

新员工在物流企业从事营销工作，必须首先经过岗前培训。通过岗前培训，新员工将了解关于营销常识和营销岗位的工作流程。

作为营销主管，应该让新员工掌握以下知识和技能：

1. 相关的专业知识

市场营销的含义，市场营销观念综述，市场营销 4P 理论，物流营销，物流营销工作流程。

2. 相关的职业技能

能根据物流营销岗位工作流程开展相关工作。

任务准备

一、市场营销的含义

市场营销是指个人或集体通过交易其创造的产品或价值，以获得所需之物，实现双赢或多赢的过程。它包含两种含义：一种是动词理解，是指企业的具体活动或行为，这时称之为市场营销或市场经营；另一种是名词理解，是指研究企业的市场营销活动或行为的学科，称之为市场营销学、营销学或市场学等。

相关专家认为可以从以下几个方面理解市场营销的含义：

（1）市场营销分为宏观和微观两个层次。

宏观市场营销是反映社会的经济活动，其目的是满足社会需要，实现社会目标。微观市场营销是一种企业的经济活动过程，它是指根据目标顾客的要求生产适销对路的产品，从生产者流转到目标顾客的过程，其目的在于满足目标顾客的需要，实现企业的目标。

（2）市场营销活动的核心是交换。

市场营销的范围不仅限于商品交换的流通过程，而且包括产前和产后的活动。产品的市场营销活动往往比产品的流通过程要长。现代社会的交易范围很广泛，已突破了时间和空间的壁垒，形成了普遍联系的市场体系。

（3）市场营销与推销、销售的含义不同。

市场营销包括市场研究、产品开发、定价、促销、服务等一系列经营活动。而推销、销售仅是企业营销活动的一个环节或部分，是市场营销的职能之一，不是其最重要的职能。

（4）营销活动贯穿企业活动的全过程。

市场营销不是企业某一方面的活动，而是贯穿企业经营活动的全过程；也不只是营销部门的事情，而是整个企业的事情。因此，企业要树立全员营销的概念。

二、市场营销观念综述

随着市场环境的演变与发展，市场营销的观念可分为6个阶段，即生产观念、产品观念、市场营销观念、客户观念、社会市场营销观念和大市场营销观念。

1．生产观念

生产观念是指导销售者行为的最古老的观念之一。这种观念产生于20世纪20年代前，企业经营哲学不是从消费者需求出发，而是从企业生产出发，其主要表现是"我生产什么，就卖什么"。生产观念认为，消费者喜欢那些可以随处买得到而且价格低廉的产品，企业应致力于提高生产效率和分销效率，扩大生产、降低成本以扩展市场。

生产观念是在卖方市场条件下产生的。在资本主义工业化初期以及第二次世界大战末期和战后一段时期内，由于物资短缺，市场产品供不应求，生产观念在企业经营管理中颇为流行。我国在计划经济旧体制下由于市场产品短缺，企业不愁其产品没有销路，工商企业在其经营管理中也奉行生产观念，具体表现为：工业企业集中力量发展生产，轻视市场营销，实行以产定销；商业企业集中力量抓货源，工业生产什么就收购什么，工业生产多少就收购多少，也不重视市场营销。

2．产品观念

产品观念也是一种较早的企业经营观念。产品观念认为，消费者喜欢高质量、多功能和具有某种特色的产品，企业应致力于生产高值产品，并不断加以改进。它产生于市场产品供不应求的"卖方市场"形势下。容易滋生产品观念的场合，就是当企业推出一款新产品时。此时企业容易"市场营销近视"，即不适当地把注意力放在产品上，而不是放在市场需要上，以致在市场营销管理中缺乏远见，只看到自己的产品质量好，看不到市场需要在变化，致使企业经营陷入困境。

3．市场营销观念

市场营销观念是作为对前两种观念的挑战而出现的一种新型企业经营哲学。这种观念是以满足消费者需求为出发点的，即"消费者需要什么，就生产什么"。尽管这种思想由来已久，但其核心原则直到 20 世纪 50 年代中期才基本定型。当时社会生产力迅速发展，市场趋势表现为供过于求的买方市场；同时广大居民个人收入迅速提高，有可能对产品进行选择。为保持产品竞争力，许多企业开始认识到：必须转变经营观念，才能求得生存和发展。市场营销观念认为，实现企业各项目标的关键，在于正确确定目标市场的需要和欲望，并且比竞争者更有效地传送目标市场所期望的物品或服务，进而比竞争者更有效地满足目标市场的需要和欲望。

比一比：辨别相似知识点

市场营销观念同推销观念相比具有重大的差别。西奥多·莱维特曾对推销观念和市场营销观念做过深刻的比较，他指出：推销观念注重卖方需要；市场营销观念则注重买方需要。推销观念以卖主需要为出发点，考虑如何把产品变成现金；而市场营销观念则考虑如何通过制造、传送产品以及与最终消费产品有关的所有事物来满足消费者的需要。

可见，市场营销观念的 4 个支柱是：市场中心、消费者导向、协调的市场营销和利润。推销观念的 4 个支柱是：工厂、产品导向、推销和盈利。从本质上说，市场营销观念是一种以消费者需要和欲望为导向的哲学，是消费者主权论在企业市场营销管理中的体现。

4. 客户观念

随着现代营销战略由产品导向转变为客户导向，客户需求及其满意度逐渐成为营销战略成败的关键。各个行业都试图通过卓有成效的方式及时准确地了解和满足客户需求，进而实现企业目标。实践证明，不同子市场的客户存在着不同的需求，甚至同属一个子市场的客户的需求也会经常变化。为了适应不断变化的市场需求，企业的营销战略必须及时调整。在此营销背景下，越来越多的企业开始由奉行市场营销观念转变为客户观念。

客户观念是指企业注重收集每一个客户以往的交易信息、心理活动信息、媒体习惯信息以及分销偏好信息等，由此确认不同客户的终生价值，然后分别为每一个客户提供不同的产品或服务，传播不同的信息，从而提高客户忠诚度，增加每一个客户的购买量，以确保企业的利润增长。市场营销观念与之不同，它强调的是满足一个子市场的需求，而客户观念则强调满足每一个客户的特殊需求。

需要注意的是，客户观念并不适用于所有企业。一对一营销需要以工厂定制化、运营和沟通网络化为前提条件。因此，贯彻客户观念要求企业在信息收集、数据库建设、计算机软件和硬件购置等方面进行大量投资，而这并不是每一个企业都能够做到的。即使有些企业舍得花钱，也难免会出现投资大于由此带来的收益的局面。客户观念适用于善于收集单个客户信息的企业，这些企业所营销的产品能够借助客户数据库的运用实现交叉销售，也适用于产品需要周期性地重购或升级，或产品价值很高的企业。客户观念往往会给这类企业带来超乎寻常的效益。

5．社会市场营销观念

社会市场营销观念是对市场营销观念的修改和补充。它产生于 20 世纪 70 年代，当时西方资本主义国家处于能源短缺、通货膨胀、失业增加、环境污染严重、消费者保护运动盛行的新形势。市场营销观念回避了消费者需要、消费者利益和长期社会福利之间隐含着冲突的现实。社会市场营销观念认为，企业的任务是确定各个目标市场的需要、欲望和利益，并以保护或提高消费者和社会福利的方式，比竞争者更有效、更有利地向目标市场提供能够满足其需要、欲望和利益的物品或服务。社会市场营销观念要求市场营销者在制定市场营销策略时，统筹兼顾三方面的利益，即企业利润、消费者需要和社会利益。

6．大市场营销观念

大市场营销观念是指企业为了成功地进入特定市场并在那里从事业务经营，在策略上协调地使用经济、心理、政治和公共关系等手段，以争取当地各有关方面的支持与合作。该观念于 20 世纪 80 年代中期提出。20 世纪 70 年代末，资本主义经济的不景气和持续滞胀导致西方国家纷纷采取贸易保护措施。在贸易保护主义思潮日益增长的条件下，从事国际营销的企业为了成功进入特定市场从事经营活动，除了运用好产品、价格、渠道、促销等传统的营销策略外，还必须依靠权力和公共关系来突破进入市场的障碍。大市场营销观念对于从事国际营销的企业具有现实意义，重视和恰当地运用这一观念有益于企业突破贸易保护障碍，占据市场。

上述企业经营观念的产生和存在都有其历史背景和必然性，都是与一定的条件相联系、相适应的。当前，国外企业正在从生产型向经营型或经营服务型转变，企业为了求得生存和发展，必须树立具有现代意识的市场营销观念和社会市场营销观念。但是，必须指出的是，由于诸多因素的制约，不是所有的企业都树立了市场营销观念和社会市场营销观念，事实上，还有许多企业仍然以产品观念及推销观念为导向。

练一练：强化实践能力

根据以上知识，请辨别以下说法属于哪种营销观念。

1）顺丰推出"绿惜·顺丰速递袋回收奖赏计划"，客户参与回收附有合资格运单号的速递袋即可获 SFHK App 会员积分，积分可兑换不同奖赏。

2）美国汽车大王亨利·福特曾宣称："不管顾客需要什么颜色的汽车，我只有一种黑色"。

3）诺基亚认为，关于手机的产品观念是"硬件为王"。

4）客户在用京东物流 App 寄件后，将获得京东物流寄件优惠券，鼓励客户后续再次使用京东物流。

5）顺丰速运认为"快递不仅仅是快递"，应该提供仓储、供应链管理和电子商务服务等一系列高质量的物流解决方案服务，来赢得客户的信赖。

6）2024 年，欧盟滥用调查权，宣布对自中国进口的电动汽车征收高额反补贴税。

7）京东物流投放循环快递包装，推广循环包装的共享回收模式，这一举措将每年减少纸箱、泡沫箱、塑料袋等一次性包装超 1 亿个。

看一看：和京东物流跑五湖四海

一场成功的马拉松背后，有多少秘密？每一场成功的马拉松，都离不开背后的物流服务和保障。

请扫描右侧二维码，来看看一场成功的马拉松背后，有多少看不见的黑科技、物流实力和"小秘密"，让跑者实现轻装上阵"空手"回家，让每场马拉松赛事更高效！

问题：本视频体现了京东物流的哪些市场营销理念？

和京东物流跑五湖四海

三、市场营销 4P 理论

1953 年，尼尔·博登在美国市场营销学会的就职演说中创造了"市场营销组合"这一术语，其意是市场需求或多或少在某种程度上受到"营销变量"或"营销要素"的影响。

1960 年，20 世纪著名的营销学大师、美国密歇根州立大学的杰罗姆·麦卡锡教授在其《基础营销学》一书中将"营销要素"概括为 4 类，即产品（Product）、价格（Price）、分销渠道（Place）、促销（Promotion），简称 4P 理论。4P 理论是营销学中的经典和基础理论之一，是现代市场营销理论中具有划时代意义的变革，从此，营销管理成了公司管理的一个部分，涵盖了远远比销售更广的领域。

（一）4P 理论内涵

1. 产品（Product）

产品是指能够提供给市场，被人们使用和消费并满足人们某种需要的任何东西（包括有形产品、服务、组织、人员、观念或它们的组合）。对于企业来说，产品是企业进行所有营销活动的基础，也是企业进行盈利必不可少的东西。企业在推行产品时，首先要确定消费者的需求，然后根据消费者的需求有针对性地开发出多种产品以满足不同消费者。

2. 价格（Price）

价格是指顾客购买产品时的费用，包括基本价格、折扣价格等，可通过支付期限、商业信用等各种定价方法和定价技巧的组合和运用进行改变。价格或价格决策关系到企业的利润、成本补偿，以及是否有利于产品销售、促销等问题，可以说价格在一定程度上影响着产品的生命力。

影响定价的主要因素有 3 个：成本、需求与竞争。产品的最高价格取决于市场需求，最低价格取决于该产品的成本费用，在最高价格与最低价格的幅度内，企业可以把这种产品的价格定多高取决于竞争者的同种产品的价格。

3. 分销渠道（Place）

分销渠道是指产品从企业生产流转到用户手上的全过程中所经历的各个环节。对于企业来说，产品只有在市场上正常地运转和流通才能够生存。电商企业需要在市场流通中注重产品的渠道维护，才能从根本上杜绝产品滞销带来的诸多风险问题。

4. 促销（Promotion）

促销是指企业向消费者传播有关企业产品的各种信息，这种信息可以刺激消费者，说服或者吸引他们购买产品，以达到扩大销量的目的。常用的促销手段有广告、宣传推广、人员推销、公共关系等，对于企业来说，促销是市场竞争过程中的一把利剑，使产品能够更快地进入市场，扩大市场占有率，从而获得更高的利润。

企业微案例：物流企业如何打造差异化产品

物流在普通消费者印象中只是简单的派送快递。但是，京东物流为了满足各种不同的客户需求，打造了京东特快、京东标快、生鲜特快、生鲜标快、电商特惠等不同的"快递套餐"。这些产品各有侧重（如京东特快注重高效快速，生鲜特快专为保鲜需求高的食品类商品定制），精准定位不同客户群体和消费场景，形成了鲜明的产品分类。

（二）4P 理论特点

4P 理论有以下几个特点：

1）可控性。构成市场营销组合的各种手段，是企业可以调节、控制和运用的因素，如企业根据目标市场情况，能够自主决定生产什么产品，制定什么价格，选择什么销售渠道，采用什么促销方式。

2）动态性。市场营销组合不是固定不变的静态组合，而是变化无穷的动态组合。企业受到内部条件、外部环境变化的影响，必须能动地做出相应的反应。

3）整体性。市场营销组合的各种手段及组成因素，不是简单的相加或拼凑集合，而应成为一个有机的整体，在统一目标指导下，彼此配合，相互补充，能够获得大于局部功能之和的整体效应。

（三）4P 理论的意义

4P 是市场营销过程中的可控因素，也是企业进行市场营销活动的主要手段，对它们的不同运用，形成了企业不同的市场营销战略。

企业要满足顾客，实现经营目标，不能只孤立地考虑某一因素和手段，必须从目标市场需求和市场营销环境的特点出发，根据企业的资源和优势，综合运用各种市场营销手段，形成统一、配套的市场营销战略，发挥整体效应，争取最佳效果。

读一读：拓宽知识视野

6P 理论

菲利普·科特勒在《哈佛商业评论》发表了《论大市场营销》。他提出了"大市场营销"概念，即在原来的4P组合的基础上，增加两个P：政治权力（Political Power）和公共关系（Public Relations）。他认为21世纪的公司还必须掌握另外两种技能，一是政治权力，就是说，公司必须懂得怎样与其他国家打交道，必须了解其他国家的政治状况，才能有效地向其他国家推销产品；二是公共关系，营销人员必须懂得公共关系，知道如何在公众中树立产品的良好形象。

7P 理论

近年来，学者们又根据外部营销环境的变化，在传统的4P基础上增加了3P。它们分别是人员（Participant）、有形展示（Physical Evidence）和过程管理（Process Management）。

人员指人为元素，扮演着传递与接受服务的角色，也就是公司的服务人员与顾客。在现代营销实践中，公司的服务人员极为关键，他们可以完全影响顾客对服务质量的认知与喜好。尤其是服务业，人员素质参差不齐，服务表现的质量就无法达到一致的要求。

有形展示可以解释为商品与服务本身的展示，亦即使所促销的东西更加贴近顾客。有形展示的重要性，在于顾客能从中得到可触及的线索，去体会你所提供的服务质量。因此，最好的服务是将无法触及的东西变成有形的服务。

过程管理的过程是指顾客获得服务前所必经的过程。进一步说，如果顾客在获得服务前必须排队等待，那么这项服务传递到顾客手中的过程，时间的耗费即为重要的考虑因素。

四、物流营销

1. 物流营销的含义

物流营销是指物流企业为了满足客户对物流服务产品的服务效用的需求，以及为了实现企业预定的目标，通过采取一系列整合的营销策略达成服务交易的商务活动过程。物流营销的核心理念是客户满意和客户忠诚。它通过取得客户的满意和忠诚来促进相互有利的交换，最终实现营销绩效的增长和企业的长期成长。

2．物流营销的本质

1）物流营销的核心是满足客户对物流产品的需求。为此，物流企业必须充分了解客户的需求，不断提供创新服务，以向客户提供其需要的物流服务产品。客户对物流服务产品的需要，不是物流服务产品本身，而是物流服务产品所能够给客户带来的服务效用。

2）物流营销手段是一系列整合的营销策略。物流营销注重实效，不能仅仅靠某一项营销策略及措施，而应把物流企业各部门及营销组合各因素进行整合，采取综合的物流营销策略与措施。

3）物流营销的目的是达成交易，实现物流企业预定的目标。

3．物流营销的特点

在市场经济条件下，物流企业是一种具有独特服务性（从事物流活动、提供物流服务）的经济组织。根据物流企业所提供的物流服务的特点，物流营销具有以下特点：

（1）物流营销的产品是服务。

对于物流企业来说，它提供的产品不是简单的运输、仓储、装卸等环节的空间组合，而是一个系统化的全过程服务，是贯穿服务产品中的整个时间、空间增值过程的服务。它的无形性使客户难以通过触摸评价，而与客户的感受有很大关系，需要通过场所气氛、人员素质、价格水平、设备的先进程度和强大的供应链整合能力等反映服务能力的信息让客户去感受，以此决定物流的服务质量。

（2）物流营销的服务能力强大。

随着物流市场需求的演变，客户的个性化需求越来越突出，这要求物流企业必须具有强大的营销服务能力与之相适应。一个成功的物流企业必须具备较大的运营规模，能有效地覆盖一定地区，同时还应具有先进的指挥和控制中心，兼备高水准的综合技术、财务资源和经营策略。

（3）物流营销的市场差异度大。

由于供应链的全球化，物流活动变得愈加复杂，各工商企业为了让资源集中于自己的核心业务上，常常将其他非核心业务外包。这些急剧上升的物流外包为物流企业提供了广阔的市场和服务对象，已经涉及各行各业。客户的广泛也导致了市场的差异。为了面对这样差异大、个性强的市场，物流企业就需要在进行营销工作时，根据目标市场客户的特点为其量身定制营销策略，并建立一套高效合理的物流解决方案。

（4）物流服务的质量由客户的感受决定。

由于物流企业提供产品的特殊性，它所提供服务的质量不是由企业决定的，而同客户的感受有很大关系，由客户接受服务以后的感受决定。物流企业可通过场所规模、服务人员素质、价格水平、供应链整合能力、先进的设备及信息管理等方面反映出自己的服务能力，让客户感受到本企业服务水平的状况。

五、物流营销工作流程

对于物流营销工作人员而言，应从以下几个方面开展工作：

（1）相关产业和企业的市场调查。

物流营销人员按公司制定的战略方向开展相关营销工作，对公司所涉及相关产业分布地域情况、工业园或产业集聚区情况、潜在客户情况进行前期摸排和市场调查，为目标客户的筛选提供信息支持。

（2）目标客户筛选。

在日常工作中，要注重对潜在企业或客户信息的收集、整理和分析，从中筛选出有业务营销价值的客户，确保以后开展营销工作的方向性、准确性、有效性。

（3）目标客户市场调研。

目标客户确定后，及时开展客户拜访及意向沟通工作，要实事求是地进行详细的市场情况调研，给项目营销开展及决策提供信息支持。调研应准确地反映客观事实，不凭主观想象。

（4）竞争对手情况调查。

竞争对手包括但不限于同行业的从事者，还包括潜在替代方案竞争者的情况。

（5）制定营销策略。

根据客户需求和市场状况，制定相应的营销策略。这包括确定目标市场、设定营销目标、选择合适的营销渠道等。

（6）制定客户物流解决方案。

了解客户的物流痛点，为客户提供定制化的物流解决方案，包括设计合理的运输路线、选择合适的运输方式、优化仓储管理等，以实现客户和公司互惠共赢。

（7）物流费用测算。

根据客户"原有物流方案成本""新物流方案成本"，做出费用测算和对比分析，然后确定报价方案和费用标准。开展客户与供应商的报价及商务沟通工作前，须先按公司报价审批流程审批。

（8）商务谈判及营销公关。

以不损害公司权益为前提，以达成成交为目的。

（9）实施营销活动。

通过各种营销活动，如广告宣传、促销活动、公关活动等，提高客户对公司的认知度和信任度，促进销售增长。

（10）签订物流合同。

物流营销人员负责发起合同起草及签订工作，一般使用公司原有同类型的合同模板，在实际合同修改的部分做特殊标记以便公司审核，在合同起草过程中，可以提请公司协助完成。合同发给客户前，必须经过公司内部审核。

（11）业务运作及合同执行。

根据物流方案及合同要求，组织匹配汽车、装卸、铁路等物流资源开展业务运作；跟进实际执行情况，协调解决过程中出现的各种问题。

（12）应收应付工作。

按合同或约定跟进应收账款的回款情况，并开展催款工作；按合同或约定完成应付账款工作。

（13）建立并维护客户档案。

建立客户档案需要收集客户的公司名称、公司规模、主营业务等基本信息，还需要记录客户的购买记录和交易情况。这些信息可以帮助物流营销人员了解客户的购买习惯、偏好以及潜在需求，为后续的营销活动提供依据。同时，客户的信息和需求是会发生变化的，需要定期与客户进行沟通，了解他们的最新情况，并及时更新客户档案。

（14）评估营销效果。

对营销活动的效果进行评估，以便及时调整营销策略，提高营销效果。

任务实施

一、实训目标

1）了解物流行业的特点。

2）掌握营销的定义和物流营销的特点。

3）了解物流营销岗位工作流程。

二、实训操作步骤

步骤	操作方法	质量标准
物流行业知识认知	开展物流行业知识讲座 1 次，加深对物流行业的认知	归纳目前物流行业的特点
物流企业组织认知	开展物流企业基本常识讲座 1 次，加深对企业组织机构和功能的了解	总结物流企业组织结构和部门的职能
物流业务认知	实地参观企业物流生产作业现场，对物流生产业务有初步认知	总结物流生产的特点
物流营销工作认知	组织 1 次物流营销促销、市场调研或广告宣传等活动	总结物流营销的工作要点

三、实训评价

小组序号:		学生姓名:	
小组成绩:		学生成绩:	
考核指标	考核标准	满分	得分
物流行业知识认知	形成物流行业分析报告	25	
物流企业组织认知	形成物流企业组织认识报告	25	
物流业务认知	有总结报告	25	
物流营销工作认知	有总结报告	25	

■ 课后拓展 ■

京东物流运用 VR 培训新员工: 沉浸式培训减少失误, 降低成本

近日, 京东物流推出了一套智能化的物流培训课程, 旨在为智能物流时代培养更多的物流人才。通过这套课程, 员工可以借助 VR 获得分拣技能。

操作过程中, 员工只需要头戴 VR 设备, 手持扫描枪, 面对电视屏幕, 根据屏幕上播放的视频进行演示, 就可以进行分拣、粘贴面单、缠绕胶带等动作。这套课程内容包含分拣场景展示、分拣操作演示、VR 虚拟操作、操作错误提示等, 能够帮助新员工快速上手, 方便易学。VR 培训新员工如图 1-1 所示。

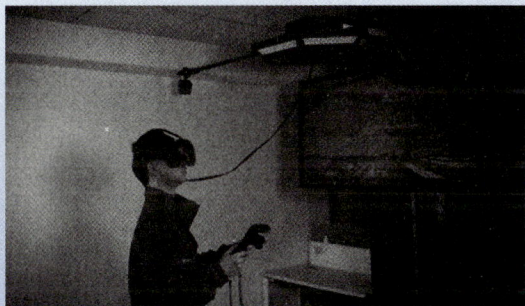

图 1-1 VR 培训新员工

在物流的整个流程中, 分拣是一个承上启下的中间环节, 承担着从京东物流的仓储中心到配送站点的传输, 也直接影响商品配送的时效。以往, 分拣工序多, 流程长, 工作人员也非常辛苦, 新员工进入分拣中心, 主要靠"师徒制"的方式进行学习, 可能产生由于业务生疏而导致的订单破损、丢失、误操作等情况。

京东物流运输流程规划部培训负责人表示: "新员工往往要进行 5 天的培训, 而要做到熟练操作, 较少出错, 至少需要 15 ～ 20 天的时间。而通过 VR 培训, 员工可以在几分钟内一览仓库分拣的全流程, 熟悉各个场景, 只需一两天便能熟练操作。"

京东宿迁客户服务中心校园生态负责人表示："引入 VR 培训后，员工可以在不接触实际货物的前提下获得仿真的培训体验。这种方式颠覆了传统枯燥的物流教育，通过动态化的 VR 互动、1:1 构建还原现实物流场景、虚拟再现物流所有功能片区、采用虚拟仿真交互技术、涵盖物流各个岗位职能。员工实操前经过了 VR 沉浸式体验的培训，可以减少操作失误，保障客户体验。"

物流行业的跨越式发展加剧了智能物流人才的供需矛盾，也对物流领域的各个层面提出了人才需求，包括中高层管理人才、仓内作业人员、智能设备操作人员等。为此，京东物流开展校企合作，联合国内各大高校进行了多元化、全方位的布局，除了共同开发全套的培训课程，展开涉及新技术、新装备和新模式的研究，并培养具备较高创新实践能力的物流工程技术人才，促进物流行业科技创新发展。

问题：

你认为新员工入职时，企业最适合采取什么样的培训方式？

任务 2　了解物流营销岗位职责、任职条件和职业道德

任务情景

工作任务：编制岗位职责、任职条件和职业道德培训方案。

小张是一名物流管理专业毕业的大学生，他刚被顺义物流公司录取为物流营销专员。刚上班的第一个月，小张就被营销主管李先生批评了几次。小张觉得很委屈，于是他找到营销经理王女士来评理。王经理经过了解，明白了李主管是因为以下这些事情而批评小张：

1）一周内小张迟到了两次。但是小张觉得以前在学校上课时偶尔也迟到，这不算什么大事，况且这两次迟到也没有影响工作。

2）小张看到同为新员工的小王每天给新客户打电话联系业务，小张认为同样的事情不需要两个人都做，于是他没有完成李主管给他布置的联系新客户的工作任务。

3）小张在给供应商结算货款时，供应商要求他把 60 元的零头给抹了。小张心想抹的零头不多，为了以后和供应商搞好关系，于是爽快地答应了。

此外，小张还跟王经理"吐槽"：李主管的学历比他低，为什么职位比他高呢？

王经理在得知这些事情后，感觉有必要给营销部的新员工开展岗位职责、任职条件和职业道德的培训。

作为该公司的营销主管，请你编制一个相应的培训方案。

任务分析

新员工在物流企业从事营销工作前，应充分了解该岗位的任职条件、岗位职责和应具备的职业道德，其目的是严格遵守工作流程和操作规范，不出现法律和道德层面的问题。

作为物流营销新员工，应该掌握以下知识和技能：

1. 相关的专业知识

物流营销人员的岗位职责和任职条件，以及物流营销职业道德。

2. 相关的职业技能

遵守岗位职责要求和岗位职业道德要求。

任务准备

一、岗位职责

1. 岗位职责的含义

岗位是组织为完成某项任务而确立的，由工种、职务、职称和等级等元素所组成的工作位置或角色，岗位必须归属于一个人。岗位职责是指一个岗位需要去完成的工作内容以及应当承担的责任范围。岗位职责是一个具体化的工作描述，可将其归类于不同职位类型范畴。

2. 岗位职责的作用

企业是一个群体组织，员工是身在其中的成员。企业所设置的部门机构以及岗位虽然发挥的职能不同，但是他们之间是相互影响、相互联系的一个有机的整体。因此，员工必须明确自己的工作职责是什么，该负责什么样的工作，承担什么样的责任，如何更好地去做，以及什么不该做。

有效明确的职责分工、合理清楚的岗位设置，对于一个物流企业的发展来说是至关重要的。若没有明确具体的岗位职责，就会造成部门岗位设置不合理，企业的人力资源配置就会出现问题。岗位职责不清晰规范的，员工担当的责任与权利也会不清晰。就算企业拥有卓越的管理理念，可是员工的职责范围不清晰，也会出现执行不力、计划滞后等问题，这就需要企业重视明确岗位职责这一问题。

为什么说明确岗位职责的重要性不容忽视呢？因为企业决策执行的效果与每个部门、每个员工的工作效率有关。只有明确自身的岗位职责，才能充分发挥自身能力，提高工作效率。所以员工应明确自己的岗位职责，应负责什么样的工作、承担什么样的责任，如何更好地去做，什么是不该做的，等等。培养员工的主人翁意识，认真负责地干好工作，履行岗位职责，让员工在岗位上充分发挥其工作能力，有质量、有保障地完成工作任务，才能够从真正意义上提高工作效率。

明确岗位职责对企业有以下作用：

1）让员工了解自己的岗位工作内容，能够最大化地进行劳动用工管理，科学地进行人力资源配置，做到人尽其才、人岗匹配，优化企业的人力资源，使企业的人力配置得到最合理、最充分的发挥。

2）明确岗位职责能够有效地防止因为职位分配不合理而导致部门之间或员工之间出现工作推脱、责任推卸等现象发生。

3）明确岗位职责有利于规范员工的行为，同时也可作为员工绩效考核的重要依据，是帮助员工提高工作效率以及质量的重要手段。所以，明确岗位职责对于企业规范化员工管理来说非常重要。

练一练：强化实践能力

请同学们登录"前程无忧51Job""中华英才网""BOSS直聘"等网站，以物流营销专员、物流营销主管、物流营销经理为关键词，搜索任职要求和工作职责，并对照自己情况查找在知识、能力、素质等方面还存在哪些差距。

二、物流营销人员的岗位职责和任职条件

根据物流企业的岗位设置情况，一般情况下物流营销岗位主要分为物流营销专员、物流营销主管和物流营销经理。

（一）岗位共性任职要求

作为物流企业的合格员工，物流营销岗位应具备的任职条件如下：

1）了解物流行业，掌握市场营销、物流营销相关专业知识。

2）了解物流企业运营模式和物流营销工作流程。

3）了解物流营销岗位工作内容和工作要求。

4）能吃苦耐劳，有事业心，具备良好的职业道德。

物流营销专员、物流营销主管和物流营销经理各自的岗位职责和任职条件如下。

（二）物流营销专员的岗位职责和任职条件

1. 岗位职责

1）全面调研物流企业所处的营销环境，为企业提供准确、全面的市场信息，以便物流企业能够制定有效的市场营销策略和发展方向。

2）拜访新客户，接待客户来访，维护和拓展客户关系。

3）剖析物流营销宏观环境和微观环境，应用分析工具和方法编制物流营销环境分析报告，为物流营销主管制定物流销售策略提供参考。

4）根据客户、物流产品、竞争对手的情况，应用适宜的市场细分方法，完成物流市场细分报告。

5）执行公司的物流营销计划，并确认各项计划实施进度及效果。

6）定期汇总物流营销业务达成数据，为物流营销主管制定营销改进方案提供相关材料。

7）协助物流营销主管制定物流方案、报价、合同。

2. 任职条件

1）物流类相关专业，大专及以上学历。

2）亲和力强，有良好的沟通表达能力。

3）善于做数据分析管理，能高效利用办公软件处理数据和形成分析报告。

4）团队协作能力和抗压能力强，对市场变化有较高敏感度。

5）有责任心、进取心，能适应出差工作。

（三）物流营销主管的岗位职责和任职条件

1. 岗位职责

1）掌握物流市场的变化和竞争对手情况，对现有物流市场和客户进行分析，发现客户的潜在需求，开发新客户，达成销售目标。

2）根据客户需求的特点，为客户制定物流产品解决方案。

3）制定物流服务产品定价方案，负责与客户之间的商务谈判，建立客户关系，提高合同额和利润率。

4）选择物流服务分销渠道，负责协调各种内外部资源，解决物流服务在分销过程中出现的问题，提高客户满意度。

5）制定物流服务产品促销方案，提高物流服务产品的销售额和回款率。

6）通过客户回访，了解客户需求及潜在需求，处理客户投诉，以提高客户满意度，促成客户二次开发。

7）为客户制定物流营销方案，编制物流营销合同。

2. 任职条件

1）物流类相关专业，大专及以上学历，1年及以上工作经验。

2）逻辑思维清晰，善于总结和梳理以及创新。

3）学习能力强，乐于学习，善于学习。

4）能承受高强度压力，沟通及协调能力强。

5）有领导力意识，愿意担当，愿意往管理方向发展。

（四）物流营销经理的岗位职责和任职条件

1. 岗位职责

1）根据公司发展战略和物流市场发展状况，研究、制定和管理物流营销计划。

2）构建、优化和完善公司物流营销管理体系，做好物流营销团队的管理工作。

3）全面分析、评价物流营销员工的工作绩效，发现并反馈员工绩效存在的问题，帮助员工不断提升工作绩效。

4）培养物流营销团队，有针对性地开展培训，提升销售团队的销售技能与综合素质。

5）结合物流市场反馈，对全程物流产品不断进行优化，保持市场竞争力。

6）密切关注与客户的合作动态，准确把握客户需求变化，负责对外合作客户的开发策划。

2. 任职条件

1）物流类相关专业，本科及以上学历，3年以上相关工作经验；或专科及以上学历，5年以上相关工作经验。

2）正直、原则性强，具有组织领导、综合协调、敏锐洞察及预见能力。

3）具备良好的文字表达能力和沟通能力。

4）热爱并享受物流营销工作，有挑战高薪收入的欲望。

5）熟悉物流行业的运作模式，在物流客户方面有行业人脉资源的优先考虑。

读一读：了解物流企业招聘要求

"新鹰计划"——顺丰2024届实习生招聘简章

一、计划简介

顺丰是我国知名的快递物流综合服务商，也是2022年《财富》杂志排出的世界500强企业。新鹰计划是顺丰集团为前置培养认同顺丰文化、理解顺丰业务的未来管理者而开展的在校大学生实习项目。该项目面向全国范围内在校大学生招募实习生，在这里，实习生们可以通过"闯关升级"的形式，在校期间灵活实习，体验顺丰体系内多个岗位，积累实战经验，合格通关可得顺丰校招Offer，毕业即可入职顺丰晋升经营管理岗，快速实现大学生到职场精英的华丽蜕变。

二、发展路径

基层历练期（4～6个月）：基层历练，掌握前沿物流行业运营流程。

管理体验期（3～6个月）：体验数智化管理技术，积累团队管理经验。

通关上岗期（毕业转正）：通关合格入职顺丰，毕业晋升物流运营主管。

三、招聘对象

高等院校在校生。

四、招聘岗位

经营管理岗实习生（区域主管）。

五、培养目标

掌握市场开拓、客户服务、团队领导、社会关系建设能力，培养成为"懂业务、懂经营、懂数字化管理"的优秀经营管理人才。

六、实习要求

1）踏实肯干，意志坚定：面对挫折有韧劲，拥有一定的抗压素质。

2）善于沟通，知情达理：具备良好的团队协作意识，有较好的共情能力。

3）逻辑清晰，自信敢讲：具备一定的问题分析能力，能主动发现和解决问题。

4）主动学习，追求卓越：拥有持续主动学习的习惯，在经验和实践中不断刷新自己。

七、实习亮点

1）通关必得 Offer：实习合格通关，可得顺丰校招 Offer。

2）发展超车道：校招培养前置，毕业即担任管理岗。

3）多重激励：实习薪资、专项激励和各项特殊补贴，多劳多得。

4）名企实习：可获得世界 500 强的快递物流综合服务商实习经验。

八、招聘方式

关注"顺丰校园招聘"公众号——点击"实习生"——点击"新鹰计划"。

三、物流营销职业道德

（一）物流营销职业道德的内涵

物流营销道德是调整物流企业与所有利益相关者之间关系的行为规范的总和，是客观经济规律及法制以外制约企业行为的另一要素。

遵循营销道德的营销行为，使物流营销人员个人、企业和客户利益保持一致，从而有利于企业的经济效益和社会效益。违背营销道德的营销行为，使企业的利益与客户的利益相悖，虽使企业一时受益，但不利于企业的长远发展，更有损社会公众的利益。因此，使营销行为沿着营销道德的轨道进行，对企业和社会双方都大有裨益。

议一议：讨论胡振国为什么能被评为全国职工职业道德建设先进个人

胡振国是中国邮政速递物流股份有限公司呼和浩特市分公司快递揽投员，在19年的工作生涯中，他服务千家万户，无论日晒雨淋，酷热风雪，都没有延误一个班期，没有丢失一封邮件，累计揽收快递36万件，投递邮件35万件，取送邮政包裹68万包，取送代收货款8万件，取送国际邮件1万件，为10万名学生寄去了录取通知书，为8万名大学生寄去了包裹，为11万名退伍军人寄去了包裹，为自治区旗县乡镇500万名参保人员寄去了保险合同，搬运货物重4500万公斤，累计行驶20万公里。

2022年，他被中华全国总工会、中共中央宣传部、中央文明办、工业和信息化部、商务部、国务院国资委授予第十七届全国职工职业道德建设先进个人荣誉。

（二）物流营销活动中的职业道德

1．物流营销调研中应遵守的职业道德

对于调研人员来讲，要为客户保守业务秘密；要保证调研工作质量，如问卷设计要认真，访问次数不要偷工减料，调研人员要经过严格培训，收集的资料要真实可靠；要尊重客户的尊严和隐私权，并对其身份进行保密，未经许可，不能随意公布受访者提供的资料；对委托调研一方来说，要依约支付调研费，要公正全面地发表调研成果，不能断章取义等。

2．物流产品策略中应遵守的职业道德

1）不能存心欺骗消费者，将劣质服务充当优质服务出售给消费者。

2）不能操纵消费者的需要，过分刺激消费者的欲望，并刺激社会成本的增加。

3）必须提供物流服务的真实信息。

4）物流服务产品在生产过程中不能给员工带来身心伤害，给社会造成环境污染或危及居民的正常生活。

5）物流服务产品在使用过程中不能给消费者带来人身和财产安全方面的危害，产品废弃物不能对环境造成污染。

3．物流服务价格策略中的职业道德问题

1）欺诈性定价。欺诈性定价是指故意抬高标价，然后声称大减价或对无货的产品服务故意定低价，以造成廉价的错觉，行高价之实；或低价引进门，然后漫天要价。

2）掠夺性价格。即把产品的销售价格定得远远高于生产成本。

3）实行垄断性价格。有些同类产品的生产商或销售商为了阻止产品价格的下降而实行价格共谋，要求此类产品必须按协议价格销售。

4．物流服务分销策略中的职业道德问题

首先是物流服务供应商与经销商不履行双方签订的合同，或供应商不按时供货、不如数供货给经销商，或经销商不按期付款给生产商，或供应商与经销商相互推诿产品售后服务的责任等，都属于分销策略中的道德问题。

其次还存在着企业为了自身利益不顾合约的规定，销售其他企业的产品，或生产者利用自己的垄断地位，损害中间商的利益等不道德问题。

5．物流服务促销策略中存在的职业道德问题

在信息时代，企业之间的竞争越来越激烈，因此，各企业为了各自的生存和发展，过分地注重"注意力经济"，片面强调吸引消费者的"眼球"，因此促销策略也存在道德问题。

首先，产品包装"金玉其外，败絮其中"，包装上的产品宣传言过其实或言不符实，或过度包装，加大成本，造成资源浪费。

其次，在广告宣传方面播放欺骗性广告推销产品，使消费者做出错误的购买决策；或为了搞垮竞争对手以提高自己产品或企业的地位，而播放攻击竞争者的广告；或为了诱惑消费者购买自己产品而制作夸大其词或隐瞒缺陷的广告；或是采用含糊其辞、模棱两可的广告做宣传，从而引起消费者对广告真实含义的误解。最不可取的是广告宣传的欺诈性承诺，一些企业不负责任地向消费者开"空头支票"，结果很难兑现或压根就不想兑现承诺，以此来达到促销目的。

再次，在人员促销中诱惑消费者购买不需要的产品或不想买的产品，或推销伪劣产品和滞销产品，或在交易中贿赂送礼等。

最后，在销售促进中不道德问题突出。有的商家有意安排"托儿"，制造产品紧俏的假象，诱使不明真相的消费者上当；或搞有奖销售，如说要"买一赠一"而赠送的非同一商品；或炒作概念，利用人们对新科技产品的依赖和追求心理，故意将开发的新产品冠上科技新概念的头衔，以蒙骗消费者，促进产品销售，如无法证实其功效的节能型、抗菌型、绿色环保型的冰箱、空调，以及延寿型的营养品、化妆品和药品，纳米水、纳米衣等。

6．物流市场竞争中的道德问题

随着市场竞争的加剧，部分物流企业为了谋求竞争优势，采取各种不道德的竞争手段，既破坏了正常的竞争秩序，损害了同行利益，又增加了成本。

首先，以不道德的方式获得竞争对手的知识产权和商业秘密。如近年来出现了多起商标抢注案例，有的抢注并非为了生产、销售产品，而是为了投机、获利。有的企业以合作、洽谈、考察为幌子，乘机获取对手的商业秘密；有的在对手企业安插"侦察员"；有的贿赂、收买对方工作人员；有的使用"商业间谍"；有的利用高新技术窃取对手商业秘密等。

其次，是开展恶性竞争。有的是开展价格大战或有奖销售战；有的是相互攻击、诽谤，制造谣言，诋毁竞争对手企业形象和产品形象。

最后，利用"权力营销"，不仅污染社会风气，为各种腐败现象提供了温床，而且给其他企业的正当经营造成了冲击。

看一看：最"慢"的顺丰快递员

他们是河南最"慢"的顺丰快递员，送一个快递需要爬一两个小时的山路，代买米面粮油药已成了习惯。他们又是客户眼中最亲的顺丰快递员，因为他们送的不仅仅是快递，更是亲人般有温度的关心和照顾，平凡普通却又温暖人心的小故事，就发生在我们身边。

请扫描右侧二维码，观看视频并讨论这两个河南最"慢"的顺丰快递员具备了什么样的品质和道德？

最"慢"的顺丰快递员

任务实施

一、实训目标

1）让新员工了解岗位任职条件和岗位职责。

2）让新员工能自觉遵守岗位职业道德。

二、实训操作步骤

步骤	操作方法	质量标准
岗位职责认知	开展岗位职责实地认知活动1次	总结的物流营销岗位职责符合公司实际情况
岗位任职条件认知	开展岗位认知条件讲座1次	归纳的物流营销岗位任职条件符合公司实际情况
岗位职业道德认知	开展岗位职业道德案例分析讲座1次	收集的物流营销职业道德案例有代表性
形成岗位培训方案	将以上内容整合为培训方案	培训方案可操作性强

三、实训评价

小组序号：		学生姓名：	
小组成绩：		学生成绩：	
考核指标	考核标准	满分	得分
岗位职责	总结的物流营销岗位职责符合公司实际情况	25	
岗位任职条件	归纳的物流营销岗位任职条件符合公司实际情况	25	
岗位职业道德	收集的物流营销职业道德案例有代表性	25	
岗位培训方案	形成完整的报告，逻辑性和条理性强	25	

▪ 课后拓展 ▪

陆士龙：从"快递骑手"到"流动先锋"

2006 年，陆士龙经朋友介绍成了一名顺丰速运的快递员。一开始，他主要负责铜罗地区的快递收发任务，那时没有手机导航，记路全靠脑子，陆士龙一边送件，一边在脑海里勾勒路线图，逼着自己在半个月的时间里摸熟了"地情"。尽管从事着一份平凡的工作，可陆士龙笃信，"三百六十行，行行出状元"。18 年来，他认真对待每一件快递，从未出现丢件问题，不仅一步步成长为公司的业务骨干，更和客户处成了朋友，大家都愿意亲切地称他一声"陆师傅"。

从青年走到中年，陆士龙一直把"勤勤恳恳做事、踏踏实实做人"作为人生准则。2017 年，陆士龙到银行领取工资，回到公司后发现工资袋里竟多了一万元。陆士龙没顾得上吃午饭，立即骑车赶往银行，向窗口工作人员说明情况并将钱如数归还。

这些年，陆士龙用拼搏奋斗和质朴品格证明了自己，也赢得了社会尊重，先后获得顺丰速运公司道德风尚奖、优秀文化小使者、苏州区优秀员工、区部分部点部标兵和业务之星、十五年长期服务奖等荣誉。如今，陆士龙积极将自己的工作经验传授给新人，培养了一批业务骨干，同时也把那份执着与坚守播撒了出去。

对于陆士龙来说，为人民服务不是一句口号，而是在日常工作中、在关键时刻里，践行初心使命。2020 年，陆士龙在送快递途中捡到一个公文包，打开发现，包内有 2 万余元现金以及各种证件。联系失主后，陆士龙在附近等了许久才等到失主。当时，失主拿出 1000 元现金表示感谢，陆士龙婉言拒绝，他说："拾金不昧是中华民族的传统美德，我只是做了该做的事情。"

可以说，陆士龙的快递车开到哪里，好事就做到哪里。而他的这番热心肠，是出于对向上向善和谐社会氛围的向往。"以前在老家的时候，我是做动物防疫的，十几个村子都是我负责，有时候看到孩子们上学放学走在村道上，走累了，我就会捎他们一段，村上人家都认识，也放心。我一直相信，就像歌里唱的那样，只要人人都献出一点爱，世界就会变成美好的人间。"

2022 年，桃源镇创新组建"红骑士"志愿者服务队，动员快递外卖小哥积极参与基层事务，为全镇高质量发展贡献力量。作为党员，陆士龙毫不犹豫地报名成为一名"红骑士"，并重操干快递前的"老本行"，发挥会理发的特长开展志愿服务。如今，陆士龙常常利用休息时间，到周边的村、社区，给孤寡老人、残疾人上门理发，增强了群众的幸福感。

身为一名风里来雨里去的快递员，陆士龙深知新业态新就业群体的苦累，他也想和组织一起为这个群体做点事。去年夏天，铜罗社区设立户外劳动者工作站，陆士龙收发快递常常会路过那里。一次，陆士龙看到一个外卖小哥想进工作站取水，却因为一个订单即将超时的通知又冲向了外面。于是，他便自掏腰包买了一箱矿泉水和一箱盐汽水，"这样大家随取随走，时间再赶也能补充水分。"

"近年来，新就业群体兴起壮大，国家的政策、配套服务也逐渐完善，让我们切切实实地感受到了党和政府对新就业群体的关注和关怀。"陆士龙表示，今后将通过自身努力让顾客体验优质的服务，争做让客户满意的快递员，争做服务地区建设的先锋快递员。

问题：

1）你认为陆士龙具有哪些难能可贵的品质？

2）陆士龙是如何从"快递骑手"到"流动先锋"的？

· 职业进阶训练一 ·

一、单项选择题

1. "企业能生产什么，就销售什么"奉行的是（　　　）。

    A. 生产观念   B. 产品观念

    C. 市场营销观念   D. 社会市场营销观念

2. （　　　）产生于市场产品供不应求的"卖方市场"形势下。

    A. 生产观念   B. 产品观念

    C. 市场营销观念   D. 社会市场营销观念

3. （　　　）提倡"顾客需要什么，就生产什么"。

    A. 生产观念   B. 产品观念

    C. 市场营销观念   D. 社会市场营销观念

4. （　　　）要求在制定市场营销政策时，统筹兼顾企业利润、消费者需要的满足和社会利益三方面的利益。

    A. 生产观念   B. 产品观念

    C. 市场营销观念   D. 社会市场营销观念

5. 物流营销的核心是满足客户对物流产品的（　　　）。

    A. 欲望   B. 需求   C. 渴望   D. 市场营销观念

二、多项选择题

1. 市场营销 4P 理论的特点包括（　　　）。

    A. 可控性   B. 动态性   C. 整体性   D. 可变性

2. 物流营销的特点包括（　　　）。

    A. 物流营销的产品是服务   B. 物流营销的服务能力强大

　　C. 物流营销的市场差异度大　　　　　D. 物流服务的质量由客户的感受决定

3. 以企业为中心的营销观念包括（　　　　）。

　　A. 生产观念　　　　　　　　　　　B. 产品观念

　　C. 市场营销观念　　　　　　　　　D. 社会市场营销观念

4. 市场营销 4P 理论包括（　　　　）。

　　A. 产品　　　　　　B. 价格　　　　　　C. 分销渠道　　　　　　D. 促销

5. 岗位职责的作用包括（　　　　）。

　　A. 了解自己的岗位工作内容　　　　B. 防止出现工作推脱、责任推卸

　　C. 规范员工的行为　　　　　　　　D. 绩效考核的重要依据

三、判断题

1. 开展物流营销时，诋毁竞争对手企业形象和产品形象，是正常的企业营销手段之一。

（　　　）

2. "没有不合格的产品，只有不合格的推销员"奉行的是一种推销观念。　　　（　　　）

3. 物流营销道德是客观经济规律及法制以内制约企业行为的要素。　　　　　（　　　）

4. 需要是存在于人本身的生理需要和自身状态之中的，营销者可以去满足它，也可以凭空创造。（　　　）

5. 物流营销的核心观念是如何让物流企业赚取更多利润。　　　　　　　　　（　　　）

四、简答题

1. 如何从宏观和微观两个层次来理解市场营销？

2. 市场营销观念的演变是怎样的？

3. 社会市场营销观念的主要看法有哪些？

4. 遵守物流营销职业道德对企业而言有什么益处？

5. 在物流企业进行服务定价时，可能存在哪些职业道德问题？

五、情景分析题

　　小罗是顺丰苏州某分部的一名员工，作为顺丰大闸蟹专项小组成员，他见证了顺丰携手蟹农蟹商共同将阳澄湖大闸蟹做大做强、走向全国的整个过程。请扫描二维码观看"顺丰助力阳澄湖大闸蟹走向全国"视频，并回答以下问题：

順丰助力阳澄湖
大闸蟹走向全国

1. 顺丰与阳澄湖蟹农蟹商合作，秉承了什么样的市场营销观念？

2. 顺丰为阳澄湖蟹农蟹商提供了哪些特色服务，促进阳澄湖大闸蟹一步步做大做强？

积淀篇　担任物流营销专员

思维导图

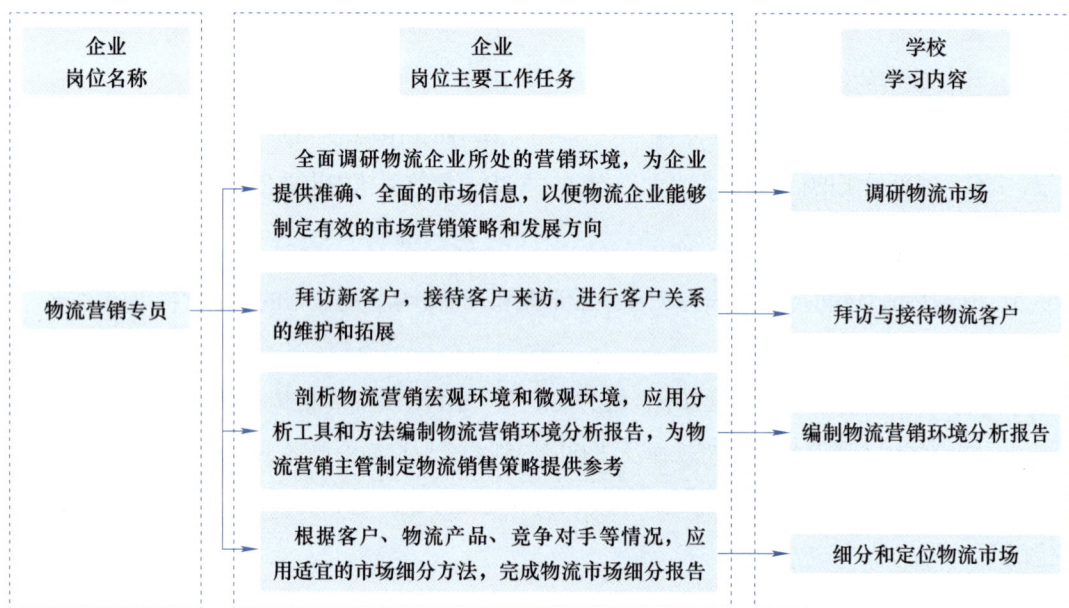

企业 岗位名称	企业 岗位主要工作任务	学校 学习内容
物流营销专员	全面调研物流企业所处的营销环境，为企业提供准确、全面的市场信息，以便物流企业能够制定有效的市场营销策略和发展方向	调研物流市场
	拜访新客户，接待客户来访，进行客户关系的维护和拓展	拜访与接待物流客户
	剖析物流营销宏观环境和微观环境，应用分析工具和方法编制物流营销环境分析报告，为物流营销主管制定物流销售策略提供参考	编制物流营销环境分析报告
	根据客户、物流产品、竞争对手等情况，应用适宜的市场细分方法，完成物流市场细分报告	细分和定位物流市场

学习导引

对于有志于从事物流营销岗位的高职物流专业学生而言，在他们入职后，企业将安排其从基础岗位——物流营销专员开始做起，其目的是让学生全面了解企业、市场和客户，掌握物流营销的工作流程、工作内容和工作方法。

通过本篇学习，学生将学会调研企业所处的营销环境，掌握竞争对手情况；学会拜访新客户，完成接待客户的来访工作，维护和拓展客户关系；编制物流营销环境分析报告，为物流营销主管制定物流营销策略提供参考；学会调研物流市场和物流客户，完成客户需求预测报告和市场细分报告。

学习目标

知识目标

了解掌握物流市场调研的流程。

了解掌握物流市场调研的方法。

掌握物流客户的拜访技巧。

掌握物流客户的沟通技巧。

了解物流环境的类型和包含的因素。

了解物流市场细分的作用和标准。

能力目标

能设计物流市场调研表。

能实施物流市场的调研。

能设计物流客户开发的流程。

能进行物流客户的有效拜访。

能编制物流营销环境分析报告。

会细分物流市场。

素养目标

通过工作任务训练培养学生精益求精、追求卓越的工匠精神。

通过学习国内物流企业成功案例，强化学生对国家、对行业的自信。

认真学习全国"最美职工"檀世旺的事迹，汲取榜样力量，培养文明礼貌、乐于助人的职业素质。

行业人物事迹 村民的"集体收件人"荣获全国"最美职工"

在 2024 年"五一"国际劳动节来临之际，中央宣传部、全国总工会向全社会宣传发布 2024 年"最美职工"先进事迹，来自各行业的 9 名全国五一劳动奖章获得者光荣入选，其中京东快递员檀世旺在列，成了全国 400 多万从业者中唯一入选的快递员。

就在前两天，檀世旺作为获奖代表，出席了全国五一劳动奖和全国工人先锋号表彰大会。从早年返乡承包驿站，到入职京东为乡亲们送货上门，檀世旺成了连接起皖南山区山里山外的桥梁——为山里的乡亲们送去生活所需，也为在外的年轻人捎去家乡的土特产，连接起父母与儿女，牵绊与思念。

石台地处皖南山区，这里山峦起伏，分散着 8 个乡镇，近 8 万人。这些年，当地不少年轻人外出务工，老人和小孩留守村庄。担心家人收不到快递，在外的年轻人经常将收件人写成"檀世旺"，托他送到家人手中——于是，檀世旺每天载着"寄"给自己的上百个快递，一个人，一辆车，穿行在皖南的山路上。

8个乡镇，不少村民家里没有门牌号，快递的送达更多时候靠的是檀世旺对老乡们的熟悉。"银色铁门""村口第六户""路口第二户""山脚桂花树"……这些是檀世旺手机通讯录的备注。"让村外的货进得来，村里的货出得去，相信村里也会更早一点富起来。"怀着这样的期待，檀世旺希望自己能继续为交通不便的家乡把快递干好，帮助父老乡亲们过上理想中的幸福生活。

送快递之外，村民们有什么需要，他都倾力相助。"好些在外的年轻人加了我微信，让我帮着照应点家里的情况。"檀世旺说，比如，有给家里老人网购药品，年轻人会让他叮嘱老人按时吃药。送大件时，他也会帮忙归置好。檀世旺还记得，有一位老人，腿脚不方便，孩子又不在身边，每次檀世旺去送快递，总会顺手帮着做点家务活。水龙头漏水了，给拧紧；屋顶瓦破了，给补上。有年深秋，送快递时，檀世旺看到老人毛衣开线了，半只袖子快没了，檀世旺自己掏钱，给老人送去一件毛衣……

早些年，檀世旺和爱人在外打工，最羡慕的就是有五险一金的工作。所以当京东物流在石台县建站时，檀世旺毫不犹豫地选择了京东。"干得稳定，老了还能有养老金。"随着业务的发展，现在檀世旺身边有了更多人加入。"乡镇的订单越来越多，揽收的需求也在不断拓展。"如今，54岁的檀世旺也常常被问起退休的计划，"看着公司里陆续有老师傅退休，自己是羡慕期待的，但也想着如果自己还干得动，就再多干几年。"在檀世旺看来，能为留守家乡的乡亲做些力所能及的事，他很开心、很幸福、很荣幸。

热心真诚的服务，让他赢得了乡亲们的信赖，也让他收获了众多荣誉："池州好人""了不起的中国农民""全国最美快递员""全国岗位学雷锋标兵"……光环之下，檀世旺依然是那个亲切朴实的快递员，和几十万名京东快递员一起，在最平凡的岗位上，风雨兼程，奔忙不息，带给客户最贴心的服务。

思考：

1. 从檀世旺平凡的工作事迹中，你能悟出什么道理？
2. 作为一名物流企业的基层工作者，应该具备什么样的能力和素质？

任务1　调研物流市场

✈ 任务情景

工作任务：物流市场调研。

爱世达公司是一家位于广州的中型国有企业，主要从事危险品仓储业务，建有10万平方米的仓库及相应的配套设施，有专用公路和铁路连接外部，仓库靠近黄埔港。

爱世达公司以前是 A 集团公司的下属企业，主要业务来源于 A 集团的其他下属企业，公司员工平均年龄在 45 岁左右，均为中高级职称。今年，爱世达公司经历了企业改制，从 A 集团公司剥离，成为独立法人，要独立开拓物流市场业务。而要独立开拓物流业务，必须对物流市场有充分的了解。

爱世达公司物流营销部门决定对当地物流仓储行业做市场调研，形成调研报告，以便为公司管理层做业务决策提供参考。

该项工作由物流营销专员小李负责。如果你是小李，你会如何开展调研呢？

任务分析

市场调研对物流企业经营起着重要作用，可以帮助企业了解物流市场需求和趋势，从而进行准确的需求预测；可以帮助企业了解竞争对手的情况和策略、评估产品的市场潜力和需求。

物流市场调研由物流营销专员负责完成。为了完成这项工作任务，物流营销专员必须掌握以下专业知识和职业技能：

1．相关的专业知识

物流市场调研的含义和作用，物流市场调研的基本原则，物流市场调研的类型，物流市场调研的机构，物流市场调研程序，物流市场调研的方法。

2．相关的职业技能

实施物流市场调研的方法，比如文案调查法、访问调查法、观察调查法等。

任务准备

一、物流市场调研的含义和作用

物流营销调查是以提高物流营销效益为目的，有计划地收集、整理和分析物流市场的信息资料，提出解决问题建议的一种科学方法。

物流市场调研也是一种以顾客为中心的研究活动，它的作用包括以下几个方面：

（1）了解市场需求。

市场营销调研可以收集和分析市场的需求情况，从而帮助企业了解潜在客户的需求和偏好，为企业的产品设计、定价、促销等决策提供依据。

（2）分析竞争对手。

通过调研，企业可以了解竞争对手的产品、定价策略、营销宣传等情况，从而发现竞争优势和劣势，并制定相应的竞争策略。

（3）准确定位目标市场。

市场调研可以帮助企业准确地确定目标市场，了解目标市场的特性和需求，从而有针对性地制定市场营销策略，提高市场开拓的成功率。

（4）评估市场潜力。

通过调研市场，企业可以评估市场的潜力和容量，预测市场的发展趋势，为企业的产品开发、市场定位等决策提供参考。

（5）提高决策的科学性。

市场调研可以为企业的决策提供数据支持和事实依据，减少主观猜测和盲目决策，提高决策的科学性和准确性。

二、物流市场调研的基本原则

1. 端正指导思想

要树立为解决实际问题而进行调查研究的思想，牢记"一切结论产生于调查的末尾"。注意防止那种为了某种特殊需要，根据内定的调子，带着事先想出的观点和结论，然后去寻找"合适"的素材来印证观点和结论的虚假调查。

2. 如实反映情况

对调查得来的情况一是一、二是二，有则有、无则无，好则好、坏则坏，坚持讲真话。

3. 选择有效方法

采用何种调查研究方法，一般应综合考虑调研的效果和人力、物力、财力的可能性以及时间限度等。对某些调查项目往往需要同时采用多种不同的调查方法，如典型调查，就需要交叉运用座谈会、访问法、观察法等多种方式。

4. 安排适当场合

安排调查的时间和地点时，要为被调查者着想，充分考虑被调查者是否方便，是否能引起被调查者的兴趣。

5. 注意控制误差

影响市场的因素十分复杂，调研过程难免产生误差，但是应将调查误差控制在最低限度，尽量保持调查结果的真实性。

6. 掌握谈话技巧

调研人员在调查访问时的口吻、语气和表情对调查结果有很直接的影响，因此谈话特别讲究技巧。

7. 注意仪表和举止

一般来讲，调查人员若穿着整洁、举止端庄、平易近人，就容易与被调查者打成一片；反之则会给被调查者以疏远的感觉，使其不愿与调查人员接近。

8. 遵守调查纪律

调查纪律包括遵纪守法，尊重被调查单位领导的意见，尊重人民群众的风俗习惯，在少数民族地区要严格执行民族政策，注意保密和保管好调查的资料等。

三、物流市场调研的类型

物流市场调研的类型主要包括探索性调研、描述性调研、因果关系调研和预测性调研。

1. 探索性调研

探索性调研是在对市场情况不清楚，无法确定应调研的具体内容时进行的初步调研，旨在收集初步资料，寻找问题产生的原因及问题的症结，为开展进一步的调查活动做准备。

2. 描述性调研

描述性调研是比较深入、具体地反映调查对象全貌的一种调研活动，通过实地调查以取得第一手资料，旨在摸清调查对象过去和现在的状况。

3. 因果关系调研

因果关系调研主要是了解市场的各种变量之间的因果关系，以及可能出现的相关反应，旨在弄清变量关系。

4. 预测性调研

预测性调研是在描述性调研和因果性调研的基础上，对市场未来可能出现的变化趋势进行的估算、预测和推断，其实质是市场营销调研结果在市场预测中的运用。

这些调研类型根据研究的性质进行分类，每种类型都有其特定的目的和方法，适用于不同的市场研究需求。

读一读：了解物流调研报告

京东物流携手 DT 研究院共同开展快递幸福调研，并发布"2023 快递幸福感报告"。

调研报告显示，人们的"快递依赖症"正在加强，近五成人当下收寄快递更加频繁，72.5% 的人每周快递量增加 1～3 个。春节将近，在京东物流发起的"春节也送货"的服务引领下，行业服务标准逐渐被拉升，人们的习惯也在逐渐发生变化，73% 的人们更倾向于让年货以快递的形式寄送回家，自己轻装上阵，"空手回家"。

送货上门依然是最受欢迎的收货方式，虽然出现了多元的收货形态，但人们希望掌握"收货选择权"。在寄快递上，除了速度快、包装专业外，人们也非常在意"对方收货方便"，尤其是寄回家的快递，他们希望快递小哥有足够的耐心和专业服务。整体数据显示，好服务已经成为快递行业发展的下一个拐点。

快递正在成为现代生活不可或缺的重要部分，也为人们的生活带来一些新意义。在收货、寄件之外，49.2%的人认为快递为他们带来了安全感，下单和寄出快递之后，包裹快速、稳妥地送达，是他们生活"小确幸"的来源之一。

这份报告是2023年快递行业首份面向消费者的调研报告，送货上门、好服务等趋势均印证了行业正经历从"高速发展"到"高质量发展"的重要转型阶段，服务将成为快递企业脱颖而出的制胜之道。

四、物流市场调研的机构

物流市场调研机构是受部门或企业委托专门从事市场调查的单位。市场调研机构规模有大有小，其隶属关系及独立程度也不一样，名称更是五花八门，但归纳起来基本上可分为以下4类：

（1）各级政府部门组织的调查机构。

我国最大的市场调查机构为国家统计部门，国家统计局、各级物流主管部门和地方统计机构负责管理和颁布统一的市场调查资料，便于企业了解市场环境变化及发展，指导企业的微观经营活动。

（2）新闻单位、大学和研究机关的调查机构。

这些机构也都开展独立的市场调查活动，定期或不定期地公布一些市场信息。例如，以信息起家的英国路透社，在全球设立了众多分社和记者站，是世界上较大的经济新闻提供者之一，经济信息收入是该社的主要收入来源。

（3）专业性市场调查机构。

这类调查机构在国内外的数量是很多的，它们的产生是社会分工日益专业化的表现，也是信息社会的必然产物。

（4）企业内部的调查机构。

企业内部调查机构主要负责了解和研究市场需求和竞争情况，收集和分析相关数据，为公司制定市场发展战略提供依据。目前国外许多大型企业和组织会根据生产经营的需要设立专门的调查机构，市场调查已成为这类企业固定性、经常性的工作。例如，可口可乐公司设立了专门的市场调研部门，并由一个副经理负责管理，这个部门的工作人员有调查设计员、统计员、行为科学研究者等。

五、物流市场调研程序

物流市场调研的全过程可划分为调查准备、调查实施和结果处理 3 个阶段，每个阶段又可分为若干具体步骤。

1．调查准备阶段

本阶段主要解决调查目的、调查范围和调查力量的组织等问题，并制订出切实可行的调查计划。具体工作步骤如下：

1）确定调查目标，拟定调查项目。

2）确定收集资料的范围和方式。

3）设计调查表和抽样方式。

4）制订调查计划。

2．调查实施阶段

这个阶段是整个市场调查过程中最关键的阶段，对调查工作能否满足准确、及时、完整及节约等基本要求有直接的影响。这个阶段有 2 个步骤：

1）对调查人员进行培训，让调查人员理解调查计划，掌握调查技术和同调查目标有关的知识。

2）实地调查，即调查人员按计划规定的时间、地点及方法具体地收集有关资料，不仅要收集第二手资料（现成资料），而且要收集第一手资料（原始资料）。实地调查的质量取决于调查人员的素质、责任心和组织管理的科学性。

3．结果处理阶段

这个阶段的工作可以分为以下 3 个步骤：

1）资料的整理与分析，即对所收集的资料进行去粗取精、去伪存真、由此及彼、由表及里的处理。

2）撰写调查报告，市场调查报告一般出引言、正义、结论及附件 4 个部分组成，其基本内容包括开展调查的目的、被调查单位的基本情况、所调查问题的事实材料、调查分析过程的说明及调查的结论和建议等。

3）追踪与反馈，提出了调查的结论和建议，不能认为调查过程就此完结，而应继续了解其结论是否被重视和采纳、采纳的程度和采纳后的实际效果以及调查结论与市场发展是否一致等，以便积累经验，不断改进和提高调查工作的质量。

六、物流市场调研的方法

1．文案调查法

文案调查法又称间接调查方法，是指通过查阅、阅读、收集历史和现实的各种资料，并经过甄别、统计分析得到调查者想要得到的各类资料的一种调查方法。文案调查是通过查询已经形成的，或经过一定整理加工的二手资料来获取信息的过程，因此也被称为二手资料调研。与实地调查相比，文案调查有3个特点：

1）文案调查是收集已经加工过的文案，而不是对原始资料的收集。

2）文案调查以收集文献性信息为主，它具体表现为收集文献资料。在我国，目前仍主要以收集印刷型文献资料为主。当代印刷型文献资料又有许多新的特点，即数量急剧增加，分布十分广泛，内容重复交叉，质量良莠不齐等。

3）文案调查所收集的资料包括动态和静态两个方面，尤其偏重于从动态角度收集各种反应调查对象变化的历史与现实资料。

2．访问询问法

访问询问法又称询问调查法，是调查人员采用访谈询问的方式向被调查者了解市场情况的一种方法。它是市场调查中最常用的、最基本的调查方法。主要的访问调查方法包括4种：

（1）面谈调查法。

面谈调查法是调查者根据调查提纲直接访问被调查者，当面询问有关问题，既可以是个别面谈，主要通过口头询问，也可以是群体面谈，可通过座谈会等形式。例如，个别面谈用于调查商品需求、购物习惯等；群体面谈主要用来请一些专家就市场价格状况和未来市场走向进行分析和判断。

面谈调查法的优点：此法回答率高；可通过调查人员的解释和启发来帮助被调查者完成调查任务；可以根据被调查者性格特征、心理变化、对访问的态度及各种非语言信息扩大或缩小调查范围，具有较强的灵活性；可对调查的环境和调查背景进行了解。

面谈调查法的缺点：此法人力物力耗费较大；要求调查人员的素质要高；对调查人员的管理较困难；可能会受到一些单位和家庭的拒绝，导致调查无法完成。

（2）电话调查法。

电话调查法是由调查人员通过电话向被调查者询问了解有关问题的一种调查方法。

电话调查法的优点：此法取得市场信息的速度较快；节省调查费用和时间；调查的覆盖面较广；可以访问到一些不易见到面的被调查者，如某些名人等。

电话调查法的缺点：被调查者只限于有电话的地区和个人；电话提问受到时间的限制；被调查者可能因不了解调查的详尽、确切意图而无法回答或无法正确回答；对于某些专业性较强的问题无法获得所需的调查资料；无法针对被调查者的性格特点控制其情绪。

（3）邮寄调查法。

邮寄调查法是将调查问卷邮寄给被调查者，由被调查者根据调查问卷的填写要求填写好后寄回的一种调查方法。

邮寄调查法的优点：此法可扩大调查区域；调查成本较低；被调查者有充分的答卷时间；可让被调查者以匿名的方式回答一些个人隐私问题；无须对调查人员进行培训和管理。

邮寄调查法的缺点：征询回收率较低；时间较长；无法判断被调查者的性格特征和其回答的可靠程度；要求被调查者应具有一定的文字理解能力和表达能力，对文化程度较低的人不适用。

（4）留置问卷调查法。

留置问卷调查法是当面将调查表交给被调查者，说明调查意图和要求，由被调查者自行填写回答，再由调查者按约定日期收回的一种调查方法。

留置调查的优点：此法调查问卷回收率高，被调查者可以当面了解填写问卷的要求，澄清疑问，避免由于误解提问内容而产生的误差；填写问卷时间充裕，便于思考回忆，被调查者意见不受调查人员的影响。

留置调查的缺点：此法调查地域范围有限；调查费用较高；不利于对调查人员进行管理监督。

3．观察调查法

观察调查法是调查员凭借自己的感官和各种记录工具深入调查现场，在被调查者未察觉的情况下直接观察和记录被调查者的行为，以收集市场信息的一种方法。观察调查法简称观察法。

（1）观察调查法的特点。

观察调查法不直接向被调查者提问，而是从旁观察被调查者的行动、反应和感受。其主要特点有：

1）观察调查法所观察的内容是经过周密考虑的，不同于人们日常生活中的出门看看天气、到公园观赏风景等个人的兴趣行为，而是观察者根据某种需要，有目的、有计划地收集市场资料、研究市场问题的过程。

2）观察调查法要求对观察对象进行系统、全面的观察。在实地观察前，应根据调查目的对观察项目和观察方式设计出具体的方案，尽可能避免或减少观察误差，防止以偏概全，提高调查资料的可靠性。因此，观察调查法对观察人员有严格的要求。

3）观察调查法要求观察人员在充分利用自己的感觉器官的同时，还要尽量运用科学的观察工具。人的感觉器官（特别是眼睛）在实地观察中能获取大量信息。而照相机、摄像机、望远镜、显微镜、探测器等观察工具不仅能提高人的观察能力，还能将观察结果记录下来，增加资料的翔实性。

4）观察调查法的观察结果是当时正在发生的、处于自然状态下的市场现象。市场现象的自然状态是各种因素综合影响的结果，没有人为制造的假象。在这样的条件下取得的观察结果可以客观真实地反映实际情况。

（2）观察调查法的基本类型。

观察调查法有直接观察和测量观察两种基本类型。

直接观察就是观察人员直接到商店、家庭、街道等处进行实地观察。一般是只看不问，不使被调查者感觉到在接受调查。这样的调查比较自然，容易得到真实情况。这种方法可以观察顾客选购商品时的表现，有助于研究购买者行为。

测量观察就是运用电子仪器或机械工具进行记录和测量。例如，某广告公司想了解电视广告的效果，选择了一些家庭作为调查样本，把一种特殊设计的"测录器"装在这些家庭的电视机上，自动记录所收看的节目。经过一段时间，就可以了解到哪些节目收看的人最多，在以后的工作中根据调查结果合理安排电视广告的播出时间，收到较好的效果。

4. 实验调查法

实验调查法是指市场调研者有目的、有意识地改变一个或几个影响因素，来观察市场现象在这些因素影响下的变动情况，以认识市场现象的本质特征和发展规律。实验调查既是一种实践过程，又是一种认识过程，并将实践与认识统一为调查研究过程。企业的经营活动中经常运用这种方法，如开展一些小规模的包装实验、价格实验、广告实验、新产品销售实验等用以测验这些措施在市场上的反应，以实现对市场总体的推断。

5. 网络调查法

网络调查法是指通过互联网、计算机通信和数字交互式媒体，发布调查问卷来收集、记录、整理、分析信息的调查方法。它是传统调查方法在网络上的应用和发展。

（1）网络调查法的特点。

网上市场调查的实施可以充分利用网络作为信息沟通渠道的开放性、自由性、平等性、广泛性和直接性的特性，使网上市场调查具有传统的一些市场调查手段和方法所不具备的一些独特的特点和优势。

①及时性。网上调查是开放的，任何网民都可以进行投票和查看结果，而且投票信息经过统计分析软件初步自动处理后，可以马上查看到阶段性的调查结果。

②低费用。实施网上调查节省了传统调查中耗费的大量人力和物力。

③交互性。网络的最大好处是交互性，因此在网上调查时，被调查对象可以及时就问卷相关问题提出自己更多看法和建议，可以减少因问卷设计不合理导致调查结论偏差。

④客观性。实施网上调查，被调查者是在完全自愿的原则下参与的，调查的针对性更强，因此问卷填写信息可靠、调查结论客观。

⑤突破时空性。网上调查是 24 小时全天候的调查，这就与受区域制约和时间制约的传统调研方式有很大不同。

⑥可控制性。利用网络进行网上调查收集信息，可以有效地对采集信息的质量实施系统的检验和控制。

（2）网络调查法的优缺点。

网络调查的优点是组织简单、费用低廉、客观性好、不受时空与地域限制、速度快。

网络调查的缺点是网民的代表性存在不准确性、网络的安全性不容忽视、受访对象难以限制。

网络调查法是一种新兴的调查方法，它的出现是对传统调查方法的补充，随着我国互联网事业的进一步发展，网络调查将会被更广泛地应用。

比一比：辨别相似知识点（见表 2-1）。

表 2-1　网络调研与传统市场调研的对比

项目	网络调研	传统市场调研
调研费用	较低，主要是设计费和数据处理费。每份问卷所要支付的费用几乎是零	昂贵，要支付包括问卷设计、印刷、发放、回收、聘请和培训访问员、录入调查结果、由专业市场研究公司对问卷进行统计分析等多方面的费用
调查范围	全国乃至全世界，样本数量庞大	受成本限制，调查地区和样本均有限制
运作速度	很快，只需搭建平台，数据库可自动生成，几天就可能得出有意义的结论	慢，至少需要 2～6 个月才能得出结论
调查的时效性	全天候进行	不同的被访问者对其可进行访问的时间不同

（续）

项目	网络调研	传统市场调研
被访问者的便利性	非常便利，被访问者可自行决定时间地点回答问卷	不方便，要跨越空间障碍，到达访问地点
调查结果的可信性	相对真实可信	一般有督导对问卷进行审核，措施严格，可信度高
适用性	适合长期的大样本调查；适合要迅速得出结论的情况	适合面对面的深度访谈；适合食品类等需要对访问者进行感观测试的调研

（3）网络调查法的步骤。

①确定目标。网络作为企业与顾客有效的沟通渠道，企业可以充分利用该渠道直接与顾客进行沟通，了解企业的产品和服务是否满足顾客的需求，同时了解顾客对企业潜在的期望和改进的建议。在确定网上直接调查目标时，需要考虑的是被调查对象是否上网，网民中是否存在着被调查群体，规模有多大。只有网民中的有效调查对象足够多时，网上调查才可能得出有效结论。

②确定方法。网上直接调查法主要是问卷调查法，因此设计网上调查问卷是网上直接调查的关键。由于互联网交互机制的特点，网上调查可以采用调查问卷分层设计。这种方式适合过滤性的调查活动，因为有些特定问题只限于一部分调查者，所以可以借助层次的过滤寻找适合的回答者。

③选择方式。网上直接调查采取较多的方法是被动调查方法，将调查问卷放到网站等待被调查对象自行访问和接受调查。因此，吸引访问者参与调查是关键，为提高受众参与的积极性，可提供免费礼品、调查报告等。另外，必须向被调查者承诺并且做到有关个人隐私的任何信息不会被泄露和传播。

④分析结果。这一步骤是市场调查能否发挥作用的关键，可以说与传统调查的结果分析类似，也要尽量排除不合格的问卷，这就需要对大量回收的问卷进行综合分析和论证。

⑤撰写报告。撰写调查报告是网上调查的最后一步，也是调查成果的体现。撰写调查报告主要是在分析调查结果基础上对调查的数据和结论进行系统的说明，并对有关结论进行探讨性的说明。

✈ 任务实施

一、实训目标

1）掌握分析物流营销环境因素的方法。

2）会编制物流营销环境分析报告。

二、实训操作步骤

步骤	操作方法	质量标准
明确调研的目的	明确为什么调研	调研目的符合公司实际需求
选择调研机构	确定本次调研是本公司独立开展还是聘请第三方负责	调研机构的选择符合需求
制定调研流程	制定调研的步骤	调研步骤合理
选择调研方法	选择合适的调研方法	调研方法适合被调研对象的实际情况
形成调研报告	将调研结果形成报告	调研报告完整、逻辑性强、可行性强

三、实训评价

小组序号：		学生姓名：		
小组成绩：		学生成绩：		
考核指标	考核标准		满分	得分
调研目的	调研目的是否契合公司实际需求		25	
调研流程	调研步骤是否有利于开展调研工作		25	
调研方法	调研方法适合被调研对象的实际情况		25	
调研报告	调研报告完整、逻辑性强、可行性强		25	

■ 课后拓展 ■

中国快递物流行业调研分析报告

艾媒咨询对 2022—2023 年中国快递物流行业发展现状进行了调研和分析，以下是调研报告的主要内容。

1．中国快递物流行业发展背景分析：物流业务指数

2023 年，全国快递业务收入累计 12074 亿元，同比增长 14.3%。2019—2023 年全国快递物流业务收入变化趋势如图 2-1 所示。在市场规模逐渐扩大的同时，竞争仍然激烈。

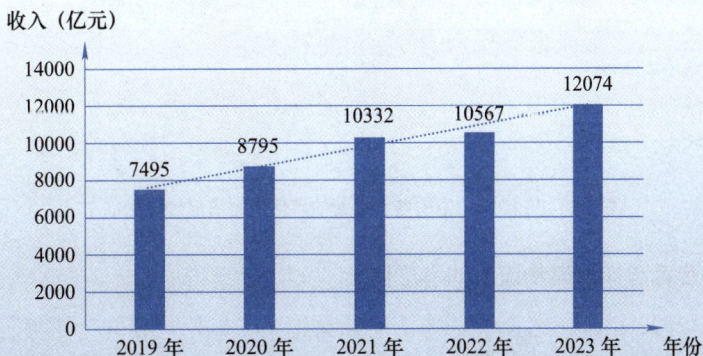

图 2-1　2019 ～ 2023 年全国快递物流业务收入

2．中国快递物流用户基本画像

2022 年使用快递物流的用户基本画像如图 2-2 所示。

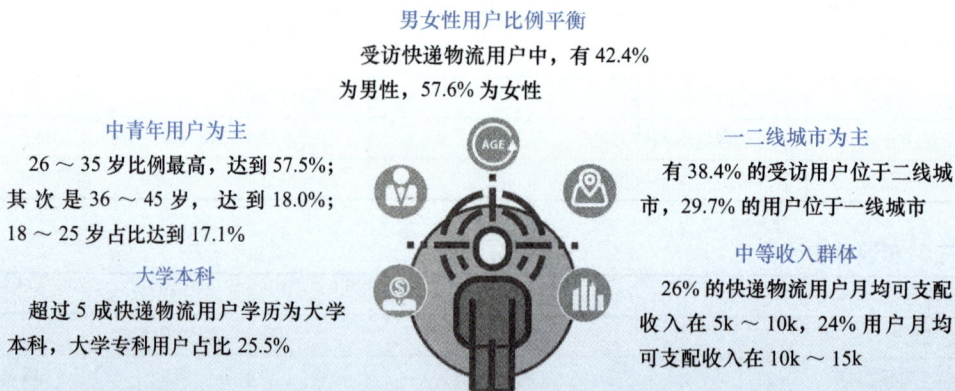

男女性用户比例平衡
受访快递物流用户中，有 42.4%
为男性，57.6% 为女性

中青年用户为主
26 ～ 35 岁比例最高，达到 57.5%；
其次是 36 ～ 45 岁，达到 18.0%；
18 ～ 25 岁占比达到 17.1%

大学本科
超过 5 成快递物流用户学历为大学
本科，大学专科用户占比 25.5%

一二线城市为主
有 38.4% 的受访用户位于二线城
市，29.7% 的用户位于一线城市

中等收入群体
26% 的快递物流用户月均可支配
收入在 5k ～ 10k，24% 用户月均
可支配收入在 10k ～ 15k

图 2-2　2022 年中国快递物流用户基本画像

3．中国消费者经常使用快递物流品牌排名前十

数据显示，2022 年顺丰和中通快递是消费者邮寄快递的首选，使用率为 53.8% 和
52.5%；其次是圆通、申通和韵达，使用率分别为 47.3%、44.1% 和 42.4%。而美团的占
比最低，仅有 9.2% 的消费者使用。2022 年中国消费者经常使用快递物流品牌排名前十如
图 2-3 所示。

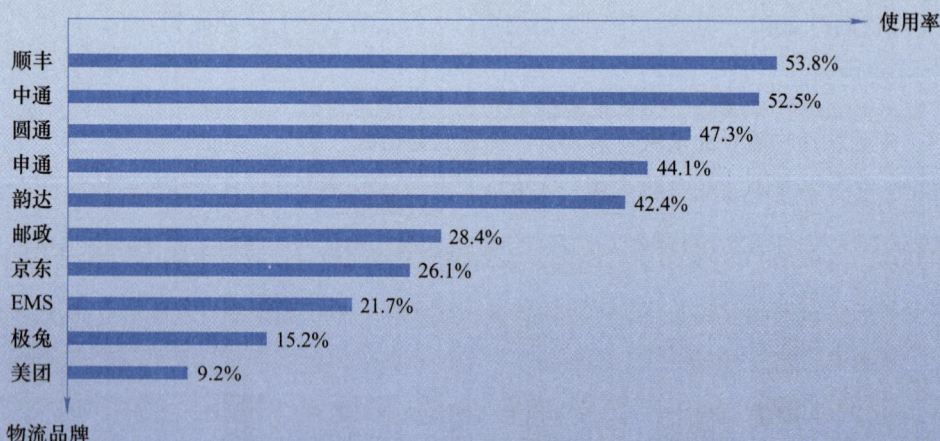

使用率

物流品牌	使用率
顺丰	53.8%
中通	52.5%
圆通	47.3%
申通	44.1%
韵达	42.4%
邮政	28.4%
京东	26.1%
EMS	21.7%
极兔	15.2%
美团	9.2%

物流品牌

图 2-3　2022 年中国消费者经常使用快递物流品牌排名前十

4．中国消费者选择快递物流时的考虑因素

数据显示，2022 年，在选择快递物流时，超过 7 成的用户首先考虑方便和速度，其次
才是安全性、服务态度、品牌信誉和价格等因素。而考虑公司规模因素的仅占 14.4%。2022

年中国消费者选择快递物流时的考虑因素如图 2-4 所示。

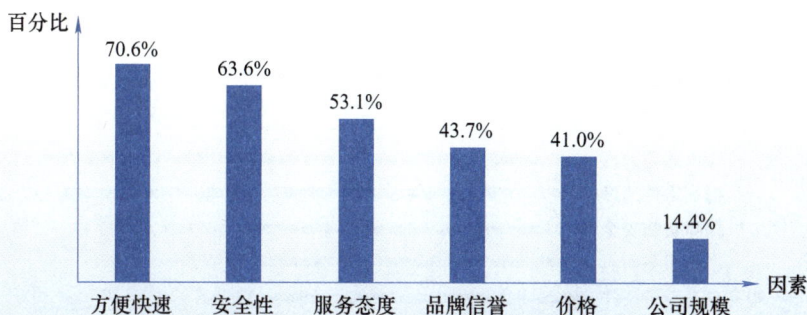

图 2-4　2022 年中国消费者选择快递物流时的考虑因素

5．中国消费者偏好的快递接收方式

数据显示，2022 年，64.5% 的受访者会更偏向于选择将快递放在智能快递柜；其次，选择放在便利店代收处和快递驿站的用户分别占 52.0% 和 42.9%。艾媒咨询分析师认为，这表明更多的用户偏向于让快递被"代签收"，这种代签收的方式更能节省时间、提高效率。可以预见的是，随着电商及网络购物的发展，快递代签收的方式在未来将被长期使用，智能快递柜是重点发展方向。2022 年中国消费者偏好的快递接收方式如图 2-5 所示。

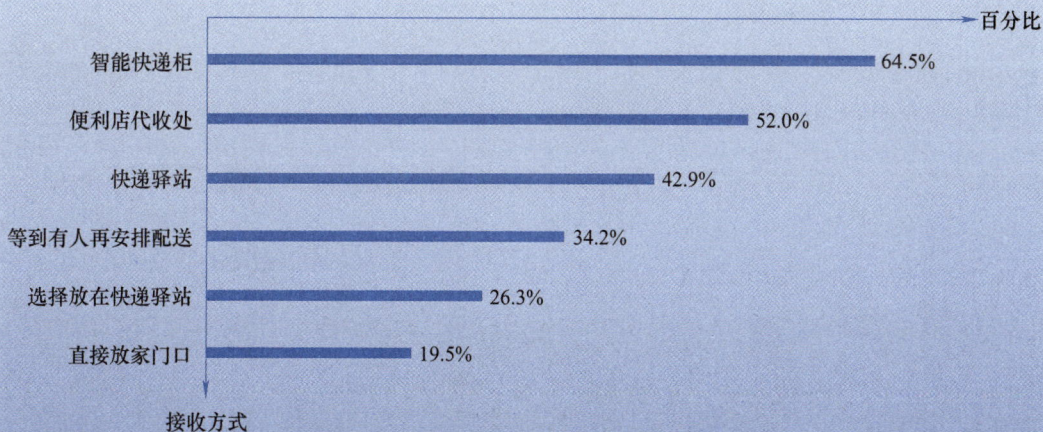

图 2-5　2022 年中国消费者偏好的快递接收方式

6．中国快递物流需要改进问题

如图 2-6 所示，2022 年，有 54.9% 的受访者认为中国快递物流的服务态度需要改善；其次是提高邮寄件的速度，占比为 52.8%。而保障货物安全和增加服务网点占比分别为 42.5%

和 35.2%。降低服务费用反而出乎意料地未进前 5，仅位居第 6。艾媒咨询分析师认为，许多快递公司一味强调供应链的完善，却忽视了员工的素质培训，这也导致"改善服务态度"成为中国快递物流需要改进的首要问题。

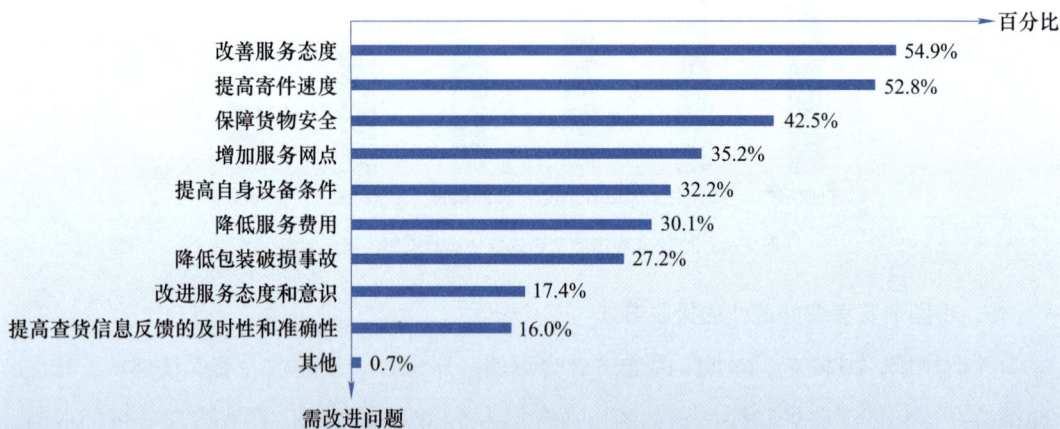

图 2-6　2022 年中国快递物流需要改进问题统计

7. 中国消费者使用快递频率和快递完整性分析

如图 2-7 所示，2022 年每天使用快递服务的中国消费者占比为 44.6%；而经常使用快递服务的消费者占比为 34.6%；很少使用快递服务的消费者仅占 6.3%。中国消费者收到快递包裹很完整的占比仅有 56.6%，不足 6 成。艾媒咨询分析师认为，部分快递物流公司过于注重时效性，而忽视了对工作质量的要求。

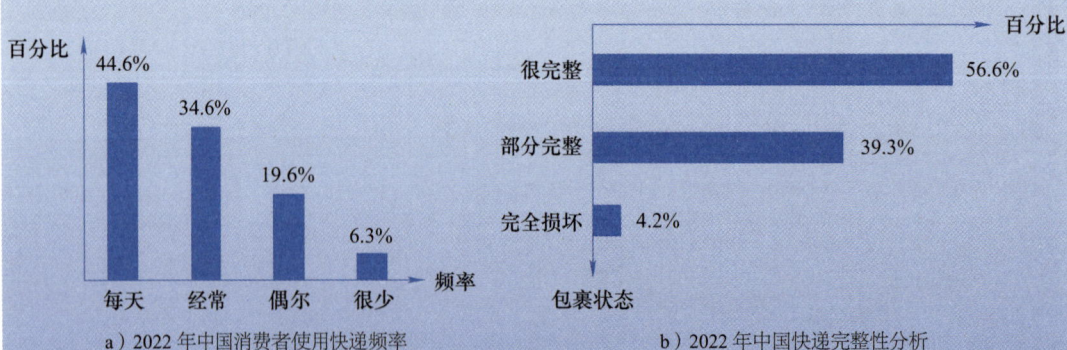

a）2022 年中国消费者使用快递频率　　　　　　b）2022 年中国快递完整性分析

图 2-7　2022 年中国消费者使用快递频率和快递完整性分析

问题：

1. 你可以从该调研报告中分析出哪些结论或问题？

2. 你认为市场调研是由专业调查机构开展好，还是物流企业自己开展好？

任务 2 拜访与接待物流客户

任务情景

工作任务：编制物流客户拜访与接待方案。

这几天，爱世达公司市场营销部的小李特别忙。前期，他负责的市场调研工作有了一定的成效。广州当地的一家大型危险品生产企业 X 公司，将于本周来爱世达公司洽谈危险品仓储合作事宜，营销部张经理要求小李做好 X 公司的来访接待方案。此外，下周小李还要去拜访深圳的 Y 公司，商讨物流仓储合作事宜，该公司是一家大型制衣企业。

作为爱世达公司的物流营销专员，请编制接待 X 公司的方案，并做好拜访 Y 公司的方案。

任务分析

拜访和接待物流客户对于企业的发展至关重要。通过与物流客户的接触，可以对客户需求有更深入的了解，能够站在客户的角度思考，以及时调整产品和服务，提供更专业的解决方案。

物流客户拜访和接待的前期工作一般由物流营销专员负责完成。为了完成这项工作任务，我们必须要掌握以下专业知识和职业技能：

1. 相关的专业知识

物流客户拜访，物流客户接待。

2. 相关的职业技能

掌握拜访物流客户的技巧，掌握物流客户接待的原则。

任务准备

一、物流客户拜访

（一）拜访的目的

物流客户服务是以满足客户需求、开发客户需求和创造客户价值为基本出发点和终极目标的。而物流客户拜访的目的正是在物流客户服务的基础之上形成的，通过对物流客户的有效拜访，物流企业可以收集客户的准确信息，进而分析客户的不同需求，在恰当的时候、用恰当的方式为物流客户提供满意的服务，其具体的目的如下：

1．完成销售任务

通过拜访物流客户，有效发现潜在客户，进而完成企业的销售任务，是物流企业进行客户拜访的最根本目的。

2．维护市场

在客户拜访过程中，妥善处理好自身与客户在合作中出现的问题，快速解决与客户之间的矛盾，确保市场的稳定。

3．搜集信息

通过拜访，了解到与客户合作的进度以及客户反馈的问题等，对于能解决的，现场予以解决，不能现场解决的，给客户承诺，迅速完成并及时反馈，给客户留下好印象。

4．指导客户

设身处地地为客户着想，并结合自身企业运作流程或对客户所在行业的理解，对客户的相关业务进行指导，帮助客户想办法，从而赢得客户的尊重。

5．建立品牌

通过拜访，可以逐渐加深与客户之间的感情联系，并有效建立和提升自身及公司的品牌形象，为今后的长期合作打下良好基础。

（二）拜访前的准备

拜访客户前，务必做好前期准备工作。允分了解并掌握客户基本情况和业务诉求，以及本公司物流项目计划、价格优惠政策和为客户量身定做的合作方案等，才能博得客户青睐，从而更好地服务客户、拓展业务。

1．明确拜访目标

拜访前，一定要明确拜访客户的姓名、职务、年龄、个人喜好、工作生活习惯以及客户单位的经营规模、与同行合作的历史情况等问题，并有针对性地制定谈话策略和方向。

如果拜访的客户为重点客户，则需要对方案进行进一步细化，达到签约的最终目的。如果拜访的客户为一般客户，则尽可能展示本公司实力，了解客户需求并做好记录，为下一步拜访乃至签约打下坚实的基础。

2．做好访前计划

要明白此次拜访的目的，是完成销售任务，还是加强与客户之间的感情联系。如果是为了完成销售任务，则要做足功课，对于客户提出的每一个问题，都能及时、准确地予以答复。如果是为了加强与客户之间的感情联系，则要了解客户相关情况并构思谈话内容。

3．确定拜访时间

寻找一个合适的时间去拜访客户十分重要，但也往往会被人忽视。我们需要提前了解客户单位的作息时间，以及业务量较为集中的时间段，否则在客户最为繁忙或休息的时候前往，会给对方留下不好的印象，从而影响进一步的沟通联系。

4．备齐相关资料

在拜访客户前，要备齐所有的资料，特别是初次拜访的客户，例如企业宣传图册、多媒体演示光盘、报价单、合同等，以备不时之需。

5．熟记相关数据

对于本公司规模、渠道、设备情况、物流网点数量、物流配送时间、投递人员数量、市场价位、本公司报价、相关优惠政策等重点数据，要牢牢掌握，做到"一口清"，随时应对客户的提问，否则会使客户怀疑自己的专业性。

6．设计应急预案

因为受同行竞争、客户需求差异等多种不稳定因素的影响，我们原定的计划可能会受到较大冲击。因此要事先考虑到拜访中遇到的困难和问题，完善应急预案，做好后备计划，这样才能增强自信心、减少与客户沟通的障碍、加深客户对自己的印象等。在实际拜访过程中，要尽量避免临场发挥、即兴策略，这样会引起客户的反感。

（三）拜访流程

物流客户的拜访实质上是探寻物流客户需求的过程，基本流程大体包括确定目标客户、多渠道取得联系、确认拜访时间及地点、做好开场白、介绍本公司基本情况、了解客户需求。确定合作计划和跟踪回访等环节。

1．确定目标客户

物流市场开发初期，开发人员首先要进行一次大规模的调研，通过实地了解或互联网搜索等形式，全面了解和掌握自己对所负责区域内的物流客户情况、规模和数量，并向客户投递宣传手册和资料等，做好市场推广工作，解决前期开发工作中"量"的问题。随后要根据客户反馈情况，进行有选择性的淘汰工作，进一步缩小主攻范围，确立目标客户群，并根据目标客户群的业务特点，有针对性地制作销售方案，解决前期市场开发工作中"质"的问题，以期获得最佳效果。

2．通过电话、信函等渠道取得联系

确定目标客户后，可以通过互联网搜索、社会关系链接等方法，取得目标客户的办公电话

或电子邮箱地址，随后采取电话问询、发送电子宣传资料等形式，与客户取得联系。切记不可在未与目标客户取得联系或预约的情况下登门走访，以免引起客户反感，丧失后续跟进的机会。

在电话、信函联系的过程中，要注意收集目标客户的货品发送量、业务覆盖的地区、目前合作的物流公司、物流费用支出、付款方式等。

如果目标客户在联系过程中提出报价的要求后，一定要慎重报价，且要留有一定回旋的余地，为下一步面对面沟通做好铺垫。

在此过程中，市场开发人员还要及时掌握客户的姓名、年龄、职务、个人喜好、工作生活习惯等信息，并有针对性地制定谈话策略。

3．确认拜访时间及地点

在与目标客户取得前期联系的基础上，进一步确认拜访客户的时间及地点，以便做好准备工作，准时赴约。

需要注意的是，如果客户将见面时间和地点确定在工作日、正式场合，市场开发人员要注意着装，给客户留下好印象。如果客户将见面时间和地点确定在非工作日、非正式场合，可根据实际情况对着装等进行调整。

4．做好开场白

与目标客户初次见面，开场白至关重要。一个好的开场白可以给沟通双方创造友好轻松的谈话氛围，解除目标客户的戒备心理并获得信任，为进一步的沟通奠定基础。

一个好的开场白所具备的基本要素是：整洁得体的着装、自然且放松的微笑、简洁明快且富有亲和力的语言、良好的知识储备等。切忌一见面就介绍销售方案，这会让气氛变得尴尬，让客户以为除了被动接受方案之外，再无其他沟通的必要。

5．介绍本公司基本情况

用较为简洁的语言向目标客户介绍本公司的文化、背景、行业实力、市场份额、设备优势、员工数量、物流网点数量、投递平均时间、物流渠道建设、报价、优惠政策等，让客户对企业情况有基本的了解。

6．了解客户需求

在拜访客户的过程中，不能一味向客户灌输信息，而要善于倾听客户的声音，这是得到信息的重要途径。每个客户的业务情况各有不同，他们的需求和期待自然不同，因此我们要仔细倾听客户反馈回来的信息，并站在客户的角度，把给客户带来的利益作为沟通的重点。这样，客户在心理上将大幅度增加接受性，使双方在相互理解、互惠互利的情况下顺利沟通。而为其量身打造的方案也会使客户产生优越感，从而提高双方合作的进度。

7．确定合作计划或约定后续内容

经过双方信息交流和反馈后，对于达成初步合作意向的，要确定合作计划及详细内容，或签订备忘录。对于部分合作项目持有异议或需要重新修订的，要与客户达成一致，待方案或合同修改完成后迅速确认。

8．跟踪回访

跟踪回访的目的主要是进一步加强与客户之间的业务联系和沟通，解决疑难问题，从而完成双方的既定目标。在实际市场开发过程中，跟踪回访主要分为服务型跟踪回访和转变型跟踪回访。

服务型跟踪回访指的是，市场开发人员与目标客户已经签下物流合约，双方开始按照合约履行各自职责，在此过程中，开发人员阶段性的对客户进行跟踪回访，及时解决合约执行过程中所出现的问题。

转变型跟踪回访针对的是，初次拜访过后，对合作内容感兴趣，但是对部分内容比如价格存在异议的客户，针对这种情况，就要收集同行情况，从自己的产品成本出发，详细给客户进行分析，以取得客户的理解。

如果客户短期内还难以和自己达成合作，则要加强感情联系，与客户交朋友，用感情来拉近与客户的关系，避免长时间探讨合作项目，引起客户反感。

（四）拜访注意事项

1．注意谈话技巧

初次拜访客户，切记要营造一个轻松的谈话氛围，以热情的语气与客户进行交流，不能一开始就向客户推荐合作方案，使客户"提高警惕"，从而降低成功率。

2．注意谈话内容

与客户沟通交流时，谈话内容要结合客户实际情况，不可滔滔不绝、漫无边际，要多聆听客户提出的问题和反馈的信息。不要轻易向客户承诺自己做不到的事情，因为一旦违约将会带来较大负面影响。同时，不用言语攻击、诋毁同行，更不问及客户的隐私或者禁忌的话题。

对于业务需求量大、态度积极的客户，开发人员要适当地学会赞美客户，从而提高他们的合作热情，拉近彼此之间的距离。

3．注意拜访细节

拜访客户时要注意着装和语言，穿着不能太随意，语言尽量亲和，以防客户产生厌恶的情绪，进而影响拜访效果。即使与客户的意见稍有不一致，也应先耐心聆听客户的需求，然后适当说出自己的想法，以进一步和客户沟通。

4．注意拜访后的回顾分析

任何客户的拜访都不是一帆风顺的，随时可能遇上客户的负反馈，在拜访客户后一定要注意拜访后的回顾分析，做好客户资料的整理工作，详细分析不同客户的需求。只有平时多做拜访后的回顾分析，多积累客户，多在客户的心中留下一份信任，才能最终在物流客户拜访方面有所收获。

练一练：强化实践技能

阿里巴巴公司有一个开发客户的"3861法则"，即每天要打30个有效电话，拜访8个客户，其中要有6个是有效拜访，即见到决策人，了解其需求，并介绍阿里巴巴的产品，最终每天找到1个高意向客户。在衡量客户质量上，有一个"MAN法则"，M就是Money，即客户是否有支付能力；A就是Authority，即客户是否能拍板；N就是Need，即客户有没有强烈的需求。

在实习或者工作中，可以尝试应用这2个法则。

二、物流客户接待

1．物流客户接待基本概念

物流客户接待是表现物流公司风貌、体现公司整体素质、让客户了解公司状况的重要环节。物流企业发展的好坏直接表现于公司所拥有的客户数量、质量，所以做好客户接待工作，是发展公司的重要条件。

物流客户接待工作是一项热情、周到、细致的工作，必须遵循礼貌、负责、方便、有效的原则，要做好接待工作，需要把握接待工作中的礼仪。

2．物流客户接待礼仪的基本内容

（1）接待的主体。

客户接待的主体指的是接待礼仪活动的操作者和实施者。它可以是个人，也可以是组织。

当接待礼仪活动规模较小、较为简单时，其主体通常是个人；当接待礼仪活动规模较大、较为复杂时，其主体通常是组织。没有礼仪的主体，礼仪活动就不可能进行，礼仪也就无从谈起。

（2）接待的客体。

接待的客体是指礼仪活动的指向者和承受者，又叫作礼仪的对象。礼仪对象的外延很宽，可以说一切在礼仪主体看来真、善、美的东西，都可以被称为礼仪的对象。如：教师上课，学生们起立敬礼——教师就是学生礼仪的对象。

礼仪的对象可以是人，也可以是物；可以是物质的，也可以是精神的；可以是具体的，也

可以是抽象的；可以是有形的，也可以是无形的。没有了礼仪的客体，礼仪就失去了对象，也就不能称为礼仪了。

接待的客体和主体二者之间既对立又依存，且在一定条件下可以相互转换。如接待人员用礼貌的语言接待客户，那接待人员就是礼仪的主体，客户是客体；如果客户也礼貌地回应接待者，则接待者就是礼仪的对象。

（3）接待的媒体。

接待的媒体指的是礼仪活动所依托的媒介，就是礼仪内容与礼仪形式的统一。接待礼仪的媒体类型多样，归纳起来可以分为语言交际符号和非语言交际符号两类。在具体操作时，不同的礼仪媒体往往是交叉、配合使用的。

（4）接待的环境。

接待礼仪的环境指的是礼仪活动得以进行的特定的时空条件。大体上来说可以分为自然环境和社会环境两大类。不同的礼仪环境决定了要实施何种礼仪，也决定着礼仪的实施方法。

3．物流客户接待礼仪的特征

（1）具有规范性。

物流客户接待礼仪对工作人员的待人接物的标准做法有着比较严格的规定，工作人员在客户接待活动过程中，要严格遵守商务领域特有的约定俗成的规范，不能随便想当然。

例如：在接待活动过程中，接待人员的打扮必须符合身份，符合行业规范，从而通过规范化的着装在展示接待人员自身素质的同时，又体现所代表的企业的形象。

（2）具有对象性。

物流客户接待礼仪讲究看对象、看场合，因人而异，因地制宜。要善于根据不同的对象和场合灵活掌握和运用各种礼仪规范。例如：在接待时为客人引路，行进时位次排列讲究前者为尊，但让客人在前，前提是客人认识路，若客人不认识路，则应由接待者在前面带路。

（3）具有技巧性。

物流客户接待礼仪具有很强的操作性，在具体实施和运用时，有很多的技巧可循。接待人员要不断培养和提高自己的礼仪操作技巧，并可以把各种技巧切实运用到商务接待的各个环节中。从实际情况出发，随机应变，切实做到尊重客户、方便客户、为客户着想。

读一读：了解企业礼仪要求

一天，有位美国客户来到某物流公司寄送跨国快递。该物流公司接待人员为了确认客户的身份，在办理相关手续及核对证件时花费了较多的时间。看到客户等得有些不耐烦了，接待人员便用中文向陪同客人的女士做解释，希望能够通过她使对方谅解。谈话中接待人员习惯地用了"老外"这个词来称呼美国客户。谁料这位女士听到这个称呼，认为服务人员的称呼太不礼貌了，原来这位女士不是别人，而是美国客户的妻子。

4．物流客户接待礼仪的原则

在物流客户接待活动中，要高度体现出对客户及客户所代表的企业的尊重，而体现这种尊重有3个重要途径，就是要接受对方、重视对方和赞美对方。

（1）接受对方。

接受对方就是说商务人员在进行接待活动时，要宽以待人，不要责备对方，不打断对方，不拒绝对方，不让对方难堪，做到"想客户之所想，急客户之所急"。例如：商务接待人员在接待工作中，除了要做到使用礼貌用语，注意"来有迎声，问有答声，去有送声"外，还要对来宾表现出足够的热情，否则会给对方以被勉强、被胁迫、不耐烦的感觉。

（2）重视对方。

重视对方也就是要尊敬每一位客人。例如：在称呼对方时要使用尊称，对有行政职务的要称行政职务，说明你尊重他的权力，如"王总经理"等。重视对方还表现在要记住对方。要牢记一个常识：把对方的名字搞错了，会得罪对方；把对方的职务搞错了，是不尊重对方。例如：接过名片时一定要当着对方的面认真默读，不懂之处当即请教，其目的有两个：一是对对方表示重视；二是了解对方的确切身份，以免张冠李戴。

（3）赞美对方。

赞美对方就是要善于发现对方的优点，予以对方欣赏和肯定，以表示对对方的尊重。真诚而恰当的赞美，能增加彼此的信任，促进彼此的沟通和交流，使接待活动的气氛更加和谐。

任务实施

一、实训目标

1）掌握物流客户接待的方法。

2）掌握拜访物流客户的方法。

二、实训操作步骤

步骤	操作方法	质量标准
明确拜访和接待的目的	了解客户需求，明确目的	拜访和接待与客户需求契合
做好拜访和接待的准备工作	列好相关准备工作清单	准备工作无漏项
做好拜访和接待的流程	形成拜访和接待的步骤流程	步骤流程合理
做好拜访和接待的礼仪	汇总拜访和接待注意的礼仪	礼仪符合客户习惯
形成拜访和接待方案	将以上内容形成方案	调研报告完整、逻辑性强、可行性强

三、实训评价

小组序号:			学生姓名:	
小组成绩:			学生成绩:	
考核指标	考核标准		满分	得分
拜访和接待的目的	拜访和接待与客户需求契合		20	
拜访和接待的准备	准备工作无漏项		20	
拜访和接待的流程	步骤流程合理		20	
拜访和接待的礼仪	礼仪符合客户习惯		30	
拜访和接待方案	形成完整的报告,逻辑性和条理性强		10	

■ **课后拓展** ■

物流营销专员开发客户经验分享

在 A 物流公司 2024 年优秀员工业绩汇报大会上,营销专员小王分享了一个他与客户成功建立业务关系的例子,以下是小王分享的内容:

2024 年 9 月份,我通过老客户回访发现了夏先生这个客户。这个客户一直在 B 物流走货,货品是疫苗,走货途径是北京中转石家庄。初期,我联系夏先生后得知,他说和 B 物流公司合作几年了,一直没什么问题,不想尝试与我们合作。但我并没有放弃,在和他聊了聊行业发展等共同话题后,给他留下了个好印象,也给自己留了条退路。后来,我们公司一有优惠信息就告知客户。随着空运总调不断推出新的优惠政策。我们也借此不断地和客户联系。随着联系的频密,我们的关系也由单纯的客户关系成了朋友关系。

随后,我逐渐知道了夏先生的企业背景、服务需求等信息,并针对夏先生的需求进行方案设定。

夏先生的需求一:客户从目的站到我司一般为凌晨,需要打包等服务,则要解决人手问题。我部解决方法:提前联系,提前排好班,联系好搬运工。夏先生的需求二:货物到北京后因天气较冷,担心疫苗冻死,需冷藏车直接转货。我部解决方法:通过总调、空运推广组、代理的运作,解决冷藏车,直接转送疫苗。夏先生的需求三:因 B 物流公司价格便宜,希望我司提高价格竞争力。我部解决方法:针对 B 物流公司价格和货物特性(抛货)进行针对性报价。

经过一段时间的跟踪,夏先生终于有明确意向和我司合作。11 月 15 日凌晨 1 点,我接到夏先生电话,要求我 20 分钟内赶至 B 物流公司某营业部。打车过去后,原来是夏先生想让我查看货物的具体情况,做我们走货前的最后确认。在查验货物并解答完客户相关咨询后,夏先生说："这下好了，以后全部走你们了。"随后我带领客户参观了我司东平货场，赢得了夏先生的信任。

11月16日，夏先生终于打电话过来要求我部做好相关准备，凌晨走货。我部随即进行人员等各项安排。凌晨1点，准备就绪。我部人员和夏先生顺利在总调汇合，客户发货4吨，我部利润4720元。11月19日收货人正常收货。据悉，该客户一个月正常发货量达10吨。

问题：

1. A物流公司营销专员小王在服务客户夏先生的过程中，有哪些方面值得学习？

2. 物流公司人员在与客户接触和联系的过程中，应注意哪些问题？

任务3　编制物流营销环境分析报告

任务情景

工作任务：编制物流营销环境分析报告。

这天，爱世达公司营销部张经理给营销专员小李布置了一个工作任务：编制物流营销环境分析报告。

事情的缘由是：爱世达公司正在着手开拓广州的物流市场业务，而近年来，国内物流企业仓储业务市场竞争相当激烈。环境的变迁迫使该公司需要进行战略调整，制定出能适应物流环境变化的成长战略。而制定战略的基础与出发点，是能充分把握环境变迁所带来的机遇与挑战，能认清自身的能力与资源优势，从而趋利避害，使企业能顺利成长。

作为爱世达公司的物流营销专员，请使用SWOT分析法为该公司编制企业物流营销环境分析报告，以便为该公司的经营策略提供参考。

任务分析

在物流企业的营销活动中，环境因素的影响尤为重要。环境的优劣、特点和变化必然会影响物流企业的营销方向和内容，所以物流企业经营者必须认识环境、掌握环境的各种因素的发展和变化规律。

编制物流营销环境分析报告由物流营销专员负责完成。为了完成这项工作任务，我们必须要掌握以下专业知识和职业技能：

1．相关的专业知识

物流营销环境的类型，物流营销环境的影响因素。

2．相关的职业技能

编制物流营销环境分析报告的方法。

✈ 任务准备

一、物流营销环境的类型

物流营销环境是指一切影响、制约企业物流营销活动的最普遍的因素，包括政治、经济、法律、文化、自然、科技以及竞争者、营销中介等。

一般物流企业市场营销环境可以分为宏观环境和微观环境。

1．宏观环境

宏观环境是指给物流企业带来市场机会和环境威胁的主要力量，包括政治法律环境、经济环境、社会文化环境、科技环境和自然环境等。它涉及面广，是企业面临的外界大环境。它的因素多为企业不能控制，常常给企业带来机遇和挑战。因此，物流企业的一切活动必须适应宏观环境的变化。

2．微观环境

微观环境是指直接影响物流企业在目标市场开展营销活动的因素，包括物流企业、供应商、营销中介、顾客、社会公众等。这些因素与物流企业紧密相连，直接影响物流企业为客户服务的质量和能力。

二、物流营销环境的影响因素

1．宏观环境影响因素

物流营销宏观环境的影响因素包括政治法律环境、经济环境、科技环境与自然环境、社会文化坏境等。

（1）政治法律环境。

政治法律环境是指一个国家的政府的方针、政策，以及国家制定的有关法令、法规等。主要包括：

1）国家经济体制和经济政策。国家经济体制由所有制形式、管理体制和经济方式组成，是一个国家组织整个经济运行的模式，是该国基本经济制度的具体表现形式，同时也是一国宏观政策制定和调整的依据。经济政策是根据政治经济形势及其变化以及国民的需要而制定的，会直接或间接地影响物流企业的营销活动。对物流企业来说，国家经济政策主要表现为产业政策、价格政策、能源政策、环保政策以及财政与货币政策等。

2）法律和法规。世界各国都颁布了相应的经济法律、法规来制约、维护、调整物流企业的营销活动。如我国目前主要有《民法典》《专利法》《商标法》《广告法》《反不正当竞争法》《环境保护法》等，还有与物流企业直接相关的法律、法规，如《海商法》《邮政法》等。

此外，我国物流企业还必须遵循相关的国际规则和行为惯例，如 ISO 9000 国际标准化组织发布的系列质量管理保证国际标准以及 ISM CODE 国际安全管理规则等。对于物流企业来说，既要奉公守法，又要学会用法律保护自己的合法权益。

3）政局和政治事件。包括政治稳定性、社会治安、政府衔接、政府机构作风等。

读一读：了解我国物流相关政策

《"十四五"现代物流发展规划》中指出，建设现代产业体系要求提高现代物流价值创造能力；实施扩大内需战略要求发挥现代物流畅通经济循环作用；新一轮科技革命要求加快现代物流技术创新与业态升级，进一步确立了现代物流在国民经济运行中的重要地位和作用。

（2）经济环境。

经济环境是对物流企业营销活动有直接影响的主要环境因素，主要包括宏观经济环境和微观经济环境两方面。

1）宏观经济环境。宏观经济环境通常是指一国的国内生产总值及其发展变化的情况，包括社会总供给、总需求的情况及变化趋势、产业机构、物价水平，就业以及国际经济等方面的环境内容。一般来说，世界经济的飞速发展会带动国际贸易的相应增长，从而使物流活动频繁、物流市场繁荣；反之，就会使物流行业出现萧条和不景气。

2）微观经济环境。微观经济环境主要是指物流企业所在地区或所需服务地区的社会购买力、收支结构以及经济的迂回程度等所造成的货物流量与流向情况。这些因素直接决定着企业目前及未来的市场规模。

例如，按照国际公认标准，人均 GDP 突破 1000 美元，是一个国家、一个地区走出低收入水平的行列，进入加速发展阶段的重要标志。所以人均 GDP 不足 1000 美元代表一个国家处于低收入水平。我国改革开放以来，经济上发生了质的变化，我国人均 GDP 从 1952 年的几十美元增至 2020 年的超过 10000 美元，经济发展水平也由低收入国家进入到了中等偏上收入国家的行列，人们的消费结构和生活质量有了明显的改善，这些都为物流服务形式的发展提出了新的要求。

（3）科技环境与自然环境。

1）科技环境。随着科学技术和信息技术的发展，各种现代化的交通工具和高科技产品层出不穷，它们既为物流企业的高服务水平和质量提供了技术支持，也为物流企业进行市场营销活动的创新提供了更先进的物质技术基础。

看一看：微签，开启物流全链路电子回单新时代

传统的纸质物流签回单存在诸多问题，例如耗时耗材、保存困难易损毁等。顺丰集团推出的"顺丰微签"，基于顺丰雄厚的物流实力、坚实的法律效力和技术保障，实现了物流场景中签回单、合同、保单的无纸化流转，真正合并了物流单据流与信息流，显著降低了纸质单据运营成本，大幅提升了运营效率。

微签，开启物流全链路
电子回单新时代

请扫描右侧二维码，了解"顺丰微签"的具体情况。

2）自然环境。自然环境因素包括国家或地区的自然地理位置、气候、资源分布、海岸带及其资源开发利用等。其中，地理位置是制约物流企业营销活动的重要因素，像天然的深水港口往往会成为航运类物流企业必选的物流基地。

例如，上海作为我国东部沿海地区的最大港口，地理位置优越，经济腹地广阔、交通发达、海陆空联系便捷，再加上正在建设成为国际经济、金融、贸易以及航运中心，众多的国内外物流企业纷纷进驻上海，从事物流活动。气候条件及其变化也会影响物流营销活动，很多物品季节性强，对气候的变化很敏感，这都会影响物流企业的营销组合（运输工具、运输路线等）。

（4）社会文化环境。

每个人都是在特定的社会文化环境中成长的，有其不同的基本观念和信仰。社会文化环境就是指由价值观念、生活方式、宗教信仰、职业与受教育程度、相关群体、风俗习惯、社会道德风尚等因素构成的环境。这种环境不像其他营销环境那样显而易见和易于理解，但对消费者的市场需求和购买行为会产生强烈而持续的影响，进而影响到企业的市场营销活动。

社会文化环境所蕴含的这些因素在不同的地区、不同的社会是有所不同的，具体反映在风俗习惯、宗教信仰、价值观念、受教育程度和职业等方面。

例如，在泰国泼水节期间，泰国邮政各互换局和投递网点也将关闭，在此期间所有出口至泰国的各类国际邮件和物流包裹都将出现延迟情况。

除此之外，社会文化环境还包含了语言、社会结构、社会风尚等多方面的因素。值得指出的是，社会文化环境虽具有强烈独特的民族性、区域性，是民族历史文化的延续和发展，但是随着全球一体化的不断发展，各个国家和民族的文化相互渗透，企业所面临的社会文化环境也在不断发生变化，企业应善于把握时机，及时制定相应的营销决策。

2. 微观环境影响因素

物流营销微观环境的影响因素包括：物流企业内部环境、供应商、营销中介、顾客、竞争者和社会公众等。

（1）物流企业内部环境。

物流企业置身于市场营销之中，其自身条件也是构成微观环境的一个因素。这些自身条件包括人才资源、信息技术、运输设备、资金能力、储备条件、集装箱、托盘等。这些条件对物流企业的生产经营、提供产品和服务有着直接影响。

例如，我国的大型零售企业都应用了一项信息技术，就是在产品包装上贴上小芯片。当顾客拿起某产品如牙膏，一条信息就会传递到存储货架；如果顾客放回牙膏，信息同样会记录下来，货架将每次交易信息传送给计算机，同时跟踪顾客拿取产品的次数，这样该公司就可以根据从货架上拿走的产品，调整生产和分销计划，这样既能及时满足顾客需要，又能减少库存、加速资金周转。

分析企业内部环境，其目的是提示物流企业的优势和弱点，判断其是否拥有及时捕捉营销机会的竞争能力。

（2）供应商。

供应商是向物流企业提供生产经营所需资源的组织或个人，包括提供运输工具、仓库、物流信息化服务、物流信息化设备等。供应商对物流企业营销业务有实质性的影响，其所供应的设备技术含量和质量将直接影响物流服务的质量；所提供的资源价格会直接影响物流服务成本、价格和利润。

读一读：智慧物流仓储设备

我国某高端零食零售商 A 公司正处于高速发展期，客户对其质量、时效、配送周期的需求越来越高，其物流服务需达到 1～2 天一配、48 小时到货。而该企业以前仓库的硬件条件无法满足物流服务要求。为提高仓库运营效率，该企业使用了物流设备供应商 B 公司的智慧化仓储设备，如自动化立体库全自动堆垛机，可实现托盘商品的自动存取，通过条码自动识别功能保证入出库的准确率。将穿梭子母车与立体库进行联动作业，实现 A 品、超 A 品整件的全自动补货，密集存储，实现整件拣货峰值 500 件／小时，相对于传统仓整件拣货峰值的 200 件／小时，提高了1.5 倍，较大地提升了 A 公司仓库的运营效率。穿梭车作业场景如图 2-8 所示。

图 2-8　穿梭车作业场景

看一看：京东物流的"智狼"货到人系统

2024 年 11 月 5 日至 8 日，2024 CeMAT ASIA 在上海举行，京东物流受邀参展并重磅发布全新自研的"智狼"货到人系统。请扫描右侧二维码，了解京东物流的"智狼"货到人系统。

京东物流的"智狼"货到人系统

（3）营销中介。

物流企业营销中介是指协助物流企业从供应地送到接收地的活动过程中的中介机构，包括各类中间商和营销服务机构。对于物流企业，其中间商就是众多货运代理机构。营销服务机构主要包括营销研究机构、广告代理商、设计公司、媒体机构等。这些营销中介机构凭借自己的各种关系、经验、专业知识和活动规模，在为物流企业提供资源，拓宽营销渠道，提供高层调研、咨询、广告宣传、塑造企业形象等方面发挥着重要作用。

（4）顾客。

顾客又称为客户，是物流企业服务的对象，是物流企业一切营销活动的出发点和最终归宿。随着国际物流的发展，物流企业的顾客范围扩大，不但包括国内顾客，而且还有国外顾客。顾客的需求是不断变化的，这就要求物流企业要以顾客为中心，根据顾客所在的地理位置、风俗习惯、价值观念等特征，安排企业的营销活动，为顾客提供优质、高效、便捷以及满意的物流营销服务。

读一读：物流企业对客户的服务承诺

京东快递为满足顾客对寄件和收件的服务需求，提出"1 小时未取件必赔""全程超时必赔""派送不上门必赔"三大服务承诺。其中，"1 小时未取件必赔"是京东在行业内首创的服务，具体是指消费者在京东快递下单寄件后，快递员将在 10 分钟内致电消费者，确认订单，并于 1 小时内上门。如到预约时间仍未显示揽收信息，消费者即根据超时时长获得相应的折扣券、赔付券。如快递员未经客户同意，未能按标准上门揽收或派件，京东快递将赔付 6 元客户体验保障红包。"全程超时必赔"是指当消费者使用京东快递特快送、生鲜特快这两个产品寄快递时，如遇到因非客户原因造成全程时效超时，京东快递将在运单妥投之后自动向客户发放优惠券，主动赔付。在物流行业陷入存量竞争时代的今天，京东在物流领域不断提升顾客服务质量，解决行业痛点，毫无疑问能够扩大平台的差异化优势以及提高市场竞争力。

（5）竞争者。

竞争者一般是指那些与本企业提供的产品或服务类似，并且有着相似的目标顾客和相似价格的企业。物流企业的竞争者包括现有的物流企业、提供同类产品及服务的所有企业及潜在的进入者。

物流企业的竞争者主要有以下 3 种：

1）品牌竞争者，它们与物流企业提供的服务相同。

2）行业竞争者，如从事航运的所有公司。

3）形式竞争者，如航运物流企业，会把所有从事运输服务的企业归入形式竞争者。

对竞争者的分析，目的是扬长避短，争取物流企业的竞争优势。

比一比：对比以下 4 个物流企业在服务竞争上各有什么特点

邮政 EMS 推出即日以及标快两项全新服务，在产品、价格、时效三方面全面对标顺丰。菜鸟推出自营快递，补强中转、揽派等能力，打通菜鸟裹裹，发力中高端快递市场。京东物流启动快递时效大提速，上线"云仓达"，将末端站点的配送能力开发出来。中通推出"66 城标快不上门必赔"服务，通过"按需服务"拼产品性价比。

（6）社会公众。

一个物流企业在开展营销活动时，不仅要考虑竞争对手以及与之争夺的目标市场，而且要考虑到其营销方式是否能得到社会公众的欢迎。所谓社会公众是指对物流企业完成其营销目标的能力有着实际或潜在影响力的群体，包括金融公众、媒介公众、政府公众、企业内部公众等。这些公众会对物流企业的命运产生巨大影响，所以许多物流企业都建立了公共关系部门，负责收集与企业有关的公众的意见和态度、发布消息、沟通信息以建立物流企业的信誉，提高物流企业的知名度和美誉度，顺利实现物流企业的营销目标。

三、编制物流营销环境分析报告的方法

1. PEST 分析法

PEST 分析法是战略外部环境分析的基本工具，它从政治（Politics）、经济（Economic）、社会（Society）和技术（Technology）角度分析和把握宏观环境，并评价这些因素对企业战略目标和战略制定的影响。

（1）Politics，政治要素。它是指对组织经营活动具有实际与潜在影响的政治力量和有关的法律、法规等因素。政治要素主要包括政府制定的对企业经营具有约束力的法律、法规，如《反不正当竞争法》、税法、《环境保护法》以及外贸相关法规等。处于竞争中的企业应该仔细研究一个政府与商业有关的政策和思路，同时了解与企业相关的国际贸易规则、知识产权法律法规、劳动保护和社会保障相关政策等。这些相关的法律法规和政策会影响各个行业的运作和利润。

（2）Economic，经济要素。它是指一个国家的经济制度、经济结构、产业布局、资源状况、

经济发展水平以及未来的经济走势等。经济要素包括 GDP 的变化发展趋势、利率水平、通货膨胀程度及趋势、失业率、居民可支配收入、汇率、市场机制的完善程度、市场需求状况等。由于企业是处于宏观大环境中的微观个体，经济环境会对企业战略的制定产生较大影响。而且，经济全球化还带来了国家之间经济上的相互依赖性，所以企业在进行战略决策的过程中还需要关注、预测和评估本国以外的其他国家的经济状况和经济政策。

（3）Society，社会要素。它是指组织所在社会的民族特征、文化传统、价值观念、宗教信仰、教育水平以及风俗习惯等因素。社会要素包括人口规模、年龄结构、种族结构、收入分布、消费结构和水平、人口流动性等。其中人口规模直接影响着一个国家或地区市场的容量，年龄结构则决定了消费品的种类及推广方式。

每一个社会都有其核心价值观，它们常常具有高度持续性，这些价值观和文化传统是历史的沉淀，通过家庭繁衍和社会教育而传播延续，因此具有稳定性。而一些次价值观是比较容易改变的。每一种文化都是由许多亚文化组成的，不同的亚文化群体有不同的社会态度、爱好和行为，从而表现出不同的市场需求和不同的消费行为。

我国幅员辽阔，因此，企业更应关注社会的各种不同要素，比如民族之间的不同信仰和习惯，以及不同地理、气候、资源和生态环境，这会导致不同的人群有不同的消费习惯和偏好，有针对性地进行营销，能够让企业更好地迎合消费者，占据更多市场份额。

（4）Technology，技术要素。技术要素不仅包括那些引起革命性变化的技术，还包括与企业生产有关的新技术、新工艺、新材料的出现和发展趋势以及应用前景等。

PEST 分析法的应用步骤如下：

1）收集信息：收集与外部环境相关的信息，包括政府政策、经济数据、社会趋势、技术发展等。

2）分析信息：对收集到的信息进行分析，找出关键因素。

3）评估影响：评估关键因素对企业的影响，识别机会和威胁。

4）制定策略：根据分析结果，制定相应的战略或措施。

读一读：PEST 分析法在啤酒酿制行业环境分析中的应用

政治因素：有近 40 个外国品牌的啤酒在国内生产，产量占到全国的 4.3%，国内啤酒酿制行业面临着国外品牌啤酒的挑战；同时，引进国外的先进装备，有利于提高国内啤酒的酿制水平。

经济因素：啤酒作为廉价的消费品，是人们愁烦时用来发泄的工具、是快乐时的兴奋剂，也是交际场合及倾诉衷肠时的有效媒介。因而，啤酒兼容并包的独特功效，决定了消费群体受经济状况的影响不是十分明显。

社会因素：随着人们对啤酒功效的深入探索，得知啤酒含有人体所需要的氨基酸，并且还含有丰富的维生素B2、烟酸和矿物质，故而得名"液体面包"。此外，啤酒在社交场合广泛兴起，已成为交际文化的重要组成部分，有强大的消费群体。

技术因素：我国啤酒酿制厂每生产1吨啤酒用水量在8～40立方米，而发达国家的吨啤酒用水量仅为5～10立方米，说明我国啤酒厂与发达国家啤酒厂的酿造水平仍有一定差距。

2．SWOT分析方法

SWOT分析法是指分析企业自身的竞争优势、劣势，外部市场的机会和威胁，从而将公司的战略与公司内部资源、外部环境结合起来的一种科学分析法。其中，S（Strength）是优势、W（Weakness）是劣势、O（Opportunity）是机会，T（Threat）是威胁。

SWOT分析法的应用步骤如下：

（1）分析企业的优势、劣势、面临的机会和威胁。

优势是指企业所具有的资源、技术、服务等，如良好的企业形象、智慧化物流设施设备、高品质的物流配送服务、充足的财政来源等。劣势是指影响企业经营效率和效益的不利因素，如设施设备落后、人员老化、资金短缺、技术研发滞后等。机会是指市场上存在的未被满足的需求，或某种不利因素的解除，如出现新产品、发现新市场、市场壁垒解除或竞争对手出现明显失误等。威胁是指外部环境中对企业营销活动不利或限制企业营销活动的因素，如服务替代品增多、出现新的竞争对手、市场紧缩、出现金融危机、客户对服务的偏好发生改变等。

> **读一读**：物流企业的优势、劣势，面临的机会、威胁
>
> 优势：顺丰推出了自主研发的"丰知"物流决策大模型，应用于物流供应链的智能化分析、销量预测、运输路线优化与包装优化等决策领域，进一步提升了物流效率和服务质量。
>
> 劣势：行业竞争激烈，低价恶性竞争压缩了物流企业利润空间；缺乏高效配货平台，回程空驶现象普遍。
>
> 机会：2024年上半年受到直播电商带动、包裹小件化及退货件影响，快递需求数据持续向好，全年行业增速超出15%。
>
> 威胁：2024年全球油价上涨期间，国内物流公司运输成本也随之增加，企业被迫压缩利润空间。

（2）构造SWOT矩阵。

将各种因素根据轻重缓急或影响程度排序，将那些对企业发展有直接的、重要的、大量的、迫切的、久远的影响因素优先排列出来，而将那些间接的、次要的、少许的、不急的、短

暂的影响因素排列在后面，构造 SWOT 矩阵。SWOT 矩阵分析如图 2-9 所示。

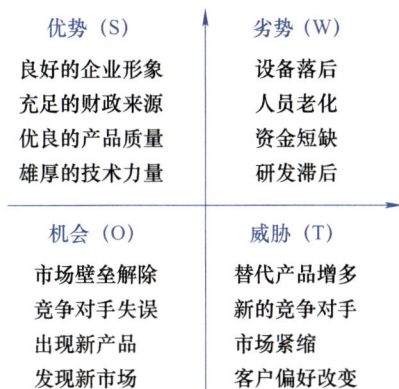

优势（S）	劣势（W）
良好的企业形象	设备落后
充足的财政来源	人员老化
优良的产品质量	资金短缺
雄厚的技术力量	研发滞后
机会（O）	威胁（T）
市场壁垒解除	替代产品增多
竞争对手失误	新的竞争对手
出现新产品	市场紧缩
发现新市场	客户偏好改变

图 2-9　SWOT 矩阵分析

在这个矩阵中，有 4 种 SWOT 组合，分别是优势—机会（SO）组合，优势—威胁（ST）组合，劣势—机会（WO）组合，劣势—威胁（WT）组合。

（3）进行组合分析。

优势—机会（SO）组合分析：这是最理想的组合，有利于物流企业的发展。

优势—威胁（ST）组合分析：在该情况下，物流企业应利用自身优势应对外部环境中的威胁。

劣势—机会（WO）组合分析：在该情况下，物流企业要最大限度地通过利用外部环境中的机会来弥补物流企业自身存在的劣势。

劣势—威胁（WT）组合分析：物流企业应避免处于这种状态，应想方设法降低威胁和劣势，以便能在激烈的竞争中生存下去。

（4）制定营销战略。

在完成环境因素分析和 SWOT 矩阵的构造后，便可以制订出相应的战略计划。制订计划的基本思路是：发挥优势因素，克服弱点因素，利用机会因素，化解威胁因素；考虑过去，立足当下，着眼未来。

SO 战略：也被称为进攻型战略或扩张型战略。企业应利用这种难得的机会，大力投入，占据更高的市场份额和获得更好的发展。

ST 战略：也被称为分散型战略或游击战略。企业应善于利用自身的优势，采用迂回战略来化解外部威胁，扬己之长，补己所短。

WO 战略：也被称为防御型战略。企业要积极利用外部的机会，趋利避害。

WT 战略：也被称为退却型战略。企业要审时度势，及时调整自己的业务和产品结构。

请扫描右侧二维码，通过视频全面了解 SWOT 的分析和应用。

SWOT 的分析和应用

任务实施

一、实训目标

1）掌握分析物流营销环境因素的方法。

2）会编制物流营销环境分析报告。

二、实训操作步骤

步骤	操作方法	质量标准
整理任务情景关键信息	找出任务情景中爱世达公司的关键信息	收集整理爱世达公司的关键信息，不要遗漏
完善任务关键信息	将任务情景中未详细涉及的行业背景、区域背景通过互联网搜索、调研等方式获取，完善关键信息	搜索并归纳出爱世达公司所在的行业和区域的关键信息
归纳优势（S）、劣势（W）、机会（O）和威胁（T）	从内部环境和外部环境两个维度，分别归纳爱世达公司的优势、劣势、机会和威胁	内部环境是基于企业本身的要求，外部环境是企业外部且不能控制的要素，不能混淆
构建 SWOT 矩阵	按照因素的轻重缓急或影响程度排序，将直接的、重要的影响因素排在前面，将间接的、次要的影响因素排在后面，构建 SWOT 矩阵	SWOT 矩阵的每类信息不超过 5 个，且有优先级排序
制订战略计划	运用综合分析方法，将排列与考虑的各种环境因素相互匹配起来加以组合，得出公司未来发展的可选择对策	能制定出至少一种战略

三、实训评价

小组序号：		学生姓名：	
小组成绩：		学生成绩：	
考核指标	考核标准	满分	得分
SWOT 要素归纳	内部环境要素和外部环境要素不混淆、不遗漏	20	
SWOT 矩阵构建	根据要素优先程度排序并构建矩阵	20	
SWOT 战略分析	有详细的战略分析	20	
物流营销环境分析报告	形成完整的报告，逻辑性和条理性强	30	
组织与分工合理性	任务安排合理，小组组员各司其职完成任务	10	

■ **课后拓展** ■

中储物流的 SWOT 分析

中储物流是由我国物资储运集团有限公司投资控股成立的一家专业物流公司。其业务包括为客户提供全过程物流解决方案，组织全国性及区域性的仓储、运输、加工包装、分销、国际贸易代理、进口货运代理、供应链管理等综合物流服务。

一、中储物流的优势

1．网络优势

交通条件便利：有关数据显示，中储各物流中心共有铁路专用线 126 条，总长 114 公里。因此在发货方面能够与全国各铁路车站对接，客户能够从直接入库的运输之中获得更为经济、高效和安全的服务。

仓储网络完善：中储庞大的运输网络覆盖全国。中储有 1000 万平方米的自建物流园区，在全国经济圈的港口均有分布，因此在整合商流资源方面具有优势。

物流平台完整：为实现规模效应，降低物流成本，提高物流效率，中储非常重视物流平台的构建，相关资料显示，中储目前拥有载重汽车约 280 辆，起重设备 720 台，货物年吞吐能力 4000 万吨。强大的硬件实力，是开展大范围物流业务的保障。

2．市场客户优势

经过多年的积累，中储现有的客户数量基数较大，独有而固定的客户群对保持每年的业务量具有重要意义。在巩固现有客户群的同时，中储也在不断开发新客户，挖掘企业潜力，形成竞争优势。

3．业务运作优势

（1）业务范围广。

1）仓单质押融资业务：中储与银行合作，为客户开展仓单质押业务，主要是为客户提供融资业务。

2）经销业务：在中储物流业务中，经销业务是重要组成部分，面对日益变化的国际形势，中储对经销队伍的要求也不断提高。

3）配送业务：中储各地的物流中心接受生产企业的大批量产品，提供保管业务并将其配送到众多销售网点，配送业务包括生产配送、销售配送、连锁店配送、加工配送。

（2）业务水平高。

1）物流运营快速组织体系：中储物流将海运、陆运、仓储、营销、计算机以及系统集成等方面有效整合，主动地制定客户所需的物流方案，并有效实施。

2）物流运营保障体系：物流运营保障体系是实现对客户承诺的重要步骤，也是树立企业形象的关键体系，中储各个实体运营仓库都对此体系高度重视。

3）全过程组织物流：中储为降低物流成本，提高竞争力，对内外部资源、运输资源、跨地区资源进行整合，组织全程代理，为用户设计合理的全程物流方案。

4. 品牌形象优势

声誉良好：中储曾被授予"中国物流实验基地"称号，被国家经贸委确认为三十四家现代物流工作重点联系企业之一，在业界拥有良好的声誉。

社会认知度高：客户对中储品牌的认可度越来越高，原因在于经过时间积累，中储的品牌内涵以及市场价值开始显现。

二、中储系统的弱点

1. 传统的企业体制与以市场经济为特征的现代企业制度的矛盾

市场经济意味着各种要素配置的基础是市场，传统的体制是中储向现代物流转化过程中的障碍。

2. 历史包袱与紧迫的投资需求之间的矛盾

现代物流是与现代生产水平相配套的，需要人才、科技、资金的投入。中储系统生产设施设备陈旧，业务功能、技术落后，盈利能力弱；现有人员结构不合理，仓库人员素质较低，接受新知识能力差；加上历史包袱，拖累中储向现代物流企业转变。

3. 旧观念与传统习惯的阻力

这表现为以传统仓储、运输、货运代理业务为主，缺乏全程物流服务，向新型业务转型慢，对于社会供应链的角色不适应。中储多年形成的习惯做法和观念，是向现代物流转变的阻力。

三、中储系统面临的机遇

1）经济全球化步伐和贸易自由化步伐加快，我国进出口贸易和物流量快速增长。

2）以电子、通信为代表的高新技术迅猛发展。

3）跨国公司呈现全球采购、本土化生产、全球销售趋势，物流量大大增加。

4）产业结构调整步伐加快，第三产业在GDP中的比重将会越来越大，物流将是一个主要的构成部分。

5）国家政策鼓励在基础设施方面的投资，如机场、铁路、高速公路、海运、河运等。

6）各级政府都在制定各地的物流园区规划，有的地方已初具规模。

7）现代物流特别是第三方物流的概念为各行各业所认识和接受。流通业发展加速，超市、连锁经营正掀起新一轮发展高潮。

四、中储系统面临的威胁

1）客户对物流服务的需求更加看重个性化、定制化的服务体验。在这场物流服务的"品质革命"中，那些无法及时适应客户需求变化并做出相应调整的物流企业，很可能被市场淘汰。

2）随着物流市场的持续扩大和多元化发展，市场竞争也日益加剧。传统物流企业不仅面临着来自互联网巨头的竞争压力，还需应对新兴物流模式的挑战。

3）有实力的民营企业通过收购、联盟等形式，凭借其体制优势，力求获得更大的生产份额。

4）行业法规与监管尚不健全，对市场无序、恶性竞争现象的整治有待加强。

5）人工及企业运营所需的各种要素价格呈上涨态势，将给企业经营带来成本压力。

问题：

请结合中储物流的 SWOT 分析，为它制订相应的战略计划。

任务 4　细分和定位物流市场

任务情景

工作任务：编制物流市场细分报告。

德邦是一家公路运输零担物流企业，近年来它感到业务增长乏力。由于它的客户主要是小型货主，其增速与纯消费＋互联网驱动的电商客户难以比肩，整体受经济活动（贸易商）活跃度的影响较大，因此在增速上弱于电商客户驱动的物流企业。为了让企业继续在物流行业保持强竞争力，公司决定开拓新的目标市场或者进行业务转型。

作为该公司物流营销专员，请为该公司编制物流市场细分报告，以便为公司经营决策提供参考。

任务分析

细分物流市场是物流企业选择目标市场的重要依据，将直接影响物流企业产品的竞争力。

为了完成编制物流市场细分报告这项工作任务，我们必须掌握以下专业知识和职业技能：

1．相关的专业知识

物流市场细分的作用，物流细分市场的条件，物流市场细分的标准。

2．相关的职业技能

物流市场细分方法。

✈ 任务准备

物流市场细分，就是根据物流客户需求和购买行为的共同性和差异性，将整个市场划分成若干个具有不同需求特征的客户需求类别。在同一个需求类别中，客户的需求具有共同性；在不同需求类别中，客户的需求具有差异性。我们把这个划分过程叫作物流市场细分，把分割出来的一块一块的小市场叫作细分市场。

一、物流市场细分的作用

1．有利于物流企业发掘市场机会，进而开拓新的物流市场

通过市场细分，物流企业可以认识到每个细分市场需求的差异、物流需求被满足的程度以及市场竞争状态。抓住那些竞争者未进入或竞争对手很少的市场机会，结合企业资源状况，从中形成并确立适宜自身发展和壮大的目标市场，并以此为出发点设计相应的营销组合策略，就可以取得竞争优势，在市场占有较大份额，为下一步的发展打下良好的基础。同时，在分析物流市场竞争状态的基础上，根据物流企业自身的资源条件及竞争能力，形成适于自身发展且较为有利的目标市场。

2．有利于物流企业充分利用现有资源，获得竞争优势

在物流企业进入买方市场的条件下，物流企业的生产取决于市场的需求，如果市场需求量大，就会吸引更多的物流生产者进入，物流行业的竞争就会逐渐加剧。因此企业只有借助于市场细分，整合自身的各种资源，专注于某一个或几个细分市场，才能获得竞争优势，从而在市场竞争中求得生存和发展。

3．有利于物流企业了解各细分市场的特点，制定并调整营销组合策略

细分后的市场相对较小而且具体，有助于物流企业把握不同细分市场的需求特点及变化情况，提高物流企业的市场适应程度。在此基础上，运用产品（服务）、价格、分销及促销策略，形成一套市场营销组合。同时，根据细分市场的变化，及时对这种组合进行调整，以适应市场的变化。

二、物流细分市场的条件

物流企业要使细分市场真正具有实用价值，保证细分市场能为企业制定有效的营销战略和策略服务，需要使细分市场具备以下条件：

1．可衡量性

可衡量性是指企业细分的市场应在以下3个方面可衡量：第一，客户对服务有不同的偏好，对企业的营销策略具有明显不同的反应；第二，企业必须能够获取客户的准确情报；第三，企业对于各细分市场能进行定量分析且能对细分市场进行可行性研究。

2．盈利性

盈利性是指企业进入目标市场后能够获得预期的利润。如果细分市场的规模很小，不能为企业获取足够的盈利，就不值得进行市场细分。

3．可行性

可行性是指针对细分出来的市场，企业能够通过成本合理的营销组合达到目的。

4．稳定性

稳定性是指在一段时间内，细分市场的标志及细分市场需求保持相对不变。

三、物流市场细分的标准

根据物流市场的特点，可以用以下几类标准进行市场细分。

1．地理区域

按此标准，一般可以将物流市场细分为：

1）区域物流。是指物流活动发生在特定区域范围内的物流系统，它将物流系统细分为一定范围内的独立区域物流网络，实现物流的整体化经营。

2）跨区域物流。是指物流活动跨越不同的地理区域，通常涉及多个省份、国家或大陆。

2．客户行业

同一行业的客户，其产品的构成差异不大，对物流的需求也具有一定的相似性。不同行业的客户，其产品的构成存在较大差异，物流需求也各不相同。

按客户行业一般可以将市场细分为：农业、工业、商业和服务业等细分市场。例如上海的某民营物流公司在市区配送方面很有优势，他们的客户都是大型的食品企业。

3．客户业务规模

按照客户对物流需求的规模细分市场，可以将客户分为：

1）大客户，是指对物流业务要求多的客户，它们是企业的主要服务对象。

2）中等客户，是指对物流业务需求一般的客户，是物流企业的次要服务对象。中等规模客户的业务一般操作起来比较容易，服务的利润空间比较高。

3）小客户，是指对物流业务需求较小的客户，物流企业仅提供较少的服务。

4．物品属性

物流企业在进行物流活动的过程中，由于物品属性的差异，物流作业的差别也较大。按客户物品的属性物流市场可分为：

1）生产资料市场，是指用于生产的资料市场，其数量多，地点集中，物流活动要求多且高。例如上海莲雄物流，在天津专门负责某化工集团的物流业务管理。

2）生活资料市场，是指用于生活需要的资料市场，其地点分散，及时性要求高。

3）其他资料市场，是指除以上两个细分市场以外的所有资料市场。

5．服务方式

根据客户所需物流服务功能的实施和管理要求的不同而细分市场。按服务方式可将物流市场分为：

1）综合方式服务。就是客户需要两种或两种以上的物流服务。例如有实力的大企业在为其客户提供仓储、运输服务的同时，还为客户提供咨询服务。

2）单一方式服务。就是客户只需要某一种方式的物流服务。

近年来，我国第三方物流市场迅速发展。外部条件的发展和成熟为物流市场的细分发展提供了广大的空间。但是，我国在物流市场细分领域仍处于初级发展阶段，大多数物流企业处于同一服务水平和同一经营层面。由于大多数物流企业从传统的仓储、运输和货代等发展而来，缺乏现代物流营销理念的指导，缺乏对客户物流和客户需求的分析，很多物流企业仍停留在传统营销理念之中。市场定位模糊、物流服务产品雷同，使物流企业市场空间越来越小，利润越来越少。因此对于物流企业来说，细分物流市场、精确定位、提供差别化服务是企业生存和发展的关键。

比一比：了解物流市场的细分

目前，行业把整个物流市场划分成了三部分，分别是快递市场、整车快运市场和零担快运市场。一般10公斤以下包裹的门到门派送服务被定义为快递。

包含整辆卡车重量达3吨及以上的货物点到点派送被称为整车快运。

而介于快递和整车快运之间，重量为10公斤到3吨之间的货物不足一整车时所产生的零星货物交运就被定义为零担快运。

四、物流市场细分方法

物流市场细分的方法有很多，但总体上来说，可以归纳为以下 3 种方法。

1．单一因素细分法

单一因素细分法是指在影响物流客户需求的多种因素中选择出一种主要因素作为市场细分的依据。例如可以根据客户对货物运输的时间需求不同，对物流运输市场进行细分，细分结果如图 2-10 所示。

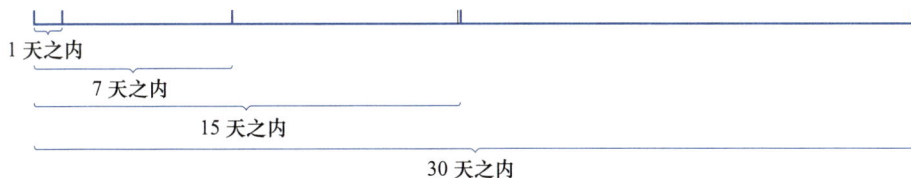

图 2-10　单一因素细分法示例

2．综合因素细分法

综合因素细分法是指在影响物流客户需求的多种因素中选择对顾客或者消费者的购买产生较大影响的，可能被顾客和消费者放在同一层次上考虑的，并列的 2 个或者 2 个以上因素作为细分市场的依据。例如可以从地域区域、产品属性这 2 个因素细分市场，具体细分结果见表 2-2。

表 2-2　二因素细分法示例

产品属性	地理区域	
	区域物流	跨区域物流
生产服务	细分市场 1	细分市场 2
生活服务	细分市场 3	细分市场 4

又如，也可以按照顾客对物流量、物流速度和物流频率 3 个因素的要求，对物流市场进行细分，如图 2-11 所示。

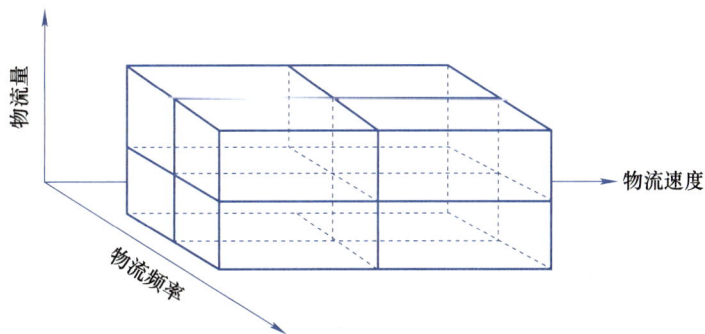

图 2-11　三因素细分法示例

3．系列因素细分法

系列因素细分法是指在影响物流客户购买的多种因素中，以影响顾客和消费者需求的多个变量为标准，对市场进行由粗到细、层层细分的方法。系列因素细分法示例如图 2-12 所示。

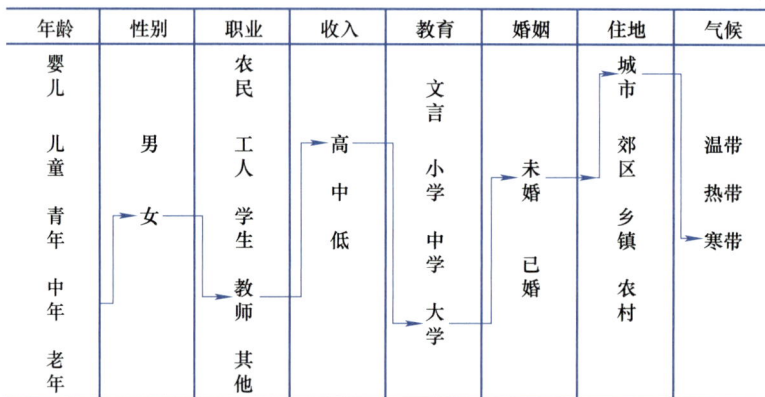

年龄	性别	职业	收入	教育	婚姻	住地	气候
婴儿 儿童 青年 中年 老年	男 女	农民 工人 学生 教师 其他	高 中 低	文言 小学 中学 大学	未婚 已婚	城市 郊区 乡镇 农村	温带 热带 寒带

图 2-12 系列因素细分法示例

五、物流市场细分步骤

为了确保市场细分的有效性，企业的市场营销人员应该了解和掌握细分市场的程序。物流市场细分的步骤如图 2-13 所示。

1）确定市场范围。任何一个企业都有其自身的任务和目标，并以此作为企业制定生产经营和市场开拓战略的依据。

2）列举潜在顾客的基本需求。产品的市场范围确定后，企业的市场营销人员可以将市场范围内的潜在顾客分为若干个专题小组，了解他们的动机、态度、行为等，从而比较全面地列出影响产品市场需求和顾客购买行为的各项因素，作为以后进行深入分析研究的基本资料和依据。

3）分析潜在顾客的不同需求。顾客的不同需求是细分市场的基础。

4）剔除潜在顾客的共同需求。潜在顾客的共同需求是指企业无论选择哪种细分市场作为目标市场时，都必须使之得到满足的需求。

确定市场范围

列举潜在顾客的基本需求

分析潜在顾客的不同需求

剔除潜在顾客的共同需求

初步确定细分市场

分析各细分市场的特点

测量各细分市场的大小

图 2-13 物流市场细分的步骤

5）初步确定细分市场。初步确定细分市场是指为细分市场暂时命名，即在分析了潜在顾客的不同需求，进行了市场细分并剔除各细分市场上潜在顾客的共同需求后，各细分市场上剩下的需求各不相同，这时为了便于对各细分市场的特点做进一步分析，可以根据各细分市场上

顾客的特点暂时为各细分市场确定一个名字。

6）分析各细分市场的特点。上述工作完成后，企业还需进一步对各细分市场顾客的需求及其行为特点做深入的分析与考察，确定已掌握了各细分市场的哪些特点，还需要对哪些特点做进一步分析研究，从而决定是否需要再分或重新合并。

7）测量各细分市场的大小。细分出来的市场必须大到足以使企业实现它的利润目标，这时细分市场对企业来说才是有用的。

六、物流目标市场选择

在物流营销活动中，企业必须选择和确定目标市场。选择和确定目标市场，是物流企业制定市场营销战略的首要内容和基本出发点。物流企业应该根据其能力和资源条件选择具有较强吸引力的细分市场。

1．选择物流目标市场的标准

（1）有足够的物流市场需求。

选择物流目标市场一定要有尚未满足的现实需求和潜在需求，应该是有利可图的细分市场。此外，物流目标市场应该有足够的购买力。如果只有未满足的需求，没有购买力就形成不了销售额。

读一读：顺丰同城率先推出奢侈品即配方案

奢侈品价格高昂，消费者购买预期也相对较高，确保配送的时效性和安全性之余，还要求即时配送服务商有增值服务能力。顺丰同城率先推出奢侈品即配服务，填补了即配市场相关品类的空白，在行业"万物到家"的品类争夺战中赢得先机。

为了更好地承接奢侈品配送业务，顺丰同城配备经严格培训的资深高价值"骑士"队伍，专人指派订单，实现配送全程监控、专人服务监督，更在配送细节上将"仪式感"拉满："骑士"配送过程中整齐着装，背上奢侈品专送背包，全程轻拿轻放，在骑行中也会格外注重避开颠簸道路；另外商品必须面签，如接收者无法联系则原路返回商家。为消除客户在运送过程的顾虑，顺丰同城特别提供100%赔付服务，非客户责任造成的损失或遗失，48小时内可随时发起赔付申请，顺丰同城将在72小时内极速处理，完成定损、理赔到账，让整个运送过程更加安心。这种精细、负责、严谨的配送制度是顺丰同城的一大优势，确保商品可以安心、快速地送达消费者手中，实现"足不出户，安心购物"的新体验。

（2）有能力满足物流目标市场的需求。

在众多细分市场中有利可图的有许多，但物流企业只能选择其有能力去占领的物流细分市场作为自己的主要目标市场。换而言之，只有细分市场带来的利润大于企业要花费的费用，该物流细分市场才是有效的。

（3）企业具有竞争优势。

如果物流企业具有其他企业都不具备的资源或者能力，那么这个企业就具备了竞争优势，也就有希望获得较高的市场占有率。

顺丰速运凭借高效、准时的服务脱颖而出。背后的顺丰航空，更是以87架飞机的庞大机队，跻身全球第四大货运航空公司。顺丰从退役客机改装起步，迅速建立起航空运输网络。通过自有机场和航线的高效运营，顺丰航空打破了常规航空公司的限制，实现了全国范围内的快速配送。90%以上的飞机利用率，远超行业平均水平，有效降低了单位货物的运营成本。

顺丰航空还精准锁定高端客户群体，专注于对时效性和安全性要求极高的市场区间。随着电商的爆发式增长，顺丰航空提供的隔日达甚至当日达服务，满足了客户对快速送达的迫切需求。尽管运费相对较高，但客户愿意为此买单，为顺丰航空创造了丰厚的利润空间。

2．物流企业选择目标市场的方式

（1）市场集中化。

企业只经营一种类型的产品，满足某一类顾客特定的需要。较小的企业通常采用这种策略。

（2）选择专业化。

企业同时进入若干个具有吸引力并且符合企业目标和资源的细分市场作为目标市场，其中每个细分市场与其他细分市场之间的联系较小。企业要有针对性地向各个不同的顾客群提供不同类型的产品，以满足其特定的需要。这一般是生产经营能力较强的企业在几个细分市场均有较大吸引力时所采取的决策。其优点是可以有效地分散经营风险。

（3）产品专业化。

企业生产一种类型的系列产品，并将其销售给各个顾客群，满足其对一种类型产品的各不相同的需要。

3．市场专业化

市场专业化策略是指企业决定生产多种不同类型的产品，只将其销售给某一个顾客群，满足其多种需要。

4．全面进入

全面进入策略是指企业生产各种类型的产品，以全面满足市场上所有顾客群的不同需求。

显然，目标市场的选择对企业生产、经营、效益等活动都有重要影响。如果采用市场集中化策略，企业可能对市场需求的适应能力弱，经营风险大；如果采用全面进入战略，企业可能会增加生产经营的复杂性，难以提高企业的利润率。当企业实力较弱时，在运用上述策略时，一般可以选择先进入最有吸引力且最有条件进入的细分市场，只有在机会和条件成熟时才酌情、有计划地进入其他细分市场，并逐步发展壮大。

练一练：判断下面企业选择哪种目标市场

百世快运在全国网络大会上提出"ALL IN 电商"的发展战略，重量主要集中在 10 ～ 70 公斤。

安能物流推出 Mini 电商小件/大件产品，主打 10 ～ 70 公斤段。

德邦物流聚焦 3 ～ 60 公斤大件快递，免费包接包送。

顺丰速运推出 20 ～ 100 公斤重货包裹，免费送货入户。

壹米滴答推出"壹米小件＋滴答到门"产品组合，分别覆盖 5 ～ 70 公斤，70 ～ 150 公斤产品。

七、物流市场定位

1．物流市场定位的含义

物流市场定位是物流企业根据市场竞争状况和自身资源条件，建立和发展差异化优势，使自己的物流服务产品和企业本身在客户心目中形成有区别、优于竞争者的独特形象。明确的物流市场定位能够为物流企业的服务差异化提供机会，让每个物流企业及其服务在客户心目中有一席之地，并形成相应烙印，进而影响客户的购买行为。

读一读：京东物流的市场定位

京东物流是我国领先的技术驱动的供应链解决方案及物流服务商，以"技术驱动，引领全球高效流通和可持续发展"为使命，致力于成为全球最值得信赖的供应链基础设施服务商。一体化供应链物流服务是京东物流的核心赛道。目前，京东物流主要聚焦于快消、服装、家电家具、3C、汽车、生鲜等六大行业，为客户提供一体化供应链解决方案和物流服务，帮助客户优化存货管理、减少运营成本、高效分配内部资源，实现新的增长。同时，京东物流将长期积累的解决方案、产品和能力进行解耦，以更加灵活、可调用与组合的方式，满足不同行业的中小客户需求。

2．物流市场定位方法

物流市场定位的方法主要包括根据产品特色、提供的利益和解决问题的方法、产品的专门用途、使用者的类型以及竞争进行定位。

（1）根据产品特色定位。

强调产品的内在特色，如产品质量、档次、价格等，通过广告宣传突出产品的独特性和优势，使之与竞争产品区分开来。例如，中海北方物流有限公司通过拥有普货、冷藏货班列等特色服务，成功地在物流市场中定位。

（2）根据提供的利益和解决问题的方法定位。

强调产品所能提供的利益和解决问题的方法，满足顾客的重点需求。例如，人性化专业物流服务通过满足客户需要、发现客户想要的理念，在物流行业中形成独特的定位。

（3）根据产品的专门用途定位。

为老产品找到新的用途或应用场景，创造新的市场定位。例如，随着市场经济的发展，物流行业不断完善，现代物流企业应运而生，满足了市场经济发展的需求。

（4）根据使用者的类型定位。

根据潜在用户的心理和行为特征及特定消费模式，将产品指引给适当的用户群体，塑造出恰当的产品形象。例如，中海北方物流有限公司通过与农业生产相结合，为物流产业营造了适宜的形象。

（5）根据竞争定位。

根据竞争对手的特色与市场位置，结合企业自身发展需要，选择与竞争对手相似或不同的市场进行定位。这有助于企业在竞争中脱颖而出，形成独特的竞争优势。

3．物流市场定位的步骤

物流企业的市场定位，一般通过5个步骤来实现，具体如下：

（1）分析顾客需求。

首先，物流企业需要深入了解目标市场的客户需求，包括对物流服务的需求类型、频率、质量要求等，以便提供定制化的物流解决方案。

（2）识别竞争优势。

识别竞争优势是物流企业市场定位的基础。物流企业的竞争优势通常体现在成本优势和物流服务差异化优势两个方面：成本优势能够让物流企业以比竞争者更低的价格提供相同质量或更高质量的物流服务；物流服务差异化优势则是物流企业能为客户提供在质量、功能、种类等方面比竞争者能更好满足客户需求的能力。

（3）选择竞争优势。

物流企业在确定了自身的竞争优势后，应确定哪些优势是决定市场定位的关键，并根据市场分析和竞争状况，选择具有潜力的目标市场，确定服务领域。

（4）确定整体定位策略。

物流企业在进行市场定位时不能只突出一项竞争优势，应明确物流服务的功能和特点，如准时化、高效化、低成本等，以区别于竞争对手。例如，快递企业只强调安全性而忽视时效性，显然这种定位的效果是欠佳的。

（5）传播企业的定位理念。

物流企业在确定定位策略后，应通过营销和宣传，将企业的定位理念传达给客户，建立品牌形象，增强客户对企业的认知和信任。

4. 物流市场定位策略

物流企业作为一个整体，在客户的心目中是有一定的位置的。怎样使自己在客户心目中占据一个明显而突出的位置呢？企业可根据自身的资源优势和在市场上的地位做出以下选择：

（1）市场领先者定位策略。

市场领先者是在行业中处于领先地位的企业，其相关服务在市场上的占有率最高。采用领先者定位策略的企业必须具备以下优势：客户对品牌的忠诚度高、营销渠道的建立及高效运行、营销经验的迅速积累等。

（2）市场挑战者定位策略。

在相同的行业中，当居次位的企业实力很强时，往往以挑战者的姿态出现，攻击市场领导者和其他的竞争者，以获得更高的市场占有率，这就是市场挑战者定位策略。

挑战者的挑战目标可以是以下3种：攻击市场主导者，攻击与自己实力相当者，或攻击地方性小型企业。

（3）市场跟随者定位策略。

市场跟随者定位策略是指企业跟随市场领导企业开拓市场、模仿领导者的服务项目开发、营销模式的定位策略。但"跟随"并不是被动地、单纯地跟随，而是设法将独特的利益带给它的目标市场，必须保持低成本和高服务水平。采用这种定位策略有3种战略可供选择：紧密跟随、距离跟随、选择跟随。

①紧密跟随：指企业在各个细分市场和营销组合方面，尽可能地模仿主导者，不与主导者发生直接冲突。

②距离跟随：指跟随者在主要方面如目标市场、产品创新、价格水平和分销渠道等方面追随主导者，但仍与主导者保持差异。

③选择跟随：指企业在某些方面紧跟主导者，在另一方面又发挥自己的独创性。

（4）市场补缺者定位策略。

市场补缺者定位策略是指企业专心关注市场上被大企业忽略的某些细小部分，在这些小市场上通过专业化经营来获取最大限度的收益，在大企业的夹缝中生存和发展的定位策略。

采用这种策略的企业主要战略是专业化市场营销，就是在市场、客户、渠道等方面实行专业化。在选择补缺基点时，通常选择 2 个或 2 个以上的补缺基点，以减少市场风险。

（5）重新定位策略。

如果消费者心目中对该企业的市场定位不明确，市场营销环境发生重大变化，或者是顾客需求发生了显著变化等，企业须调整自己原来的市场定位，进行重新定位。另外，就是当众多的或较强的竞争对手定位于自身产品及形象周围时，为发动进攻，也通常采取重新定位战略。

任务实施

一、实训目标

1）掌握物流市场细分的方法。

2）会编制物流市场细分报告。

二、实训操作步骤

步骤	操作方法	质量标准
整理任务情景相关的行业信息和企业信息	搜索零担物流、快递、电商等相关行业信息	将搜索到的行业信息与任务情景紧密相连
列举潜在顾客的基本需求	列出影响物流市场需求和顾客使用物流服务的各项因素	归纳的潜在顾客需求是否符合行业情况
分析潜在顾客需求	找到潜在客户的不同需求，确定细分市场的基础	顾客不同需求是否有明确区分点
初步确定细分市场	将各细分市场上顾客的特点定为细分市场名字，确定细分市场特点	各细分市场是否有鲜明特点
预估细分市场容量	通过各种途径预估细分市场的顾客容量	该细分市场是否能实现企业利润目标
形成物流市场细分报告	编制完成物流市场细分报告	能否为德邦决定进入某一市场提供决策依据

三、实训评价

考核指标	考核标准	满分	得分
小组序号：		学生姓名：	
小组成绩：		学生成绩：	
任务情景相关资料收集	收集的资料能为编制报告提供支撑	20	
潜在顾客需求分析	对潜在顾客需求的分析符合物流行业实际情况	20	
细分市场特点的分析	对细分市场特点描述符合物流行业实际情况	20	
物流市场细分报告	形成完整的报告，逻辑性和条理性强	30	
组织与分工合理性	任务安排合理，小组组员各司其职完成任务	10	

■ **课后拓展** ■

京东物流的市场细分

京东物流成立于 2007 年，主要作为京东商城的履约侧，提供高质量的配送服务。2017 年开始，京东物流对外部客户提供服务，同时京东物流也对组织架构进行了一定的调整，使其能够更好地适应。2018 年 10 月，京东物流正式推出供应链、快递、冷链、快运、跨境、云仓等六大产品体系，并开始在面向社会的第三方个人寄件业务上发力。从 2019 年至今，京东物流主要在供应链仓配一体化业务上发力，该业务也成为当前京东物流营收的主要来源。2023 年，京东物流的总营收大约为 1666 亿元，仓配一体化供应链服务收入占总收入的比例在 50% 左右。

京东供应链：在仓配经验之上发展而来，为商家提供软硬件高度协同、全托管式的供应链一体化服务。比如提供工厂—仓服务、产地仓—分销仓服务、仓—消费者的仓配订单履约服务等。公司的代表性供应链解决方案覆盖服饰、消费品、3C、汽车后市场四大行业。

京东快递：京东快递开放个人业务后，以自有员工、达达众包员工开展业务。京东快递的主要产品分为特瞬送、特快送、特惠送和京尊达。特瞬送主要为客户提供同城专人极速（最快半小时）快递服务和城际当日达服务；特快送主要提供经济型、高性价比的快递服务，并已覆盖全国 90% 的一、二线城市；特惠送主要针对追求经济实惠且有品质要求的消费者；京尊达主要依托中小件配送网络，末端由专职司机完成配送，为客户提供高端、专业的快递服务。

京东快运：提供 30 公斤及以上快运零担、大件包裹的寄递服务。从运输方式看，京东快运可分为航空运输、铁路运输和公路运输；从车型服务来看，京东快运可分为拼车快运和整车快运。京东快运以搭建全球智能供应链基础网络（GSSC）为目标，致力于智能化网络搭建及多式联运研究和应用，是京东物流对内降本增效，对外经营创新的重要驱动。

京东冷链：京东冷链物流专注于生鲜食品冷链和医药冷链。冷链物流是指为保持冷藏冷冻类物品的品质，使其在从生产到消费的过程中，始终处于规定的低温环境下的物流系统。冷链物流的发展对于满足国民日益增加的农副生鲜食品需求，保障食品和药品安全具有重要意义。

京东云仓：京东云仓致力于打造物流基础设施共享平台。京东云仓以整合共享为基础，以系统和数据产品服务为核心，输出技术、标准和品牌，助力商家及合作伙伴，建设物流和商流相融合的云物流基础设施平台。

京东跨境：京东跨境在全球积极构建"双 48 小时通路"，帮助中国制造通向全球，全球商品进入中国，为商家提供一站式跨境供应链服务。

问题：
阅读以上材料，思考京东物流是按什么标准和方法来细分物流市场的？

· 职业进阶训练二 ·

一、单项选择题

1. （   ）是在对市场情况不清楚，无法确定应调研的具体内容时进行的初步调研。

　　A. 描述性调研　　　B. 探索性调研　　　C. 因果关系调研　　　D. 预测性调研

2. （   ）是间接调查方法。

　　A. 面谈调查法　　　B. 电话调查法　　　C. 文案调查法　　　D. 观察调查法

3. 下列环境因素中属于宏观环境的是（   ）。

　　A. 物流企业　　　B. 经济环境　　　C. 供应商　　　D. 营销中介

4. PEST 分析法的 E 是指（   ）。

　　A. 政治　　　B. 经济　　　C. 社会　　　D. 技术

5. 在泰国泼水节期间，泰国邮政各互换局和投递网点也将关闭。这属于（   ）环境的影响。

　　A. 经济　　　B. 自然　　　C. 科技　　　D. 社会文化

二、多项选择题

1. 下列属于询问调查法的是（　　　　）。

   A. 面谈调查法　　　B. 电话调查法　　　C. 邮寄调查法　　　D. 留置问卷调查法

2. 网络调查法的优点是（　　　　）。

   A. 组织简单　　　　　　　　　　　B. 费用低廉

   C. 速度慢　　　　　　　　　　　　D. 不受时空与地域限制

3. 体现对客户尊重的 3 个重要途径是（　　　　）。

   A. 接受对方　　　　B. 重视对方　　　C. 赞美对方　　　D. 迁就对方

4. 物流企业的竞争者主要有（　　　　）。

   A. 品牌竞争者　　　B. 价格竞争者　　　C. 行业竞争者　　　D. 形式竞争者

5. 物流市场细分方法主要有（　　　　）。

   A. 单一因素细分法　　　　　　　　B. 综合因素细分法

   C. 复杂因素细分法　　　　　　　　D. 系列因素细分法

三、判断题

1. 选择专业化是指企业只经营一种类型的产品，满足某一类顾客特定的需要。　　　（　　　）

2. 市场跟随者定位策略以挑战者的姿态出现，攻击市场领导者和其他的竞争者，以获得更大的市场占有率。　　　　　　　　　　　　　　　　　　　　　　　　　（　　　）

3. 转变型跟踪回访针对的是初次拜访过后，表示对合作内容感兴趣，但是对部分内容比如价格存在异议的客户。　　　　　　　　　　　　　　　　　　　　　　　（　　　）

4. 宏观环境是指物流企业所在地区或所需服务地区的社会购买力、收支结构以及经济的迂回程度等所造成的物品流量与流向情况。　　　　　　　　　　　　　　　（　　　）

5. 通过市场细分，物流企业可以认识到每个细分市场上需求的差异、物流需求被满足的程度以及市场竞争状况。　　　　　　　　　　　　　　　　　　　　　　　（　　　）

四、简答题

1. 企业为什么要进行物流市场细分？

2. 拜访物流客户的目的有哪些？

3. 拜访物流客户前应做好哪些准备？

4. PEST 分析法分为哪几个步骤？

5. 物流细分市场应具备哪些条件？

五、情景分析题

小陈是青海大柴旦镇京东物流唯一的快递员。5 年的时间，他在这座人口不足 1 万的小城搭建起京东物流站点，从最初一天 50 单快递包裹，到如今的每天 300 单快递包裹，每一单都是大柴旦镇居民对他信赖。

请扫描二维码观看"小小快递员 扛起一座城"视频，并回答以下问题：

1. 为什么大柴旦镇居民对小陈非常信赖？

2. 作为一名物流营销专员，你能从小陈这个案例里学习到哪些经验？

小小快递员 扛起一座城

成长篇　成长为物流营销主管

思维导图

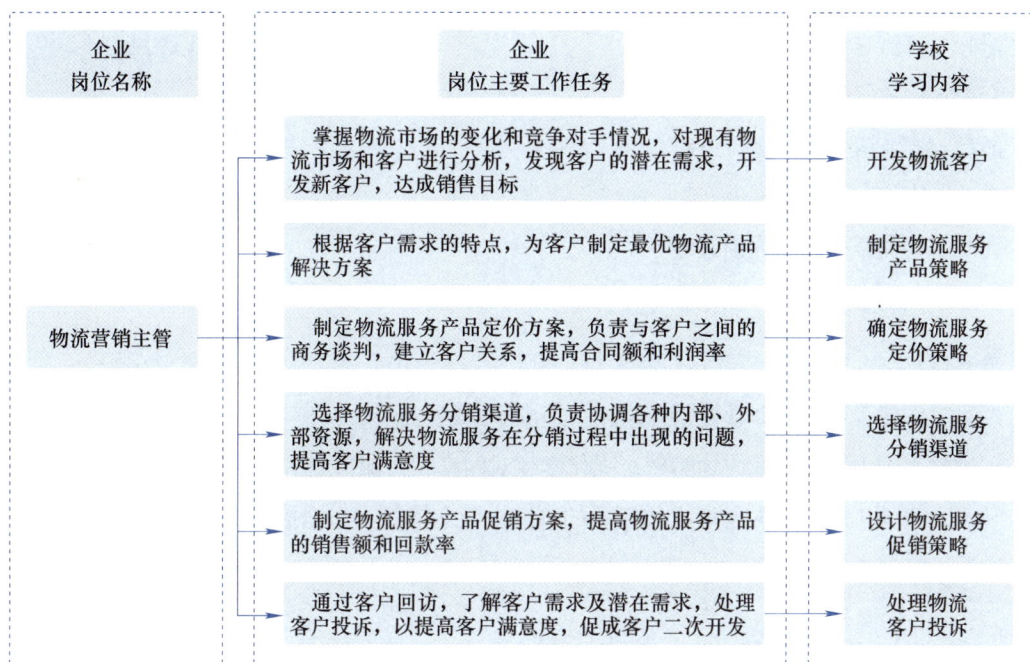

企业 岗位名称	企业 岗位主要工作任务	学校 学习内容
物流营销主管	掌握物流市场的变化和竞争对手情况,对现有物流市场和客户进行分析,发现客户的潜在需求,开发新客户,达成销售目标	开发物流客户
	根据客户需求的特点,为客户制定最优物流产品解决方案	制定物流服务产品策略
	制定物流服务产品定价方案,负责与客户之间的商务谈判,建立客户关系,提高合同额和利润率	确定物流服务定价策略
	选择物流服务分销渠道,负责协调各种内部、外部资源,解决物流服务在分销过程中出现的问题,提高客户满意度	选择物流服务分销渠道
	制定物流服务产品促销方案,提高物流服务产品的销售额和回款率	设计物流服务促销策略
	通过客户回访,了解客户需求及潜在需求,处理客户投诉,以提高客户满意度,促成客户二次开发	处理物流客户投诉

学习导引

高职专科物流专业学生未来就业主要面向的岗位是物流营销主管。学生通过在物流营销专员岗位历练,出色完成本职工作,并通过企业的晋升考核后,可晋升为物流营销主管。

通过本篇的学习,学生将全面了解物流营销主管从事的主要工作,能通过分析物流市场的变化,发现客户潜在需求,开发新客户;能够独立制定物流服务的产品策略、定价策略、分销策略和促销策略,能够妥善处理客户投诉、提高客户满意度,促成客户的二次开发。

学习目标

知识目标

了解物流客户的选择与识别方法。

了解物流服务产品的特征和开发程序。

了解物流服务产品的定价依据。

了解物流服务分销渠道的类型和评价标准。

了解物流服务产品的推销方式和技巧。

熟悉客户投诉的处理流程。

能力目标

能开发物流客户。

会制定物流服务产品策略。

能制定物流服务产品定价策略。

会选择物流服务分销渠道。

能制定物流服务产品促销策略。

会处理物流客户投诉。

素养目标

通过工作任务训练培养学生精益求精、追求卓越的工匠精神。

通过学习国内物流企业成功案例，强化学生对国家和物流行业的自信。

认真学习《感动中国》年度人物汪勇的事迹，汲取榜样力量，培养良好的职业态度、价值观和职业认可度。

行业人物事迹　《感动中国》年度人物汪勇：让美好在心间流淌

"没有人能百毒不侵，热血可以融化恐惧；没有人是生来的勇者，责任催促你重装上阵。八方统筹，百般服务。你以凡人之力，书写一段传奇。"

这是当选《感动中国》年度人物汪勇的颁奖词。2020年，36岁的汪勇，是顺丰公司的一名快递员。当新冠疫情来袭，他以平凡人的真诚，守护着抗疫医护人员，成为美丽人生的毅行者。

汪勇是一个看到别人有困难，就要伸出援手帮一把的人。当自己的力量不够，他就尽全力寻找资源，争取最好的结果。回首故事的起点，那是2020年1月23日的夜晚，湖北武汉已经封城，交通停运、饭店关门……喧闹的城市陷入停滞。汪勇在无意中进入"金银潭区域医护人员需求群"，看到金银潭医院一位护士的求助——想找人在大年三十早上6点接她下夜班，但一直无人回应。汪勇看着屏幕，犹豫了一小时，回复道："我去。"

从此，他开始了每天接送医护人员的志愿之旅。"其实想想，我做这件事的初衷很简单，每天接送一个医护人员，他就可以节省4个小时，接送100个就是400个小时，400个小时，医护人员能救多少人，怎么算我都是赚的。"这是汪勇的初心，他认为守护好医护人员就是在守护家人朋友的生命健康，这份质朴的勇气，点亮了他身上的光芒。

得知金银潭医院的医护人员吃不上热饭，汪勇便发动朋友圈，多方筹措资源。谁想一波三折，好不容易找着的餐馆却因为资质问题被迫关门，这让汪勇备感失落。但每当他想起，医护人员没车时，要在寒冷的冬天徒步 4 小时上下班，与他们相比，这点挫折又算什么呢？他放下情绪，不懈地联络，在一个多月里为 7800 多名一线医护人员送去了 1.5 万份盒饭。

疫情期间，他每天只睡 4 个小时，悉心对接每一条需求信息：发现医护人员的眼镜腿坏了，便驾车取来维修；外省来的医疗队没有晾衣架，他就联系资源筹措；心疼医护人员的身心疲惫，就找心理咨询平台让他们缓解压力；疫情渐趋平稳，医疗队撤离时想要纪念品，他组织志愿者团队搜集医护人员亲笔写下的回忆文字，印制成《金银潭日记》，被国家博物馆永久收藏……

善良之外，汪勇也拥有不凡的职业素养。有媒体评价汪勇为"组局者"和"领导者"，这两个词精准地描述了汪勇的特质。

首先，是组织协调能力。

最开始，汪勇一个人就是一支队伍。后来，他组建起 30 多人的志愿者接送车队。再后来，汪勇联系到摩拜、滴滴等公司的负责人，跟他们沟通之后，进一步扩大了志愿者车队。这其中，少不了汪勇的多方协调。为了让医护人员吃上饭，汪勇也没少奔走，联系饭店、食材、场地，经过多方沟通，才成立"志愿者餐厅"，顺利让医护人员吃上热乎的饭菜。

然后，是领导和管理能力。

再小的组织和团体，都需要一个领头人，汪勇的领头作用，不仅体现在牵线搭桥，更体现在对团队的管理上。对于志愿者车队，汪勇制定严格的防护规定，要求车队严格做好防护措施，如车内清洁、独居隔离。基于这两点，汪勇的志愿者队伍才能壮大，并真切解决医护人员的问题，获得一致认可。疫情期间，汪勇所领导的志愿者团队，没有一人感染。他组织的志愿者餐厅，提供了 1.5 万份餐食。

如果说善良正义促使汪勇迈出了帮助医护人员的第一步，那么组织和领导方面的才能，让汪勇走好了后面的每一步。曾经的顺丰小哥汪勇，现在已经荣升为部门管理者。面对这些，他很平静地说："我会把自己拎出来，以一个旁观者的身份，观察自己拥有什么样的能力和力量。我现在认为，自己应当踏踏实实地把事情做好。"

思考：

1. 是什么因素支持着汪勇在疫情期间为一线医护人员服务？

2. 想要成为一个物流企业的主管，应该具备什么样的能力和素质？

任务 1　开发物流客户

任务情景

工作任务：编制物流客户开发方案。

天马物流公司是一家智慧物流设施设备的销售商，会议营销在物流大客户营销中有着举足轻重的地位。企业通过会议营销，可以集中接触潜在物流客户，宣传和展示企业形象，讲解企业理念，深入介绍和演示企业产品，有效了解客户需求，挖掘潜在客户和项目信息。

但是，在公司举办的很多会议营销中，主要参会对象是企业的老客户、合作伙伴或一些非目标客户，并且很多参会对象并非企业的采购决策人，从而造成了"会议现场很热闹，销售工作无实效"的低效现象。

作为该公司的营销主管，请你为该公司制定切实可行的物流客户开发方案。

任务分析

客户是企业利润的源泉，选择和开发客户是物流企业必须解决的问题，它关系到物流企业的生存与发展，在物流企业的发展过程中具有重要的作用。

物流客户的选择开发应基于系统全面的物流客户开发方案。为了编制物流客户开发方案，我们必须要掌握以下专业知识和职业技能。

1. 相关的专业知识

物流客户的选择指标，物流客户的选择与识别方法。

2. 相关的职业技能

能够建立物流客户资料库，能对物流客户进行分类管理。

任务准备

一、物流客户的选择指标

物流客户选择的意义在于让物流企业能够确切地知道哪些客户可能为企业提供更多的价值，或怎样才能以更低的成本为客户服务，从而获得持续竞争的优势。物流客户的选择指标主要有以下 6 个。

1．市场范围

物流企业只有首先确定自己的发展战略目标，才能确定自己应先进入哪个行业或哪个市场进行业务拓展。物流企业可以对该行业的物流市场发展潜力做出估计，并确认行业和市场的有关属性，还可以对欲进入行业的性质进行基本确认。

2．客户需求

物流企业在分析市场时，需要了解自身所提供的服务能满足客户的哪些需求。因为物流企业向市场提供任何服务，都必须对客户的需求类型做初步认定，尽量选择与自身所提供服务类型相符的客户进行业务往来。

3．客户信誉

在物流行业中，客户的信誉尤为重要，它不仅直接影响物流费用的结算情况，还直接关系物流市场的网络支持。一旦客户选择其他物流公司提供服务，则原物流公司将会陷入两难境地，不得不放弃已经开发起来的物流市场，而重新开发新的物流用户往往成本更高。

4．合作态度

客户的合作态度也是物流公司进行客户选择与识别的一个重要内容，如果客户不愿选择某物流，即使他再有实力、声誉再好，对该物流公司而言都没有任何意义。所以，物流公司应尽量选择一些与之有着良好合作态度的客户，这对于后续的物流业务拓展有着积极的意义。

5．财务状况

物流公司一般倾向于选择资金雄厚、财务状况良好的客户，因为这样的客户能保证及时结算物流费用，还有可能提前向物流公司预付一部分运费，从而缓解物流企业的资金压力。反之，若客户财务状况不佳，则往往会拖欠运费，致使物流企业不能有效回收资金。

6．连续性

连续性主要是指客户是否拥有持续经营的能力。当今科技迅猛发展、产品更新换代周期越来越短，物流客户如何适应变化的形势，做出什么样的调整，关系到其能否生存并发展下去。如果物流客户不具有持续经营的能力，物流企业的欠款风险也随之增加。因此，连续性也是物流企业在选择与识别客户时的一项重要内容。

二、物流客户的选择和识别方法

选择与识别物流客户是物流客户拓展的重点，只有找到了合适的物流客户，明晰了他们的需求，才能顺利地进行物流客户的开发。选择与识别物流客户最直接的方法是，对最盈利的物流产品市场进行细分并加以比较，若能明白客户选择的原因，并能找到类似特征的其他客户群体，那么这些新的客户群体也会成为可能性最大的潜在客户群。具体的方法有以下几种。

1．逐户拜访法

逐户拜访法又称地毯式访问法，是指物流客服人员在特定的区域内，逐户访问，以挖掘潜在客户，寻找客户线索的方法。

在逐户拜访中，最重要的是收集和整理客户的信息。在拜访前一定要准确把握客户的信息，客户的信息要尽量详细，做到有的放矢，知道客户的需求、喜好，才能投其所好，更好地吸引客户。逐户拜访法的优点是范围广、涉及的客户多，可借机进行市场调查，了解客户需求倾向，并挖掘潜在客户。缺点是盲目性高，易遭到客户拒绝，耗费大量的人力和时间，成本较高。

2．客户介绍法

客户介绍法又称黄金客户开发法，是指通过老客户的介绍来寻找新客户的一种方法。这是物流客服人员通常用的行之有效的方法。

客户介绍法的优点是信息较准确可靠。因为老客户知道他的朋友在什么时间、需要什么样的产品、接受什么样的服务，准确可靠，可减少客户开发过程中的盲目性，较易获得客户的信任，成功率也较高。这一方法的缺点是事先难以制订完整的客户开发计划，客户服务人员一般处于较为被动的地位。

3．市场咨询法

市场咨询法是指利用市场信息服务机构所提供的有偿咨询服务来寻找客户的一种方法。信息时代出现了诸多咨询服务机构，通过这些机构，我们往往能获得许多有价值的客户信息。市场咨询法的优点是针对性强，但成本较高，因为咨询机构的服务项目是有偿的。在寻找物流客户的过程中，利用市场咨询法寻找物流客户时，一定要积极主动，谨慎选定市场咨询机构。同时，物流企业应注意与市场咨询机构密切配合，只有这样，才能正确地选择与识别物流客户。

4．直接邮寄法

直接邮寄法是指以邮寄的方式来寻找目标客户的方法。对物流客服人员来说，直接邮寄是一种行之有效的方法。物流客户邮寄名单可从多种渠道获得，物流客服人员既可以自己收集，也可以从别人手中购买。在直接邮寄法中，公司定期会向客户寄送商品或服务目录，一般实行会员制，只要一次购买或接受达到一定金额的产品或服务，就成为该物流公司的会员。公司将信函、广告宣传单等直接寄给潜在客户，向他们详细介绍公司的产品或服务、订购及联系方式。这种方法覆盖范围往往较广，涉及客户的数量也较多，但邮寄费用高，时间周期较长，一般回复率不高。

5．电话访问法

电话访问法是指利用电话形式进行地毯式访问，以寻找客户的方法。电话访问与传统的地毯式访问相比，具有时间省、效率高，避免遭拒绝的尴尬及覆盖面广的优点，但对物流客服人员的素质要求很高。在电话访问法中，做好打电话前的准备工作非常重要，客服人员必须掌握物流产品和服务知识，必须了解物流产品或服务的功能和用途。同时，还应该掌握打电话的技巧，主动报出公司名称，准备好要说的内容，电话谈话中不宜详细介绍产品，最好能用简短的回答抓住对方的注意力并引发其兴趣，将该客户发展成为物流企业的潜在客户。

6．网上寻找法

网上寻找法是指运用网络工具来寻找客户的方法。与传统的寻找客户渠道相比，网上寻找客户具有不受时间和空间的限制、双方互动即时和成本低廉等特点。但同时对客服人员素质提出了新的要求，即要熟练掌握网络技术。在使用网上寻找法识别物流客户时，应该选择合适的搜索关键词，可以从竞争对手的网站上搜索，也可以用行业名称来进行搜索。采用网上寻找法识别客户时，一般需要与电话访问法等其他方法配合使用。

比一比：了解不同物流客户的差异

从营销的角度，可以将物流客户分为五大类：老客户、竞争对手客户、跨行业客户、新客户和未来客户，对于不同的客户要采取不同的营销策略。

1）老客户：蓄，物流企业要与老客户建立一种关系，而不仅仅是买卖关系。

2）竞争对手客户：抢，竞争对手客户是需要抢的，无论是用品牌购买理由打动他，还是用渠道或终端的促销。

3）跨行业客户：变，对于跨行业的客户，物流企业需要站在行业制高点，让其转变消费观念和习惯。

4）新客户：察，想要发现新客户，就需要去洞察和发现。

5）未来客户：教，未来客户没有消费经验，需要物流企业全方位服务以及进行市场教育。同时，好的企业一定会为未来的客户研发产品，同时也需要前瞻性地布局市场。

三、建立物流客户资料库

1．物流客户资料库的内容

在选择和识别物流客户的基础上，建立物流客户资料库是非常重要的。只有全面掌握客户的资料，才有利于物流企业开展具有针对性的服务。物流客户资料库的基本内容应包括：姓名、年龄、文化水平、居住地点、个人特点、职业、兴趣和爱好、公司管理、公司业务状况、公司财务情况等内容。

物流客户的基本信息见表 3-1。

表 3-1　物流客户基本信息表

申请人		性别		年龄		职业		学历	
户籍所在地		身份证号				婚姻状况			
现住址		手机号				家庭电话			
工作单位		工作年限				职务			
单位地址		电话				收入			
近年主要工作履历									
家庭情况	配偶姓名		身份证号						
	工作单位		单位电话			收入			
	家庭电话		子女情况						
其他联系人	姓名		电话			手机			
个人资产情况	房产	房产名称		产权性质		登记价	产权状态		目前净值
	汽车	品牌型号		购买价格		使用年限	行驶证号		驾驶证号
现住房状态	装修：精/豪		自住		出租		租金		
个人偏好									
个人信用记录									

2．物流客户资料库分析

物流企业收集到客户的基本信息后，应对资料库中的基本信息进行全面的分析，具体的做法有：

（1）标注客户重要信息。

物流企业在收集到客户的基本信息后，必须用软件或其他工具将客户的基本信息录入客户数据库中。然后通过查询与分析对数据库中的客户基本信息进行管理，并将重要信息标注在物流客户资料表上，以帮助物流客服人员决定在何时何地、如何对客户进行拜访，从而提高拜访的效率和效果。

物流客户资料表一般分为个体型物流客户资料表和组织型物流客户资料表，在分析客户资料时，应将这两类客户区分对待，尽量分析与挖掘潜在客户的信息，为后续开展相关物流活动打下基础。

（2）物流客户分级管理。

根据物流客户资料库的信息，为了有效地拜访潜在客户，可以将潜在客户划分为 ABC 三级，便于分级管理。A 级客户一般是指应继续跟进访问的物流客户，B 级客户是指拟间隔一段时间进行访问的物流客户，C 级客户是指应放弃访问的物流客户。对于前两类物流客户，应拟订重复拜访频率，以及时了解客户需求；对于 C 类客户应慎重对待，并进行详细分析，确认是否放弃该类客户。

（3）建立物流客户资料库的意义。

建立物流客户资料库，对于准确判断物流客户、提高物流业务效率具有重要意义，主要体现在以下几个方面：

1）提升物流客户开发的业绩。物流企业只有对客户有一定的了解，并对客户的基本信息做认真的评估和审查，才能找到真正的客户，进而不断拓展业务。反之，若物流企业不对客户资料加以分析，只凭直觉行事，往往会错过真正的客户，这必然会给物流企业业务造成严重损失，直接影响客户拓展业绩。

2）提高物流客户开发的效率。对物流客户资料库的信息进行详细分析，针对不同客户的特点，提出不同的管理策略和服务策略，尽量避免客户开发时间的大量浪费，从而提高物流客户开发工作的效率。

3）降低物流客户开发的盲目性。通过分析物流客户资料库中的客户基本信息，衡量和评估物流客户资格，可以准确地判断潜在物流客户范围，这样就会大大降低物流企业开发客户的盲目性，从而使企业开发物流客户的过程变得更为高效、准确。

4）找到更合适的物流客户开发方法。在物流客户的开发实践中，优秀的物流客服人员往往将主要精力集中在了解物流客户上，并能找到打动物流客户的方法。物流客户资料库为物流企业提供了一个反映客户资料的信息平台，客服人员可以通过详细分析资料库中的信息，找到更合适的物流客户开发方法。

四、物流客户的分类管理

1．物流客户的分类

物流客户是相对于物流服务提供者而言的，是所有接受产品或服务的组织和个人的统称。不同的客户对物流企业的重要程度和价值是不同的，从物流客户角度可以将其分为以下 3 类，具体见表 3-2。

表 3-2　物流客户层次表

客户层次	比重	档次	利润	目标性
一般客户	80%	低	5%	客户满意度
潜力客户	15%	中	15%	客户价值
核心客户	5%	高	80%	财务利益

（1）一般客户。

一般客户又称常规客户，消费具有随机性，讲究实惠，看重价格优惠，是物流企业客户的最主要构成部分，可以直接决定物流企业短期的现实收益。物流企业通常通过让利给客户，来增加这部分客户的满意度。这类客户占企业全部客户的 80% 左右，但给企业带来的利润仅占 5%。

（2）潜力客户。

潜力客户又称合适客户，他们希望从企业的关系中增加价值，从而获得附加的财务利益和社会利益。这类客户常常和物流企业结为"战略联盟"，他们是物流企业与客户关系的核心。这类客户占企业客户总数的 15%，并创造 15% 左右的利润。

（3）核心客户。

核心客户又称关键客户，他们除了希望从企业那里获得客户价值外，还希望获得诸如社会利益等间接利益，从而达到精神满足。这类客户是企业比较稳定的客户，虽然数量少，约占客户的 5%，但企业 80% 的利润来自于他们。

议一议：结合实际，讨论这些企业为什么将会员权益升级？

2023 年 8 月 23 日，京东通过官方公众号宣布了一则重磅消息：京东 PLUS 会员从每个月 6 次免邮升级到全年无限免邮。

淘宝官方宣布，自 2024 年 4 月 22 日起，天猫淘宝平台 88VIP 会员由每月可享受 6 张 5 元退货券升级至无限次退货包运费特权。（该权益对于在 2025 年 2 月 18 日后续费的用户有所调整）

2. 物流核心客户管理

物流核心客户管理是一种管理理念，是一种挑选核心客户并稳固物流客户的业务处理方式。物流核心客户对于物流企业达到盈利目标起关键作用，因此物流企业必须针对核心客户的特点和物流的实际情况，制定切实可行的核心客户管理模式，制定关键的管理制度和管理流程，找出关键的工作环节。物流核心客户管理步骤如下：

1）建立一套评价指标体系。对物流企业的客户做出全面的评估，并综合打分，找出核心客户。

2）收集核心客户信息。聚焦物流核心客户基础信息采集，涵盖企业规模、业务需求、合作意向等维度，同步调研竞争对手客户结构与服务特点，结合自身物流网络与服务优势，建立动态客户信息档案。

3）开发物流核心客户。基于完整的客户信息，制定分层开发策略：针对潜在客户，以定制化物流方案匹配其时效与成本需求；针对意向客户，通过实地考察与服务演示强化合作信任；针对已合作客户，挖掘深层需求，以增值服务提升客户生命周期价值。

4）保持物流核心客户。保持核心客户是物流企业发展的重中之重，只有保持住现有客户，才能不断地开发客户潜力，保证未来的发展。

任何物流企业的资源都是有限的，因此不可能为所有客户提供同等满意的产品或服务。物流企业应以有限的资源来主要满足核心客户的需要，以求得客户价值最大化与企业价值最大化之间的平衡。

3．物流核心客户维护

（1）提升物流企业服务标准。

服务是取得物流客户信任、开拓市场的基本手段，是企业获取利润、赢得市场的重要法宝。但是对物流核心客户仅仅停留在正常的服务水平是远远不够的，要根据客户的需要提升服务标准。这就需要物流企业进一步强化服务意识，提升服务理念，改进服务方式，优化服务手段，提高服务质量与效率，以满足客户需求。如对核心客户更加尊重和关注，以更快的速度响应客户的需求，持续不断地为客户提供个性化的优质服务等。

（2）保持个性化核心业务。

核心业务是物流企业经营谋略和经营哲学的集中体现，它反映了一定时期企业经营的价值趋向及其对客户心理、市场需求的准确把握，是实现企业经营者与客户、市场有效连接的重要渠道。为了更好地满足核心客户的需要，需要创建客户个性化管理模式，即企业要有针对核心客户打造核心业务的能力，只有如此，才能减少核心客户的流失。物流企业个性化核心业务主要有：每日发货量和时间的临时变更、短期代客存储、代收代付货款等。

（3）建立学习型关系。

学习型关系是指企业在每一次与客户接触的过程中，都会跟客户进行良好的沟通和交流，对于客户提出的要求，物流企业将全力对产品或服务进行改造。因为客户是物流企业的主要服务对象，他们可以识别不同服务的优劣以及对服务提出改进意见。因此，物流企业需要克服思维定式，加快创新，紧跟客户需求，与物流核心客户建立学习型关系。在这样一个良性循环的过程中，逐步提高使客户满意的能力。

（4）不断进行服务创新。

在物流行业中，企业所提供的服务是以客户为核心这种理念的实施反映得最集中的区域。如果拘泥于传统的物流服务方式和项目，就难以给核心客户带来新的具有吸引力的购买体验，就无法达到企业和客户之间的高度和谐统一。只有定期开展调研，时刻关注核心客户需求，不断推出新的服务，客户才会产生惊喜和感动，才会在内心深处和企业产生共鸣，才能真正实现由满意客户向忠诚客户的转变，从而建立企业不可复制的核心竞争力。因此说，服务创新是稳固物流核心客户的关键。

实践显示：吸引一位新客户比留住一位老客户的成本高 5～6 倍。提高客户忠诚度、挽留住老客户是物流企业在营销中的重要工作。

请扫描右侧二维码，观看视频了解如何留住老客户。

如何留住老客户

任务实施

一、实训目标

1）掌握物流客户的选择与识别方法。

2）能编制物流客户开发报告。

二、实训操作步骤

步骤	操作方法	质量标准
分析问题	分析天马物流开发物流客户过程中存在的问题	是否抓住了该企业存在的核心问题
制定目标客户遴选标准	根据物流客户选择指标，制定目标客户遴选标准	目标客户遴选标准适合该公司产品特点
邀请目标客户	选择合适的客户开发方法，邀请目标客户参会	开发方法具有经济性和实效性
实施客户开发	采用适宜的推销方式向客户推销公司产品	推销形式和方法符合客户预期
形成物流客户开发方案	将以上分析形成完整的物流客户开发报告	报告的完整性和可行性

三、实训评价

小组序号：		学生姓名：	
小组成绩：		学生成绩：	
考核指标	考核标准	满分	得分
问题分析	分析的问题是否为天马物流的核心问题	20	
客户选择标准	制定的客户遴选标准是否适合该公司产品	20	
客户开发方法	开发方法是否兼具经济性和实效性	20	
客户开发实施	推销形式和方法是否符合客户预期	20	
客户开发报告	报告完整、逻辑性强、可行性强	20	

■ 课后拓展 ■

拓领环球物流的客户开发

拓领环球物流（中国）有限公司（简称拓领环球物流）位于深圳蛇口，是由深圳招商局与新加坡合资的第三方物流企业，外方股份占 51%。截至 2024 年，拓领环球物流在国内建立了 24 个分发中心，自行管理 40 多万平方米的仓库，网络覆盖通达 1600 多个城市。借助强大的网络和系统支持，拓领环球物流能够在 72 小时内将货品送达 90% 以上的城市。

拓领环球物流利用合同确立合作运输车队，并能够提供整套的物流服务，包括收货、存货、发货、订单处理、质量控制、盘点、增值服务等。增值服务主要包括支持捆绑销售的促销服务、贴标签、保存、回收服务、代收货款、保险、其他咨询服务等。

该公司的综合物流系统是在新加坡开发，结合我国实际经营情况进行修改、完善的。其功能包括仓库管理、运输调度、决策分析等 8 个功能模块，具有计算机辅助决策支持系统，可以利用计算机进行运输配载优化、物流流程优化。根据货物和客户要求，货物管理精细到批号管理，包括某一批号货物发往何处。建立数字化的仓储管理系统，具有保质期管理和成熟的接驳作业管理，像药品物流管理等精细的要求都可以满足。

拓领环球物流在第三方物流经营中的重要思路是：跟着客户走，如大客户、长期合作伙伴，客户需要什么服务，就提供什么服务；注重企业文化的一致性，因为文化上的差异往往会导致合约上的不完满；对客户的主要竞争对手采取回避原则，即不能同时做主要竞争者的物流服务。

请结合案例，回答以下问题：
1. 拓领环球物流的核心竞争力有哪些？
2. 拓领环球物流基于什么标准选择物流客户？

任务 2　制定物流服务产品策略

✈ 任务情景

工作任务：制定物流服务产品策略方案。

X 企业是一家中型的第三方物流企业，主要经营的是仓配一体服务、电商代仓代发服务、整车运输服务，年营业额约 2.3 亿元，承运总额 41 亿元。现有员工 230 人，共设有仓储配送中心 3 个，分别位于北京、上海和西安，同时兼具区域调度功能。

X 企业仓配一体的业务，主要服务于商超零售企业的门店配送，属于消费品的大行业，订单量相对稳定，多为周期性配送，也有少量临时订单。在 X 企业的整体业务中，仓配一体占据主要位置，约占总业务量的 55%，但利润率较低。

X 企业的电商代仓代发业务，受电商各类促销活动的影响，订单量呈波峰波谷的波动式变化。就全年来看，电商业务有一定的淡旺季特点。在业务总量中占比为 35%，代仓代发业务的整体利润率高于仓配业务，是 X 企业的第二个重点业务。

X 企业的整车运输业务，主要服务于固定的几家 B 端机械生产企业，运输路线相对不固定，订单稳定性不高，客户的客户在哪里，什么时间下单，无明显规律性，因此需要 X 企业在主要区域有调车能力和项目管理能力。X 企业涉及的整车业务，相对比较复杂，占用人力资源和物流资源较多，在对外报价上也是利润率最高的。

目前，X 企业经营用资金均为自筹资金，无外部资本参与，因此在物流布局中，没有大量资源投入，企业发展相对缓慢，现有业务均相对平稳，涨幅和降幅波动除受市场周期影响外，整体变化不大。目前，X 企业发展遇到瓶颈，对于如何在当前的激烈竞争中存活并发展，管理者较为迷茫。

作为 X 企业的物流营销主管，请你为该公司制定物流服务产品策略方案以适应激烈的市场竞争。

任务分析

物流服务产品策略是提高客户满意度、增强客户忠诚度、获得企业竞争优势的重要谋划。制定物流服务产品策略方案，我们必须掌握以下专业知识和职业技能：

1．相关的专业知识

物流服务产品的层次，物流服务产品的特征，物流服务新产品开发程序。

2．相关的职业技能

制定物流服务产品组合策略，制定物流服务产品生命周期各阶段的营销策略，制定物流服务产品品牌策略。

任务准备

物流企业的"产品整体概念"主要是指物流企业提供的各种物流服务。物流企业服务的本质是满足客户的需求和欲望。

一、物流服务产品的层次

产品整体概念把物流服务分为 4 个层次，即核心产品、有形产品、附加产品和心理产品。

（1）核心产品。

核心产品也称实质产品，是指产品能够提供给客户的基本效用或益处，是客户所追求的核心内容。

（2）有形产品。

有形产品是指产品在市场上出现时的具体物质外形，它是产品的形体、外壳。核心产品只有通过有形产品才能体现出来。产品的有形特征主要是指产品的质量、功能、款式、品牌、包装等。

（3）附加产品。

它是客户在购买产品时所得到的附加利益的总和，包括产品的说明书、质量保证、安装、维修、运送、信贷、技术培训、流通加工等增值服务。

（4）心理产品。

心理产品是指产品的品牌和形象提供给客户心理上的满足感，这种心理满足感也是服务产品的一部分。

上述 4 个层次的产品相互依存，构成完整的产品概念。

二、物流企业的产品特征

物流企业提供的产品是一种服务，物流企业服务在发展中已逐步形成鲜明的特征，突出表现在以下 3 个方面：

（1）服务关系契约化。

物流企业的服务是通过契约形式来规范物流经营者与消费者之间的关系的。物流经营者根据契约规定的要求，提供多功能乃至全方位一体化的物流服务，并以契约来管理提供的所有物流服务活动及其过程。

（2）服务方式个性化。

首先，不同的物流消费者存在不同的物流服务需求，物流企业根据不同要求，提供针对性强的个性化物流服务和增值物流服务。其次，物流服务的经营者也因为市场竞争、物流资源、物流能力的影响，不断强化物流服务的个性化和特色化，以增强在物流市场上的竞争能力。

（3）服务功能专业化。

物流企业提供的是专业的物流服务。从物流设计、物流操作过程、物流技术工具、物流设施到物流管理必须体现专门化和专业水平，这既是物流消费者的需要，也是物流企业自身发展的基本要求。

读一读：菜鸟集团应用新技术提升麦当劳物流作业效率

2024年年初，麦当劳（中国）与菜鸟集团签署供应链数字化建设战略合作协议。

根据协议，麦当劳（中国）将在食品供应链链路中部署菜鸟RFID技术，麦当劳食品包材上将植入菜鸟RFID标签。这让麦当劳（中国）不仅可以有效提升货物盘点与物流效率，还能助力其实现数字化监控与追溯和供应链信息互联协同。

据悉，在麦当劳（中国）目前与菜鸟合作推进的RFID试点项目中，麦当劳餐厅每天盘存所需的时间由1小时降低至15分钟，且库存数据准确性提升30%。RFID读写技术的发展，解决了传统的条码扫描在距离、效率、穿透性、数据容量、寿命等方面的各种不便，不仅降低了成本，还提升了货物出入库效率。也正是物联网技术的发展，以RFID系列、LEMO系列等为代表的数字化生产工具，让物流作业变得更简单、高效。

三、物流服务产品组合策略

（一）物流服务产品组合

（1）物流产品组合。

物流产品组合是指物流企业生产经营的全部产品的结构，它既反映企业的经营范围，又反映企业市场开发的深度，物流产品组合包含了产品线和产品项目这2个概念。

（2）物流产品线。

物流产品线又称产品大类或产品系列，是指物流产品组合中使用功能相似，分销渠道、客户群体类同的一组产品。例如仓储服务、运输服务，快递服务等，分别都可以形成相应的产品线。

（3）物流产品项目。

物流产品项目是指在某一产品大类中不同外观、不同属性、不同规格和不同价格的具体产品。物流产品项目就是物流产品的品种，或者说凡是列入物流企业销售目录产品的名称。例如物流企业提供的仓储服务、运输服务分别为2个产品线，其中仓储服务有不同的规格，如提供的自动化立体仓服务即为产品项目。

看一看：顺丰推出多级履约（选日达、选时达）服务

客户对物流服务产品有时候不只满足于收到，而更在意安全和准时。

请扫描右侧二维码，了解顺丰推出的多级履约物流服务产品如何满足客户的不同需求。

顺丰推出多级履约
（选日达、选时达）服务

（二）物流服务产品组合策略

一般来讲，物流企业扩大产品组合的宽度，增加产品组合的深度，加强产品线的关联度，可能就会扩大销售，提高市场占有率或降低成本，增加利润。因此，物流企业通过对产品组合的宽度、深度、关联性进行不同维度的拓展，就会形成不同的产品组合策略。常见的产品组合策略有以下几种。

1. 全线全面型策略

这种策略也称产品组合的扩展策略，它是扩大产品组合的宽度，又加深产品组合的深度的策略。采用这种策略的条件就是企业有能力顾及"整个市场的需要"。广义的全线全面型就是尽可能增加产品组合的广度和深度，不受密度的约束，即广度和深度都大，但密度小的产品组合。采用这种策略的物流企业的经营范围较广，生产的产品差异性较大，以此来满足多个细分市场的需求。

其优点是：扩大经营范围，有利于充分利用企业的现有资源，扩大销售额，分散经营风险，增加产品线的深度，可以占领更多细分的市场，提高市场占有率和竞争力，可以减少市场季节性波动和需求波动。

但其缺点也是明显的：需要投入更多的资金来增加产品线，要求拥有多种生产技术、销售渠道、促销手段，管理更加复杂化。如果经营管理不善，将影响企业的声誉，增加风险。采用这种产品组合的主要是大型的第三方物流企业。

2. 市场专业型策略

这种策略是指物流企业向某个专业市场（或某类客户）提供其所需的各种产品，也就是广度和深度都较大，但密度较小的产品组合。它是以特定专业市场的需求导向来确定产品线和产品项目，各产品线之间并不强调生产技术的关联性。例如中海物流从服务需要出发（客户主要是 IBM），设置配送中心、交通运输管理、市场信息咨询等服务项目来满足 IBM 的需求。

这种策略的优点是：有利于在特定的专业市场建立相对优势，有利于与特定消费者进行信息交流，有利于利用相同的销售渠道。

缺点是：资源集中在狭窄的专业市场，风险较大；生产多种产品，批量少，开发成本和生产成本高；要求企业拥有较多的资金、生产技术和生产设备，这是一般中小型物流企业所不具有的。

3. 产品专业型策略

这种策略是指物流企业只提供同一大类不同品种的服务产品来满足各类客户的需要。这种策略的优点是：充分利用原有生产技术和生产设备、减少了设计成本、管理成本和广告宣传费用，有利于满足不同消费者对服务产品的不同需求和品牌形象的树立。

缺点是：提供同一类服务产品容易受到产品市场生命周期的影响，容易受到替代产品的威胁。

4．有限的产品专业型策略

这是企业只生产或销售一条产品线中有限的几个或一个产品项目的策略。这种策略专业化程度高，但局限性也很大。例如中国储运成立于 20 世纪 60 年代初，由原国家经委物资管理总局储运管理局改制建立，过去业务为统一管理物资中转仓库。在探索新型业务模式后，实现了经营方式由仓储单一型向业务多元化的转变。现在，中国储运业务涵盖期现货交割物流、大宗商品供应链、互联网＋物流、工程物流、消费品物流、冷链物流、应急物流、物流科技等领域。

（三）物流产品组合的调整策略

物流企业总是要根据其外部环境和内部条件经常地调整自己的产品组合，使其经营保持在最佳状态，具体调整策略有以下几种：

1．扩大原有的产品组合

1）高档产品策略和低档产品策略。高档产品策略是指在原有的产品线中增加高档的产品项目，以提高企业声望，如海尔物流建立的高层自动化仓库，华储物流全力打造的银行监管仓库、海关监管仓库，都是在原有的仓储服务中加入高附加值仓储服务，以提高本企业的形象；低档产品策略是指在原有的产品线增加低档的产品项目，以扩大批量。

2）产品系列化策略。即把原有的产品项目扩大成一个系列。系列化的方法有很多，如品质系列化、用途系列化、功效系列化等。

3）增加产品线的策略。增加产品线，既可以增加关联性大的产品线，也可以增加关联性小的产品线。

2．缩减原有的产品组合

缩减原有的产品组合，虽然增加了企业的经营风险，但可以使企业集中力量，发挥专业化生产的优势，提高劳动生产率，改进服务质量，减少资金短缺，稳定产销关系。物流中的供应链管理思想，很好地体现了这一点。

比一比：了解企业不同物流产品组合的差异

顺丰速运产品按服务类型，可分为快递服务、快运服务、冷运服务、医药服务、国际服务、同城急送六大类。快递服务包含了顺丰特快、顺丰标快和顺丰即日等；快运服务包含了大件即日、城市配送、大票直送和整车直达等；冷运服务包含了冷运到店、冷运标快、冷运整车和冷运仓储等；医药服务包含精温专递、精温定航和精温整车；国际服务包含了国际标快、国际特惠、国际小包、国际电商专递、国际集运、国际仓配等；同城急送是面向企业及个人客户的城市由点到点即时配送。

顺丰速运产品按功能分类，可分为快递服务、内容服务、会员服务、营销服务和基础服务五大类。快递服务是商业变现的重要方式，按照用户寄件的形式、体积、数量、运输时间、功能主题、寄件地区和用户类型拆分出多种寄件形式；内容服务以快递服务为基础，通过自营和接入第三方小程序，为用户提供多场景、多元化的生活服务，从而提高用户留存率；会员服务主要帮助产品实现用户留存和商业变现，为用户提供了多种会员权益和会员卡类型；营销服务为用户提供多元化的娱乐和促销方式，吸引用户传播分享，提高用户活跃度；基础服务为用户提供高效便捷的偏好设置和管理、寄件、查询工具助手，提高用户满意度。

四、物流产品生命周期策略

（一）产品生命周期

产品生命周期，是指产品从投入市场开始，直到产品被市场淘汰，最终退出市场为止所经历的全部时间。

产品生命周期一般可分为 4 个阶段：投入期、成长期、成熟期和衰退期。典型的产品生命周期曲线如图 3-1 所示。

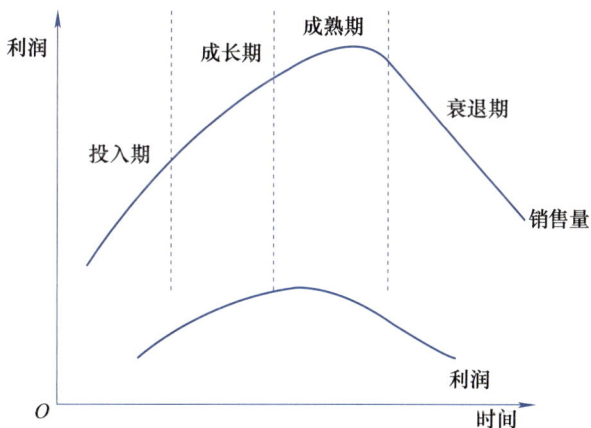

图 3-1　产品生命周期

（二）物流产品市场生命周期理论

1. 物流产品市场生命周期的概念

物流服务作为一种特殊的物流产品，同实物产品一样，也有其完整的产品市场生命周期。物流产品市场生命周期是指从一项物流服务投入市场直到它完全退出市场所经历的时间。

与实物产品的市场生命周期相比，物流服务产品市场生命周期中，成熟期能延续的时间往往相当长。如运输这一物流服务，它有着悠久的发展历史，从大航海时代兴盛至今不衰，并且有着持续不断发展下去的趋势。

2．物流产品市场生命周期的特点

在物流产品市场生命周期的投入期、成长期、成熟期和衰退期4个阶段，各个阶段在销量、竞争、成本、利润上都有不同的特点。

（1）投入期的特点。

1）新产品投入市场，消费者不太了解，产品质量不稳定，销售渠道和服务不适应消费者的需求，所以销量不大且增长缓慢。

2）客户数量少，获客成本较高，再加上广告推销的费用大，可能会出现亏损。价格太高会抑制需求，价格太低会增大回收资金的困难。

3）竞争对手较少，有利于企业的产品定位和发展市场空间。但在投入期，企业还不能清晰地把握客户的需求风险，可能导致开发的失败。

（2）成长期的特点。

1）客户已经熟悉产品，有的已经产生偏爱。由于促销的推动，吸引更多的客户，需求量快速上升。

2）客户需求量增加，大大提高了产品质量并降低成本，价格可以进一步下降，对价格弹性较大的产品，降价进一步刺激销量的上升。

3）产品开始畅销并吸引竞争者加入。

4）从总体市场来看，产品已经出现利润并且在不断增长。

（3）成熟期的特点。

1）市场达到饱和，销量达到最高峰并处于相对稳定状态。市场上出现多种品牌的产品，广告和削价竞争变得十分突出。

2）市场需求量进一步扩大，达到顶峰，成本降得更低，价格也随之降低，在成熟阶段的后期，总利润也在下降。

3）竞争更加激烈，具有规模和品牌实力的企业市场占有率逐渐提高，一些企业被挤出市场。一些企业着手产品的改革创新，采用差异策略或集中策略瞄准目标市场。

目前，物流运输服务就处于成熟阶段，快递物流业务竞争更是空前，顺丰速运、宅急送、EMS、申通快递等竞争激烈，各企业为求扩大市场份额，物流成本要求降得更低。

（4）衰退期的特点。

1）客户的需求已发生转移，市场的销量开始下降，广告与推销等手段失去作用。

2）市场上产品供大于求，价格进一步下跌，客户需求量迅速下降，整个市场的总利润开始下降甚至出现负利润。

3）竞争日渐淡化，一部分企业退出市场，另一部分企业采用收割策略维持运行。

（三）物流产品生命周期各阶段的营销策略

物流产品处于不同阶段，物流企业要制定的营销策略也有所不同。

1．投入期营销策略

根据这一时期的特点，物流企业营销策略的重点，是缩短物流产品的市场投入时间，突出"快"字。

（1）物流产品策略。

进行物流产品定型，完善物流产品性能，稳定物流产品质量，为物流产品进入成长期大批量生产做准备。

（2）价格和促销策略。

在投入期，物流产品的价格和促销费用，对能否尽快打开物流产品的销路有很大关系。价格与促销费用根据产品不同、面对市场不同，可以采取以下几种策略：

1）高价高促销策略。该策略以高价配合大规模促销活动，先声夺人，占领市场，希望在竞争者尚未反应过来之前，就收回投资。采取这种策略，往往是该物流产品需求弹性小，市场规模大，并且潜在竞争者较多。

2）高价低促销策略。为早日收回投资，仍以高价售卖服务，但为减少促销成本，只进行有限的促销活动。采取这种策略，往往是该物流产品需求弹性小，市场规模不大，竞争性小。

3）低价高促销策略。它常可使物流产品以最快的速度渗入市场，并为物流企业带来最大的市场占有率。实施这种策略，往往是该物流产品的市场容量相当大，消费者对该物流产品不了解，且对价格反应十分敏感，潜在竞争比较激烈，企业必须抢在激烈竞争前使物流产品大量上市。

4）低价低促销策略。低价格的目的在于促使物流市场尽快接受该物流产品，低促销费用的作用在于降低销售费用，增强竞争力。采用这一策略，往往市场容量较大，消费者对该项新产品的价格十分敏感，有相当多的潜在竞争者准备加入竞争行业。

（3）渠道策略。

对于大多数新产品，企业一般采用比较短的分销渠道。

2．成长期营销策略

针对这一时期的特点，物流企业的营销重点就是怎样比竞争者提供更好的产品，怎样更好地满足消费者的需要，这一阶段企业的策略就是突出"好"字。

（1）产品策略。

努力提高物流产品质量，增加新的产品特色和式样，对产品改进包装，实行物流产品差异化策略；增强企业品牌意识，树立产品的独特形象。

（2）价格策略。

使产品价格保持在适当水平。这时若采用高价策略，会失去许多消费者；若采用低价策略，因产品已被广大消费者接受，企业将失去该得的利润。

（3）分销策略。

完善分销渠道，扩大商业网点。

（4）促销策略。

改变广告宣传的重心，把广告宣传的重心从介绍产品转到使广大消费者深信本企业的产品上。

3．成熟期营销策略

在这一时期，物流企业应当采取进攻与防御并进的策略，营销重点是尽量延长成熟期时间，稳定市场占有率。

（1）产品改进策略。

产品改进策略即将物流产品的性能、品质等予以明显改革，以保持老用户，吸引新用户，从而延长成熟期，甚至再次进入投入期（即再次循环）。此外，提供新的服务也是改进策略的重要内容。

（2）市场改进策略。

市场改进策略即寻求新用户新市场。市场开发可以通过下述 3 种方式实现：

一是开发产品的新用途，寻找新的细分市场。

二是刺激现有老顾客，提高产品使用率。

三是调整营销组合，重新为物流产品定位，寻求新的买主。

（3）营销组合改进策略。

这种策略是通过改变市场营销组合因素来延长产品的成熟期。例如，通过降价、开辟多种销售渠道、有奖销售等来刺激顾客购买。这一策略中，企业最常用的方法是通过降低价格来吸引顾客，提高竞争能力。但采用此种策略的主要缺点是：容易被竞争者模仿而加剧竞争，又可能由于销售费用增加，导致利润损失。

4．衰退期营销策略

在衰退期，由于技术的进步，消费者需求偏好发生变化，或者由于激烈的竞争，导致生产过剩，使销售额、利润下降。这一阶段通常有以下几种策略可供选择：

（1）集中策略。

即把物流企业的资源集中使用在最有利的细分市场，最有效的销售渠道和最易销售的品种上，调整运输线路结构和密度，减少衰退的车次、航班。

（2）收缩策略。

维持最低数量的运力，大幅度降低促销水平，尽量减少销售和推销费用，满足市场上尚存的少部分物流服务的需要，以增加目前的利润。

（3）放弃策略。

对于衰退比较迅速的物流产品，应当机立断，放弃经营。可以采取完全放弃的形式，如停开已经衰退而且亏损严重的运输线路；也可以采取逐步放弃的方式，使其所占用的资源逐步转向其他产品。

读一读：了解我国零担物流行业的发展历程

20世纪80年代左右，我国零担物流主要以国营汽车站运营的定期零担货车为主。这一时期，零担物流主要由国有企业控制，服务范围有限。

20世纪90年代末，随着商贸批发业的迅速壮大，专线企业快速发展，以上海德邦、河南豫鑫等为代表的企业开始崭露头角。我国加入WTO后，物流业对外开放，零担市场规模不断扩大。安能、顺丰、德邦等企业通过网络创新模式实现规模优势和市场领先。同时，加盟制快运逐步起网，如安能、百世快运等。

2020年至今，资金不断注入零担物流行业，头部企业持续并购扩张，进入IPO阶段。行业开始追求利润，控制大票填仓货，缓和快运与专线的竞争，给专线企业留有升级空间。

近十年来，我国零担物流企业注册数量呈现波动上升后下滑的趋势，近几年来递减趋势显著。2017年，我国零担物流企业注册数量达1036家，增速为23%，达到近几年来的顶峰。2022年，我国零担物流企业注册数量缩减至62家。2023年，我国零担物流企业注册数量缩减至30家。整体来看，我国零担物流企业新入场者数量递减。未来，市场新进入者数量将保持下行趋势，市场份额将持续集中。

五、物流服务新产品开发

1. 物流服务新产品开发概述

从物流营销角度看，物流服务新产品是指在某个目标市场上首次出现的或者是物流企业首次向市场提供、能满足某种消费需求的产品。只要物流产品整体概念中任何一部分具有创新、变革和改变，就算物流服务新产品。

不过，物流企业面对的一个问题是，它们必须开发物流服务新产品，但是形势却极不利于成功。解决这个问题的方法是，开发人员认真策划物流服务新产品的开发计划，并且为找到和开发新产品建立系统的新产品开发程序。

2．物流服务新产品开发程序

物流服务新产品开发程序的 8 个阶段如图 3-2 所示：

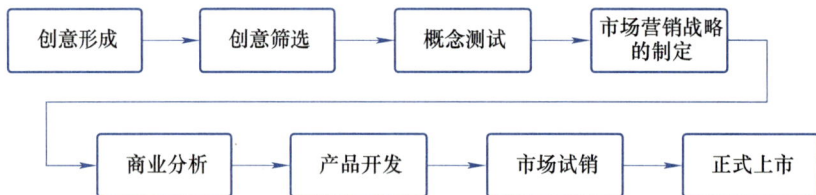

图 3-2　物流服务新产品开发程序的 8 个阶段

（1）创意形成。

新产品的开发始于创意形成，即系统化地搜寻新主意。为了找到几个好主意，物流企业一般都要找到许多创意。物流服务新产品创意的主要来源包括企业内部、顾客、竞争对手、销售商和供应商及其他。

许多物流服务新产品创意来自物流企业内部。物流企业可通过正规的调研活动找到新创意，还可获取科学家、工程师和制造人员的智慧。还有，物流企业的高级管理人员也会突发灵感，想出一些新产品创意。物流企业销售人员也是一个创意的好来源，因为他们每天都与顾客接触。

好的新产品创意还来自对顾客的观察和聆听。物流企业可通过调查或集中座谈了解顾客的需要和欲望。通过分析顾客提问和投诉发现能更好地解决消费者问题的新产品。

竞争对手是新产品创意的又一好来源。物流企业观察竞争对手的广告以及其他信息，从而获取新产品的线索。它们购买竞争对手的新产品，观察产品是怎样动作的，分析产品的销售，最后决定物流企业是否应该研制出一种自己的新产品。

销售商和供应商也会有许多好的新产品创意。销售商接近市场，能够传递消费者问题以及需求市场新产品可能性的信息。供应商能够告诉企业可用来开发新产品的新概念、技术和物资。

（2）创意筛选。

创意形成阶段创造了大量的新产品开发创意。接下来几个阶段的目的是减少创意的数量。第一个创意减少阶段是创意筛选。筛选的目的是尽可能快地找到好创意，放弃坏创意。由于在后面几个阶段产品开发的成本将会飞涨，所以，企业必须选择能转变成营利性产品的创意。

（3）概念测试。

概念测试是指用几组目标消费者来测试新产品概念。新产品概念可用符号或实物的形象提供给消费者。对某些概念测试来讲，一句话或一幅图便可能足够了。但是，对概念更具体、形象的阐述会增加概念测试的可信度。

（4）市场营销战略的制定。

市场营销战略的制定需要通过营销战略报告书实现。营销战略报告书由以下三部分组成：

1）第一部分描述目标市场，计划中的产品定位，以及在开始几年内的销售额、市场份额和利润目标。

2）第二部分概述产品第一年的计划价格、销售及营销预算。

3）第三部分描述预计的长期销售额、利润目标及营销组合战略。

（5）商业分析。

管理部门一旦对产品概念及营销战略做出了决策，那么接下来便可以估计这项建议的商业吸引力了。商业分析，是指考察新产品的预计销售、成本和利润，以便查明它们是否满足企业的目标。如果满足，那么产品就能进入产品开发阶段了。

（6）产品开发。

到此时为止，就许多新产品概念而言，产品还只是一个口头描述，一幅图画，或者一个粗糙的模型。如果产品概念通过了商业测验，那么，就可以进入产品开发阶段。在此，市场研究与开发或者工程部门就可以把市场概念发展成实体产品。

（7）市场试销。

如果产品通过了性能及消费者测试，那么，接下来的一步便是市场试销了。在这一阶段，产品及营销方案被放大到更加逼真的市场环境中去。市场试销使经销商在进行大笔投资、全面推广产品之前通过营销产品获得经验。

（8）正式上市。

市场试销为管理部门提供所需信息以便做出最终决策。推出新产品的企业首先必须决定推出时机，要考虑新产品上市对企业原有产品销量的冲击、产品的季节性需求变化、产品的改进结果。一般选择在企业同类老产品进入衰退阶段、新产品处在季节性需求旺季时作为上市的时机。接下来，企业必须决定在哪里推出新产品，是在单一的地点，还是在一个地区；是面向全国市场，还是国际市场。

读一读：了解物流企业新产品

在物流领域，无人驾驶技术能实现装卸、运输、收货等无人化作业，促使物流领域降本增效，推动物流产业的革新升级。越来越多的物流企业开始融入无人驾驶技术，应用场景越来越广泛。无人驾驶领域的研发、融资、合作等新闻也是接连不断。

末端配送领域，中国邮政杭州试点上线无人投递车；韵达苏州、北京，多家网点引进并上线了一批无人车。

货运无人机领域，顺丰旗下丰翼物流无人机大湾区常态化运营取得阶段性突破，2024年日均运输量超过了12000单；低空经济领域的初创科技公司微至航空科技于2024年年初完成了数千万元天使＋轮股权融资。

利用自动驾驶技术，物流企业不仅可以提高物流作业的速度和效率，还可以降低交通事故的风险，也减少了对人力资源的依赖。

六、物流企业品牌策略

品牌是产品管理中重要的环节，品牌既提供了顾客识别产品的手段与方法，也是企业赢得竞争的重要营销工具，由此，品牌已成为资本和经济中的"原子核"。

（一）品牌的概念

物流营销关于品牌的定义是：品牌是一个象征或设计，或其组合。它可用来辨识一个卖者或卖者集团的货物或服务，以便同竞争者的产品相区别。

品牌的概念，包括2个基本含义：品牌由各种可作为标志物的东西组成，如名称、符号、图案等；品牌基本作用是标记在产品上，用于辨别经销者是谁。

具体来说，品牌包括以下3个方面的内容。

1）品牌名称。是指品牌中能够被发音，能被语言读出来的部分。如"海尔"品牌中的"Haier海尔"。

2）品牌标记。是指品牌中能够被辨别，但不能由语言或由发音明确读出的部分。如"海尔"品牌中的两个拥抱的儿童形象。

3）商标。商标是个法律术语，凡是取得了商标身份的那部分品牌都具有专用权。

商标和品牌的区别：如果品牌主将其品牌全部进行商标登记注册并获得许可，品牌（全部）就是商标；如果品牌主只将其品牌中的某一部分用于商标登记注册，则商标只是品牌的一个部分。在"海尔"品牌中，"Haier海尔"旁边有一个"®"标记，表示这部分是取得了商标权的。所以，对于"海尔"品牌来讲，它的商标与品牌名称是同一个标志物，品牌标记（两个拥抱的儿童形象）不是商标。

议一议：互联网时代如何打造新品品牌

随着消费需求日益多元化、个性化，越来越多消费者加入"追新"队伍，新品已然成为更具确定性的品牌增长密码。京东大时尚联合品牌商，共创更符合消费趋势的新品。同时，借助"礼遇、直播、百亿补贴"等全域营销落地，实现新品的快速起量，并形成爆款。

以韩束化妆品为例，在京东的流量资源加持倾斜下，韩束实现了短时间内的高速销售增长。2024 年 2 月，在京东美妆大牌日活动中，韩束成交额同比增长超 7 倍，在春节前的送礼场景中抢占先机。与此同时，2023 年新开设的韩束 KANS 官方旗舰店，在京东入仓实现"京东物流"透标的辅助，并使用京东的"打爆推广"工具实现快速提权重、提排名的效果，不到一年时间已跻身第三方商家排名前十。

（二）品牌的作用

品牌的基本作用是提供产品的营销者身份辨识。但是，在营销活动中，品牌并非辨识符号的简单组合，而是一个复杂的识别系统，它包括以下 6 个层次：

1．属性

对于顾客来讲，一个品牌首先带来的是使用这个品牌的产品属性。例如，顺丰代表快速、高端，德邦代表大件物流，邮政代表覆盖广，价格优惠。

2．利益

如同顾客不是购买产品而是购买利益一样，顾客购买某个品牌的产品时，也不是真正购买它的属性，而是购买它的利益。因此，品牌的每种属性，需要体现顾客利益。

3．价值

品牌在提供属性和利益时，也包含营销价值和顾客价值。就营销价值来说，就是市场上的"名牌效应"。即一个品牌如果被目标顾客喜爱，用它来标记任何产品，营销时都非常省劲，营销者不必再为此过多花费促销费用。

4．文化

品牌可附加象征一种文化或文化中某种令人喜欢或热衷的东西。文化中，最能使品牌得到高度市场认可和赞同的是文化所体现的核心价值观。例如，华为的品牌文化以"以客户为中心、以奋斗者为本、长期艰苦奋斗和坚持自我批判"为核心价值观；顺丰坚持平等尊重、协作共赢和创新包容的"球队"文化；京东物流秉承"客户为先、创新、拼搏、担当、感恩、诚信"的价值观。

5．个性

品牌个性是消费者认知中品牌所具有的特质。品牌的个性表现为它就是"这样的"，它使得使用者也能具有对"这样"的认同或归属感。例如，飞跃运动鞋以"飞跃自我"为品牌理念，以"中国风"为设计元素，将运动潮流与文化传承完美融合，打造了一系列具有独特风格和个性的产品；泡泡玛特以"潮玩"为主题，倡导个性、自由、多元的生活态度，受到了潮流人士和收藏爱好者的喜爱和支持；喜茶以"新式茶饮"为主题，倡导优雅、时尚、品质的生活方式，受到了年轻人的青睐和追捧。

6. 使用者

品牌通过上述各层次的综合，形成特定的品牌形象，必然表现为它应有特定的使用者，如"星巴克"的使用者多为上班族、白领，"迪士尼"的使用者多为儿童、年轻人。

看一看：顺丰 30 年，与中国经济和时代追光者同行

请扫描右侧二维码，了解顺丰成立 30 年来与中国经济发展同行、与时代追光者同行的历程，思考该视频表现了顺丰品牌的哪些作用。

顺丰 30 年，与中国经济和时代追光者同行

（三）品牌策略

品牌策略是企业营销管理的重要方面。品牌策略一般有以下几种：

1. 品牌化策略

这是指企业的营销部门给其销售的产品确定相应的品牌。是否需要命名品牌，这是企业营销部门首先要考虑的问题。历史上的产品大都没有品牌，但在商品经济发达的今天，绝大部分产品都确定了品牌，这是因为品牌化虽然可能会使企业增加部分成本，但却能给企业带来诸多好处。不过，由于品牌的使用特别是品牌的创立需要花费不少费用，有的企业也采用非品牌化策略。这主要是为了节约品牌包装等的费用，使产品能以较低价格出售。价格低使产品具有相当的竞争力，成本低则使企业能保证适度的利润空间。

2. 品牌所有权策略

企业如果决定给一个产品加上品牌，通常有三种品牌所有权可供选择：一是生产商自己的品牌；二是销售商的品牌；三是租用第三者的品牌。一般来说，生产商都拥有自己的品牌，他们在生产经营过程中确立了自己的品牌，有的更被培养成为名牌。但是，从 20 世纪 90 年代开始，国外一些大型的零售商和批发商也在致力于开发他们自己的品牌。这主要是因为这些销售商希望借此取得在产品销售上的自主权，摆脱生产商的控制，压缩进货成本，自主定价，以获取较高的利润。此外，也有一些生产商利用现有著名品牌对消费者的吸引力，采取租用著名品牌的形式来销售自己的产品，特别是在企业推出新产品或打入新市场时，这种策略更具成效。

3. 自主品牌策略

决定使用自主品牌的企业，还面临着进一步的选择，主要有以下几种策略：

（1）品牌兼并策略。

品牌兼并策略是指物流企业通过兼并或被兼并的手段，增强物流服务的一体化能力，壮大自己的实力的策略。在激烈的市场竞争中，第三方物流公司要想进行业务延伸，通过实施兼并策略，增强其管理水平和技术含量，是一个可能的选择，由资源整合走向品牌兼并。采用这种策略的优点在于：增强企业实力，增强企业竞争能力。

（2）品牌一体化策略。

品牌一体化策略是指物流企业通过股份控制或联合、联盟等实现品牌一体化的策略。物流企业的办事处、分公司以及相应的产能服务资源（堆场、仓库、车队等）及载体往往在地域上是网络化的，为了将全国各大城市甚至全世界各大城市的机构进行资源整合，物流企业常通过股份控制或联合、联盟等品牌一体化的营销战略来实现。采用这种策略的优点在于：可分摊费用，降低成本。

（3）品牌形象策略。

品牌形象策略是指将企业的标志、企业名称、企业的色彩等视觉要素设计得独具特色，让人一目了然，给人以强烈印象的策略。

采用这种策略的优点在于：将企业精神和企业文化形成一种具体的形象，向公众传播，使公众产生认同感，以达到营销的目的。

（4）副品牌策略。

副品牌策略是指大型物流企业以一个品牌涵盖企业的系列产品，同时各个产品打一个副品牌，以副品牌来突出产品个性形象。采用副品牌后，广告宣传的重心仍是主品牌，副品牌一般不单独对外宣传，要依附主品牌进行联合广告活动。这种策略的优点在于：传播面广，且张扬了产品的个性形象。

（5）多品牌策略。

多品牌策略是指同一物流企业在同一产品上设立两个或多个相互竞争的品牌，这虽然会使原有品牌的销量略减，但几个品牌加起来的总销量比原来只有一个品牌时多。

多品牌策略的好处：一是许多客户都是品牌转换者，有求新好奇的心理，喜欢试用新品牌；二是多品牌可把竞争机制引进企业内部，使品牌之间相互竞争，提高效率；三是多品牌可使企业多拥有几个不同的细分市场，即使各品牌之间差距不大，也能各自吸引一群客户。

4．品牌更新策略

企业确立一个品牌，特别是著名品牌时，需要花费不少费用。因此，一个品牌一旦确定，不宜轻易更改。但有时，企业也不得不对其品牌进行修改。品牌更新通常有两种选择：

（1）全部更新。

即企业重新设计全新的品牌，抛弃原品牌。这种方法能充分显示企业的新特色，但花费及风险均较大。

（2）部分更新。

即在原品牌的基础上进行部分改进。这样既可以保留原品牌的影响力，又能纠正原品牌设计的不足。特别是在将企业识别系统（CIS）导入企业管理后，很多企业在保留品牌名称的基础上对品牌标记、商标设计等进行改进，既保证了品牌名称的一致性，又使新的标记更引人入胜，取得了良好的营销效果。

任务实施

一、实训目标

1）能制定物流服务产品的不同组合策略。

2）掌握物流服务产品在不同生命周期各阶段的营销策略。

二、实训操作步骤

步骤	操作方法	质量标准
分析 X 企业可能的产品组合	列出 X 企业涉及的产品线、产品项目或产品组合	是否符合产品组合的分类法
制定适合 X 企业的产品组合策略	分析 X 企业采取市场专业型策略、产品专业型策略还是有限的产品专业型策略，并进行论述	产品组合策略的合理性和可行性
分析 X 企业 3 个业务分别所处的生命周期	归纳 X 企业的 3 个服务产品处于产品周期哪个阶段	是否符合产品生命周期的特点
制定 X 企业的产品生命周期营销策略	分析 3 个服务产品所处产品周期可能的营销策略，并制定可行方案	产品生命周期营销策略方案是否具有可行性
形成 X 企业的产品策略报告	将以上分析形成完整的产品策略报告	产品策略报告的完整性和可行性

三、实训评价

小组序号：			学生姓名：	
小组成绩：			学生成绩：	
考核指标	考核标准		满分	得分
产品组合分析	产品组合分析符合产品线、产品项目、产品组合的相关定义标准		20	
产品组合策略	产品组合策略是否针对 3 个业务的特点进行了有效组合		20	
产品生命周期分析	产品生命周期分析符合 X 企业实际情况		20	
产品生命周期策略	产品生命周期策略可行性强		20	
产品策略报告	产品策略报告完整、逻辑性强、可行性强		20	

▪ 课后拓展 ▪

中储智运的产品策略

中国物流中储南京智慧物流科技有限公司（以下简称中储智运）盯住传统物流行业"小、散、乱、差"及车辆空驶、空载率高等"痛点"，探索用数字技术推动物流领域商业模式创新。

他们创新打造"运费预付"产品。以往司机在长途业务中，经常需要垫付大量资金，包括路桥费、燃料费、食宿费等，压力较大。现司机可在"确认发货"环节申请该服务，上传发货单、人车合影后，即可提前获得部分运费。卸货确认后12小时内公司支付全部运输费，一解以往长期"拖欠运输费"之忧，受到货车司机的热烈欢迎。疫情期间，"运费预付"有效缓解了货车司机的资金压力，成为平台百万司机的"靠山"。

中储智运与金融机构战略合作，针对中小微货主企业开发出全行业第一款普惠数字物流金融产品"运费贷"。该产品突破了传统物流金融业务限制，无须抵押、质押物，利用日常真实可靠业务信用即可快速获得普惠金融贷款，具有利率低、额度高、线上申请、审批快等特点。疫情期间，中储智运"运费贷"持续为平台符合条件的中小货主企业发放融资贷款，有效帮助中小货主企业纾困解难。2022年5月，中储智运"运费贷"被国资委点名借鉴。

中储智运与保险公司合作，联合打造数字保险产品"货物保障服务"。该产品以运输货物为标的，全面保障货物运输过程中因自然灾害、火灾等意外、盗抢、雨淋等事故造成的损失，因为费用低廉、操作方便，赢取了一大批中小企业的认可。2022年，中储智运因此获批工信部"国家中小企业公共服务示范平台"。仅2022年，中储智运平台司机运费预付110.9万单，预付总金额38.9亿元，同比增长55.1%；货物保障服务收入2054万元，同比增长132%；普惠金融创新产品"货主运费贷"累计为超过200家中小企业提供贷款4亿元。

中储智运还依托现代物流理论，集成移动互联网、云计算、大数据、人工智能、物联网、区块链等前沿技术，打造突破时空界限的"互联网＋物流服务平台"，通过核心"智能配对"数学算法模型，将货源精准推荐给返程线路、返程时间、车型等最为契合的货车司机，实现自动化、智能化地"以货找车"和"以车找货"，提升车辆运行效率，减少承运人配载找货、等货时间及成本。中储智运平台上线至今，平均为货主企业降低成本10%，累计为货主企业降低物流成本超80亿元，为司机减少找货时间69%。

问题：

1. 中储智运的产品策略有何特点？
2. 本案例对其他物流企业开展物流产品服务的启示是什么？

任务 3　确定物流服务定价策略

✈ 任务情景

工作任务：编制物流服务产品的定价方案。

近年来，快递行业的竞争愈加激烈，在一轮又一轮的价格战中，申通失去电商快递头把交椅，极兔吞并百世又拿下丰网，行业形势不断变化，座次时有变更。

B公司是国内的一家快递企业，在国内快递行业的规模和盈利水平中处于中等地位。该公司的主要客户来源于淘宝、拼多多、京东等电商平台的商户。在激烈的竞争中，B公司并不想一味地打价格战，而是着力于公司的可持续发展，保持企业在电商快件中的竞争优势，理性制定快递服务价格。

作为该公司的物流营销主管，请为该公司编制物流服务产品的定价方案。

✈ 任务分析

价格策略是影响企业收入、盈利、竞争地位的关键因素之一。要制定物流服务产品的定价方案，我们必须掌握以下专业知识和职业技能：

1. 相关的专业知识

物流服务产品的定价依据。

2. 相关的职业技能

物流服务产品的定价方法，物流服务产品的定价技巧。

✈ 任务准备

一、物流服务产品的定价依据

为了更好地制定产品的价格，需要从理论上清楚产品定价的影响因素，并将理论同市场实际相结合，具体运用到实践中去，并通过实践总结出符合实际需要的产品定价策略。这里将主要对影响物流产品定价的重要因素进行分析研究。

1. 定价目标

在产品定价和企业目标之间，产品定价应服从和服务于企业目标。通常，企业定价目标主要有四种。

（1）维持企业生存发展。

对于物流企业来说，当行业竞争日趋激烈或其提供的产品在市场上过剩时，物流企业的发展目标就应是保障本企业在激烈的竞争中不至于被淘汰，维持企业的生存发展。基于此，物流企业在对其产品进行定价时，不宜制定过高的价格，否则，易使该企业产品在市场上失去竞争力而危及其生存发展。

（2）实现企业利润最大化。

当行业市场处于初始发展阶段，市场竞争相对较小或其提供的产品供不应求以及企业产品或劳务在市场上处于绝对有利地位等时，企业可实行相对其成本来讲较高的价格策略，以获取超额利润，实现或接近实现利润最大化。例如，我国现阶段能提供高效优质物流产品或劳务服务（指相对于其他大多数物流企业来讲）的物流企业就可据此制定其产品价格。

（3）扩大市场占有率。

在市场经济条件下，谁拥有市场，谁就能生存、发展并获得可观的回报，因此，占领更大的市场是企业都渴望的。当企业以扩大市场占有率为发展目标时，其产品或劳务的价格就应围绕着如何通过产品价格的变化来实现其市场占有率的增加来确定，如企业可制定尽可能低的产品价格或紧紧盯住主要的竞争对手的产品价格适时变更本企业产品价格等。

（4）提高产品质量。

企业也可能考虑以产品质量领先作为其目标，并在生产和市场营销过程中始终贯彻产品质量最优化的指导思想。在物流企业中，因其提供的产品多数为各种劳务（看不见的产品），不同物流企业提供的劳务质量的高低会直接影响消费者的消费决定。当然，此时就要求物流企业用高价格来弥补因提高产品的质量而投入的开发成本。

2. 市场供求

从本质上讲，产品的价格是由产品的供求决定的，弄清楚产品的供求及价格弹性等影响产品价格的基本因素对我们灵活运用各种定价方法和技巧具有非常重要的作用。

（1）产品需求理论。

需求是指消费者在某特定时期内和一定市场上按某一价格愿意并且能够购买的某种商品或劳务的数量。应该注意的是，这里所指的需求是消费者的购买欲望和购买能力两者的统一，如果消费者有购买欲望而无购买能力，则其虽有欲望也构不成我们所指的有效需求。

而产品的价格和消费者对产品的需求之间存在着密切的联系。通常对于大多数产品来说，在其条件相同的情况下，产品价格同消费者对该产品的需求数量之间是成反比关系的，也就是我们通常所讲的产品的价格越便宜，买的人越多；产品的价格越高，买的人越少。

（2）产品供给理论。

供给是指企业在一定市场上和某一特定时期内，与某一价格相对应、愿意并且能够供应的产品的数量。同需求类似，产品的供给与产品的价格之间也存在密切联系。通常产品的价格同产品的供给之间存在正比关系。即产品价格越高，企业愿意生产或提供的产品更多；反之，企业产品的供给量会减少。

（3）需求的价格弹性。

需求的价格弹性就是用来衡量商品需求数量对它的价格变化反应的灵敏程度的概念。

不同产品的需求弹性是不同的。有的需求弹性大于1，即需求数量变化的百分比大于价格变化的百分比，这种情形叫作产品富有弹性；有的需求弹性小于1，即需求数量变化的百分比小于价格变化的百分比，这种情况叫作产品缺乏弹性；有的需求弹性等于1，即需求数量变化的百分比等于价格变化的百分比，这叫作单位弹性。

一般需求弹性较小的产品，如从事物流方案设计、策划的物流咨询公司的物流方案设计（劳务）产品的价格就相对缺少弹性，其原因在于同类企业的同类产品的质量远低于该企业的产品质量，对于有需要的消费者来说，即使该咨询公司的要价很高，消费者在多数情况下也不得不购买其产品；而非必需品或非常容易形成供过于求状况的产品需求弹性较大，如某省的两个地区之间的中短途汽车货运的价格在完全市场竞争条件下，其价格弹性就相对较大。

弄清楚不同产品的需求具有不同弹性后，企业对不同产品进行定价时决策将更合理、更科学。

3．物流企业成本

企业不可能随心所欲地制定产品或劳务的价格。产品价格受众多因素影响，制定价格需注意分析相关因素。但不管怎么样，产品的最低价格不能长期低于产品生产成本，否则企业将无法经营。

物流成本的归集和分析同其他类型企业有较大不同。原因在于：首先，物流活动的范围非常广，致使其成本分析非常困难；其次，由于物流成本较难单独列入企业的计算范围，并且具体的计算方法还没有形成统一的规范。对此，我们可参考国外物流成本归集计算方式来确定物流成本。

第一种方式是按物流范围划分，即物流费用分为供应物流费用、生产物流费用、企业内部物流费用、销售物流费用、退货物流费用和废弃物流费用6种类型。

第二种方式是按支付形式划分的物流成本费用计算标准，将物流费用分为材料费、人工费、公益费、维护费、一般经费、特别经费和委托物流费用等。

第三种方式是按物流的功能划分计算物流费用，包括运输费、保管费、包装费、装卸费、信息费和物流管理费等。

总之，物流成本就是在物流过程中，为提供有关服务要占用和耗费的活劳动和物化劳动的总和，换句话说，也就是提供某种程度的物流服务过程中所花费的人力、物力和财力的总和。针对不同的成本分析目的，我们应具体问题具体分析，归集出相关过程中的人、财、物的消耗作为其物流成本。

4．物流竞争者的产品和价格

在市场经济中，绝大多数企业都存在或多或少的竞争对手。为了更准确地为本企业产品定价，企业应采取适当方式了解竞争对手产品的质量和价格。企业在获得对手相关信息后才可与竞争产品比质论价。一般来说，如果二者质量大体一致，则二者价格也应大体一样，否则定价过高可能会使本企业产品卖不出去。如果本企业的产品质量较高，则产品价格也可以定得较高；如果本企业产品质量较低，那么产品价格就应定得低一点。还应看到竞争对手也可能随机应变，针对其他企业的产品价格而调整自己的价格，也可能不调整价格而调整市场营销组合的其他变量，与企业争夺顾客。当然，当竞争对手价格发生变动时，企业也要及时掌握有关信息以做出明智的反应。

5．国家有关方针政策的影响

由于价格是关系到国家、企业和个人三者之间的利益的大事，与人民生活和国家安全息息相关。因此，国家常常会通过制定物价工作方针和各项政策对价格进行管理控制或干预，国家有关方针政策对市场价格的形成就有着重要的影响。

（1）行政手段。

行政手段是指政府通过出台相应的行政规定或行政制度等来促进相应行业的有序发展等。例如，在物流企业中，其提供的产品往往是无形的劳务，其产品是非物质性的，往往导致价格竞争随着市场的日趋成熟而日趋激烈。此时，为防止物流企业的不正当竞争，行业协会或政府相关部门可采用规定收费标准的手段限制物流劳务的过高或过低价格的出现，从而维持物流业健康平稳的发展。

（2）法律手段。

法律手段是指通过立法机构制定相关的法律、法规来维护相关行业的健康发展。如我国制定的《民法典》《企业法》《公司法》《反不正当竞争法》《消费者权益保护法》《知识产权法》等，目的是用以维护市场经济的健康有序发展。比如，当物流企业中出现垄断时，可采取相应法规限制垄断企业的存在和发展。

（3）经济手段。

经济手段是指国家采用税收、财政、利率、汇率等手段来间接影响经济及物价。例如，当经济发展过热时，政府可采用增加税、提高银行利率等经济手段来调节其发展；当物流企业发展过热时，政府可对物流产品增加税收，高价高税，由此会导致企业的税后利润下降，从而影响企业的定价。

二、物流服务产品的定价方法

企业制定价格是一项很复杂的工作，必须综合考虑多方面的因素，如产品的市场供给、需求、成本费用、消费者预期和竞争情况等因素，采取一系列步骤和措施来确定价格。

对于物流企业来讲，其向用户提供的劳务服务产品是无形的，因此，影响产品价格的因素相对于有形的产品如汽车等来讲就会显得更复杂、更难以把握。为了制定好产品价格，从市场营销管理的价格策略上提高物流企业的竞争力，首先应从总体上熟悉物流企业的产品情况，在此基础上全面分析产品的因素，灵活运用各种定价方法和技巧，才能更好地制定物流企业产品的价格。

1. 成本导向定价法

这种定价方法主要是从企业的角度来确定产品的价格。从经济学角度来讲，企业是以盈利为目的的经济组织。为了保持和提高企业的竞争能力，企业必须通过销售其他产品来收回其付出的成本，并在此基础上获得相应的利润回报。因此，制定其相关产品的价格就必须考虑产品的成本和利润。这种方法的特点是简便、易用。但是，这也是最不以消费为导向的方法，由此制定出来的产品价格还需由消费者的反应来确定其定价的科学性、合理性。成本导向定价法主要包括 2 种具体方法。

（1）成本加成定价法。

这种方法就是按产品单位成本加上一定比率的利润来制定价格，加成的含义就是一定比率的利润。其计算公式为

$$P=C（1+R）$$

式中：P 为产品售价；C 为单位产品成本；R 为成本加成率或预期利润率。

例：

某企业单位产品总成本（由单位劳动力成本、原材料成本、电力消耗、工具成本、日常开支成本汇总）为 12.32 元 / 个，企业的预期利润率为 20%，则该产品的销售价格是多少？

$$单位产品售价 = C（1+R）$$

$$=12.32×（1+20\%）$$

$$≈14.78 元 / 个$$

这种定价方法的特点是：①成本的不确定性一般比需求少，用价格钉住单位成本可以大大简化企业定价程序，不必根据需求情况的变化而做调整；②如果同行业的企业都采用这种定价方法，各家的成本和利润比率接近，定出的价格相差不多，可能会缓和同行业间的价格竞争；③根据成本加成来定价，对于买卖双方更加公平合理，卖方只是"将本求利"，不会在消费者需求强烈时利用此有利条件谋取额外利润。但这种方法的不足是缺乏灵活性，许多情况下其定价反应会较市场变化滞后。因此，这种方法在企业的产品生产成本大于相同产品的社会必要生产成本时就有可能导致产品滞销。

（2）目标利润定价法。

这是根据企业所要实现的目标利润来定价的一种方法。同成本加成法相比，该方法主要是从企业想达到的利润目标为出发点来制定产品价格的，而成本加成法是以产品成本为出发点来制定产品价格的。目标利润法的基本公式为

$$单位产品价格 =（固定成本 + 变动成本 + 目标利润）/ 预计销量$$

例:

某公司9月份计划周转量为5000千公斤·千米，单位变动成本为150元/（千公斤·千米），固定成本为20万元，目标利润为30万元，则单位运价是多少？

$$单位运价 =（固定成本 + 变动成本 + 目标利润）/ 预计周转量$$

$$=（200000+150×5000+300000）/5000$$

$$=250 元 /（千公斤·千米）$$

这种方法的特点是有利于加强企业管理的计划性，可较好地实现投资回收计划。但要注意估算好产品售价与期望销量之间的关系，尽量避免确定了价格而销量达不到预期目标的情况出现。

2. 需求导向定价法

从经济学角度来讲，在市场经济条件下，当供应能力普遍过剩时，在产品的供给与需求两个影响产品的因素中，需求对产品产量与价格的影响更重要一些。在市场经济条件下，如果提供的产品不符合用户需求这个基本条件，则企业将很难通过销售产品获得可观的利润回报。因此，第二类制定产品价格的方法是从顾客的需求和欲望出发来确定产品价格，但这并不意味着所提供的产品的价格是尽可能最低的。

（1）理解价值定价法。

理解价值定价法即企业根据消费者对产品或劳务价值的认识而不是根据其成本来制定价格的定价方法。企业利用各种营销因素从提供的服务、质量、价格等方面为企业树立一个形象，然后再根据客户对于这个形象的理解定价。

理解价值定价法的关键在于企业要正确估计用户所能承受的价值。否则，如果企业过高或过低地估计认知价值，则会定出过高或过低的价格，最终都会给企业造成损失。因此，为避免出现这类问题，企业在定价前要认真做好营销调研工作，将自己的产品与竞争产品进行仔细比较，正确把握客户的感受价值，并据此做出定价。

（2）区分需求定价法。

区分需求定价就是企业在不同季节、不同时间、不同地区针对不同供货商的适时变化情况对价格进行修改和调整的定价方法。例如，物流企业市场成交价可以分线路、分车型、分业务量进行公路运输定价。

（3）习惯定价法。

习惯定价是企业依照长期被客户接受的价格来定价的一种方法。有些产品或服务的客户已习惯按某一价格购买，即使成本降低也不能轻易减价，减价容易引起消费者对服务质量的怀疑；反之，服务成本增加也不能轻易涨价，否则将影响其销路。例如，在物流行业，当每公里的运输价格确定后，即使燃料的价格发生变动，其运输价格也不轻易发生变动。

3. 竞争导向定价法

在目前的市场经济条件下，企业的生产能力往往过剩，导致许多产品在市场上出现积压。企业为了将自己的产品销售出去获取利润，往往会采取各种措施来提高自身产品的竞争力，如降低成本、提高产品质量、提高服务水平等，以便在与竞争对手的竞争中保持或提高其原有的市场份额。通过制订合理的产品价格来提高企业竞争力也是企业常用的措施。因此，企业以竞争对手的价格作为依据来制定价格也是企业常用的定价方法，即竞争导向定价法。

（1）随行就市定价法。

这是以同行的平均现行价格水平或"市场主导者"（指在相关产品市场上占有率最高的企业）的价格为标准来确定本企业价格的方法。这种定价方法以竞争对手的价格为依据。在3种情况下往往可以考虑采取这种定价方法：①产品难以估算成本；②企业打算与同行和平共处；③如果另行定价会很难了解消费者和竞争者对本企业价格的反应。

具体地说，当企业产品或服务质量等综合因素与同行业中大多数企业的相同因素比较没有较大差异，即同质产品市场条件下，无论此时有较多的企业生产该类产品还是由于专利权、特许经营、政府政策限制导致只有少数几家企业允许生产该类产品，企业以同行业的平均价格水平为依据来确定该产品的价格往往是惯常采用的定价方法，这就是所谓的随行就市法。此时，就可以使该企业产品价格与大多数同行企业的产品价格保持一致，不过高或过低，在和谐的气氛中获得平均报酬。

当某企业产品的质量或服务、销售条件等因素与同类企业的相同因素比较有较大差异时，即异质产品市场条件下，企业有较大的自由度决定其产品价格。产品的差异化会使购买者对产品价格差异的存在不敏感，企业相对于竞争对手总要确定自己的适当位置，或充当高价企业角色，或充当中价企业角色，或充当低价企业角色。总之，企业要在定价方面有别于竞争者，此时异质产品市场的企业产品价格确定可采用如下公式计算：

本企业产品价格 = 用以比较的价格标准 × (1+ 差异率)

另外，如果某种产品市场是完全垄断市场，即在该市场中由于专利权、政府规定等原因导致只有一家企业可以生产该类产品的市场，由于没有竞争对手，此时该企业产品定价不能用竞争导向定价法。在这种情况下，垄断企业往往会从自身的利润角度去确定价格。

（2）投标定价法。

这种方法一般是由买方公开招标，卖方竞争投标，密封定价，买方按物美价廉原则择优选取，到期当众开标，中标者与买方签约成交。这种方法往往是买方市场（即产品供大于求的市场）掌握主动权。运用此种方法和拍卖定价法时，企业对产品的定价权实际上已在某种程度上转移到了买方。

从企业层面来讲，为了能够以合理、科学的价格中标，必须认真选择和确定投标价格：一是要分析招标条件和企业的主客观情况能否适应招标项目的要求；二是计算直接成本，拟订报价方案；三是分析竞争对手的特点和可能报价，估计中标概率；四是计算每个方案的期望利润，并据此选择投标价格。

总之，在实际中，企业定价的方法并不一定局限于以上所列举的这几种。随着管理科学的发展，企业管理方法、经验日渐丰富，信息技术和数量分析技术等日趋成熟，必然会产生更科学、更合理的定价方法。而且，在运用定价方法进行定价时，也不能刻板地认为采用了一种方法就不能吸取其他方法的精华去确定价格，不同的定价方法之间并不一定是相互排斥的。因此，要想制定出某种产品的科学、合理的价格，还须综合分析产品本身的相关因素。运用相应的方法去制定产品价格。

议一议：讨论一下物流企业的快递费为什么能一降再降？

夏日过半，"晚熟"的品种——北京平谷大桃正在错峰热卖中。

北青报记者从当地快递公司处了解到，2024年各物流公司打起了价格战，比如往年同城一箱平谷大桃的快递费基本在13元左右，2024年最低单双箱5元，还不到2023年价格的一半。

当地桃农刘先生告诉北青报记者，村里多年前一直用的是平价快递，虽然价格低，但是送货速度慢，加上包装质量差，还不给送货上门，生鲜容易变质，用户投诉不少。后来，顺丰提供了生鲜寄递服务，追求"高端""精品"的平谷桃农就基本很少用平价快递了。2016年时，95%左右的生鲜快递都用顺丰寄。2018年左右，京东快递加入，桃农寄快递的选择多了，价格也有所下降，当时京东宣布"京津冀地区90%订单实现次日达"，也让当地的快递市场更卷。

三、物流服务产品的定价技巧

前述定价方法是依据成本、需求和竞争等因素决定产品或劳务基础价格的方法。基础价格是单位产品在生产地点或者经销地点的价格，尚未计入折扣、折让、运费等对产品或劳务价格的影响。但在市场经济条件下，随着企业的增多，竞争的加剧，现实中的产品或劳务市场往往是处于动态变化之中的。为了适应市场的变化，在物流营销实践中，企业还需考虑或利用灵活多变的定价策略或技巧，修正或调整产品或劳务的基础价格。

1．折扣、折让定价技巧

物流企业为了鼓励客户尽早付清货款、大量购买、淡季购买，还可酌情降低其基本价格。价格调整包括价格折扣、折让。

（1）现金折扣。

现金折扣即对按约定日期或提前以现金付款的客户根据其所购买产品的原价给予一定的优惠。例如，典型付款期限折扣的表达方法为："2/10，n30"。表示付款期限为30天，如客户在10天内付款，给予2%的折扣。超过10天付款，不给折扣。超过30天付款，通常要加收较高的利息。

（2）数量折扣。

数量折扣是根据每次或某一时间段内客户需要产品或服务的数量或金额的大小分别给予买家不同价格待遇的定价技巧。通常它是以交易活动中最小数量的价格作为基础价格，凡超过数量起点的交易，卖方均会给予买方一定的价格折扣，数量越大，折扣越大，成交价格也越低。

数量折扣可分为累计折扣和非累计折扣。累计折扣就是规定在一定时间内购买总数达到一定数额时，按总量给予一定的折扣。采用这种技巧的目的在于鼓励顾客集中向一个企业多次进货，从而使其成为企业长期或固定客户。

非累计数量折扣规定顾客一次购买达到一定数量或购买多种产品达到一定金额的为一批量，并据此给予一定价格折扣。采用这种技巧能刺激客户大量购买，增加盈利，同时减少交易次数与时间，节约人力、物力等开支。

（3）季节折扣。

季节折扣是指企业在淡季给予客户一定的价格折扣以刺激客户需要。例如，客户对冷冻车的需求在冬天和夏天不一样，在冬天购买冷冻车服务的客户，企业可以给予一定的折扣。

2．心理定价技巧

心理定价技巧主要是通过分析和研究客户的消费心理，利用客户不同的心理需求和对不同价格的感受，将其有意识地运用到产品或服务的定价中去，以促进产品的销售。

（1）声望定价。

声望定价是指企业利用客户仰慕企业的良好声望的心理，故意把价格定得较高。一般来说，高端服务的定价适宜采用此法，因为客户有崇尚名牌的心理，往往以价格判断质量，认为高价格代表高质量。

（2）招徕定价法。

招徕定价法是指企业利用客户的求廉心理将某些服务价格定得较低（低于正常价格，甚至低于成本）以吸引消费者。例如，大客户往往是物流公司争相合作的对象，所以提供给大客户的服务价格可以偏低，甚至不盈利。

3．差别定价技巧

差别定价就是根据交易对象、交易时间和地点等方面的不同，制定出两种或多种不同价格以适应消费者的不同需求，从而扩大销售、增加收益。

（1）差别定价的主要形式。

差别定价有以下2种主要形式：

1）按不同的客户差别定价，即企业按照不同的价格把同一种商品或服务卖给不同的顾客。例如，物流企业可针对客户是新客户还是老客户，是长期固定客户还是一次性客户，在运输、仓储、包装、配送、装卸搬运、流通加工等劳务服务方面给予客户不同的价格。

2）按产品位置差别定价，即企业对于处在不同位置的产品或服务分别制定不同的价格，即使这些产品或服务的成本费用没有差别。例如物流企业可根据不同产品在保管时环境条件导致的位置差别收取有区别的费用，以使位置条件较差的仓库也能有所盈利。

（2）差别定价的适用条件。

企业采取差别定价必须具备以下条件：

1）市场必须是可以细分的，而且各个市场部分应表现出不同的需求程度。例如，物流市场可细分为运输市场、装卸搬运市场、包装市场、配送市场、流通加工市场、客户服务市场等，而且这些市场还可以细分，如运输市场又可分为汽车、火车、轮船运输市场等。不同的物流企业可根据自身的实力及特点等，选择一个或多个细分市场作为目标市场开展业务。

2）以较低价格购买某种产品的客户没有可能以较高价格把这种产品倒卖给别人。

3）竞争者没有可能在企业以较高价格销售产品的市场上以低价竞销。

4）细分市场和控制市场的成本费用不得超过因实行价格歧视而得到的额外收入，也就是说，不能得不偿失。

5）价格歧视不会引起客户反感而导致客户放弃使用企业服务，影响销售。例如，在物流企业中，不能因采取顾客差异定价后导致从新客户处获得的额外收入小于老客户流失给企业带来的损失。

6）采取的价格歧视形式不能违法。

4. 新产品定价技巧

新产品定价的合理与否关系到新产品能否打开销路、占领市场。对于物流企业来说，因其提供的产品主要是各种劳务服务，是否能有产品创新以及创新产品的质量对物流企业的市场竞争力有重要影响。

对于创新产品来说，其定价可采用撇脂定价（又称吸脂定价或高价定价，即将新产品或服务的价格定得较高，尽可能在产品市场生命初期赚取最大利润）、渗透定价（又称低价定价，即将产品或服务定价低于预期价格以迅速打开市场销路）和温和定价（又称满意定价，即介于低于撇脂定价和高于渗透定价之间的君子定价）技巧。具体采用哪一种，需根据创新产品的特点来决定。如果是一次性或临时性新产品，为较快收回成本，可采用撇脂定价；而对于一些需长期生产的、市场前景良好的产品，则可考虑采用渗透定价或温和定价，以尽快占领市场，从而获得较长期的利润。

5. 产品组合定价技巧

如果某个产品只是某一产品组合的一部分时，企业必须制定一系列的价格，从而使产品组合取得最大的利润。例如，综合物流企业可将物流方案设计、产品运输、装卸搬运、包装、配送、流通加工、仓储中的全部或若干项捆绑成一组产品销售，且其定价相比于该组产品中的单项产品价格之和有较大让利，则此时可能就会吸引消费者购买该组产品，使企业获得更多的利润。由于物流业务涉及较多，物流企业可根据自身特点向客户提供多项服务产品，由顾客自由组合成一组产品系列，再在此基础上用产品系列定价法定出该组产品的价格。

读一读：了解物流企业定价技巧

顺丰快运价格体系、服务能力双升级，大件托运领军者继续发力。

价格问题一直都是快运行业的敏感点。总体来看，快运定价标准高高低低、大中小公司竞争激烈，现有计价模式相对单一，不同品类、不同重量级货品只能依照"老规矩"办事，客户期望有更灵活的计价方式。顺丰快运将分段计价和个性化抛比拉入标准化阵营中，优化方案也是颇有技巧，分段计价仅针对散单客户和部分月结客户，而个性化抛比除可按体积和重量外，还增加了按品类和特殊标准，这就非常有针对性地满足了不同目标客户群体的多种需求。

从零担行业内部来看，中小企业多数服务能力差，"说到做不到"。良莠不齐的现状导致客户的服务性需求一直难以满足，也阻碍着整个行业的发展。因此深化末端服务，提升服务品质成为新一轮的刚需。顺丰快运在新一轮服务升级中，沿用顺丰快递选时上门取件的方式，可以选时配送，大家终于不用在家"盲等"了；针对很难解决的售后问题，顺丰快运提供了物流和安装全程可视，一旦出现任何售后问题不再无据可依，既是对买卖双方的双向保障，也是解决快运行业监管差的技术性革命，同时退换货也将更加便捷。

任务实施

一、实训目标

1）了解物流服务产品的定价流程。

2）掌握物流服务产品的定价方法和定价技巧。

二、实训操作步骤

步骤	操作方法	质量标准
确认定价目标	明确企业定价的目标属于哪一种	定价目标符合任务情景中的实际情况
分析客户价格弹性	根据需求价格弹性，调研并分析客户价格敏感度	价格弹性与电商行业客户情况符合
预估成本	计算本企业物流服务产品的成本	成本估算有调研、有依据
竞争分析	分析企业的产品是否比竞争对手产品为顾客提供更高的价值	竞争分析符合市场情况
选择定价策略	选择定价方法和技巧	定价方法和技巧有可行性
形成定价方案	进行价格设定	方案完整

三、实训评价

		学生姓名：	
小组序号：			
小组成绩：		学生成绩：	
考核指标	考核标准	满分	得分
定价目标	定价目标符合任务情景中的实际情况	20	
成本预估	成本估算有调研、有依据	20	
竞争分析	竞争分析符合快递行业市场情况	20	
定价策略	定价方法和技巧有可行性	20	
形成定价方案	促销方案完整、逻辑性强、可行性强	20	

■ 课后拓展 ■

京东的低价战火烧向运费

昔日在电商平台如火如荼的比价时代，击穿消费者心智往往是电光火石的一瞬间。而今天置身于消费大市场挣扎复苏的趋势之中，对成立二十多年的京东来说，低价已经变成了一场事关"人＋货＋物流"的大型综合实验。

这一次，物流成了低价实验的新变量。2023年8月23日，京东官宣下调自营商品的包邮门槛。此前在京东购买自营商品，订单金额满99元才能达到包邮标准，到2023年年底，这一金额已降至59元。京东PLUS会员权益同时也做了调整。本次权益升级后，PLUS会员可从过去每月5张运费券，变为享受全年无限包邮权益，不设价格限制，不再需要运费券。

这次也是京东首次下调运费标准。内部人士透露，主动降运费是京东低价策略的延伸。京东凭借自营起家，自营品牌统一使用自建物流，相应运费也是京东自我消化的部分。这一举措体现出了其发力塑造用户低价心智的决心。

对比各家的运费标准，业内其他电商平台的自营频道，如天猫，其免费包邮的标准为88元以上。而第三方商家入驻为主的平台，如淘宝、拼多多、抖音，其物流系统依靠第三方快递公司，大量商家都会选择设定固定的包邮范围与门槛极低的免运费标准。单从表面价格来看，运费似乎只是零售交易末端微小的差价优势，但综合考虑长期积累的自建物流口碑，京东内部将这次调价比作"花快车的钱，体验专车服务"。

麦肯锡在2023年5月做的一项中国消费者调查（覆盖1000名受访者）中发现，中国消费者在消费降级的大环境中更加倾向通过更换零售商以获得低价，这一类受访者占比约为47%。该调查的另一项统计结果表明，在消费者的一般印象里，拼多多、抖音通常要比其他电商平台的平均售价便宜一半。

个体要从认知层面改变固有印象是最难的事情，而对于一家拥有6亿用户的巨型公司而言，考验更是倍增。从 2022 年年底，刘强东向全员喊话"京东已经让一些消费者有了越来越贵的印象"开始，京东 2023 年所做的一切调整似乎都与"低价"有关：组织架构调整打通与自营与 POP（Platform Open Plan，以第三方商家形式入驻京东平台开店）、百亿补贴、春晓招商计划等。京东通过一系列动作，自上而下地贯彻低价变革，逐渐从幕后走到台前。

降运费的实际执行者

按照京东的管理规则，自营商家必须使用京东物流，POP 商家则可以选择京东物流或第三方物流服务。

此次通过降低自营包邮门槛，要令消费者既能直接感知到低价的变化，又能体验到与此前标准相同的服务。

京东从 2007 年自建物流体系开始，就将"自营商品＋全链路自营配送"作为改造传统零售行业的核心能力。创业初期，京东 70% 的客户投诉来自物流，大量的顾客投诉送货慢、货物损坏严重。当时的物流水平无法解决这些痛点，而第三方物流公司又对加盟商没有任何控制力，于是京东走上自建物流之路。

直到 2017 年，京东物流已经是一家拥有 26 万人的大公司。刘强东为其定下创业目标：京东物流未来 5 年来自京东平台的收入必须少于一半。京东物流针对这一目标提出了"解耦"模式，即采用耦合原理减少相互关联，引入其他行业的外部客户，从只服务京东一个客户到对外输出标准化的供应链物流服务。

多年解耦不仅使京东物流得以向外扩张业务规模，而且使其独立性越来越强。2020 年，京东物流来自京东集团与外部客户的收入比例为 53% 比 37%。从 2021 年开始，外部客户占比已经超过了京东自身，且近两年来持续增加。这一改变从成本角度给支持电商平台降运费留出了空间。

截至 2024 年，京东物流总人数已增加至约 67 万。京东物流围绕自营渠道打造的以 211 限时达、送货上门等为代表的快递物流服务，已经给消费者留下记忆深刻的品牌印象。这既是塑造用户心智的起点，也变成了业务增长的原动力。

中国物流与采购联合会研究室副主任杨达卿评论，过去电商平台百亿补贴，主打贴补部分商品。这种补贴模式已经进入同质化的价格比拼，但售后的物流体验在行业内还属于空白区。京东此次下调包邮门槛，可以把更多商品纳入包邮服务范围中，有利于提升价格敏感型用户体验。从商流到物流多举让利，也是京东定义的电商行业低价战新打法。

阅读上述资料思考下列问题：

1. 京东物流为什么能够降低运费？
2. 京东的低价策略对其公司发展有何帮助？

任务4　选择物流服务分销渠道

任务情景

工作任务：制定物流服务分销渠道方案。

大道物流是中部地区的一家零担物流企业，是我国甩挂运输示范企业和省级重点物流企业，拥有自营运输车队和物流园。该公司经过十余年发展，以良好的服务质量和物流时效获得了客户的好评，公司业务规模和品牌影响在中部地区初具效应。为进一步加快企业发展，大道物流决定将业务范围扩展到国内东部省份地区。但在向外省扩张选择物流服务分销渠道时，公司内部还存在一定分歧。有人认为应该继续采用直营制，这样既能保证物流服务质量，还能加强对外地分公司的管控；但有人认为目前公司能筹集到的资金不足以支持实施大范围直营模式，而是应该采取加盟制，可以减少公司的资金压力，避免资金短缺。

作为该公司物流营销主管，请你为该公司制定物流服务分销渠道方案。

任务分析

物流业属于重资产投入行业。物流服务分销渠道的选择，会直接决定企业的经营战略和发展方向，是企业重点策划的领域。

为制定物流服务分销渠道方案，我们必须掌握以下专业知识和职业技能：

1．相关的专业知识

物流服务分销渠道的类型；物流服务分销渠道的评价标准。

2．相关的职业技能

物流服务分销渠道的选择与管理。

任务准备

物流企业营销的产品是无形的服务，其内涵与有形产品的分销渠道有所不同。物流企业分销渠道是指物流服务从供应商向客户转移所经过的通道。

一、物流服务分销渠道的类型

1．直接分销渠道

直接分销渠道是指物流企业直接将服务产品销售给客户，无须中间商参与。采用直接分销渠道有许多优越性，具体如下：

1）物流企业可以对销售和促销服务过程进行有效控制。

2）可以减少佣金折扣，便于企业控制服务价格。

3）可以直接了解客户需求及其变化趋势。

4）便于企业开展个性化服务。

由于具备以上的优点，直接分销渠道是目前绝大多数物流企业首选的渠道模式。物流企业通过推销人员、广告、电话及互联网等扩展业务。由于互联网的迅速发展，物流企业纷纷利用这一先进的媒介推广服务。

读一读：顺丰的直营服务

顺丰速运的直营服务是其"生命力"，是顺丰速运的护城河、核心竞争力所在。通过直营模式指引下的产品差异化，是顺丰速运服务质量和口碑的基础保障。比如顺丰的末端派送在服务标准上的要求一直高于同行，还亮出"派件不上门，承诺必赔付"的承诺。

2．间接分销渠道

间接分销渠道是物流企业通过一些中间商来向客户销售物流服务的渠道模式。

物流业的特点决定了物流业无批发商与零售商，物流中间商即为代理商。代理商是直接受物流企业或客户的委托从事物流服务购销代理业务的中间商。代理商只在物流企业与客户之间起媒介作用，通过提供服务来促成交易并从中赚取佣金。尽管代理商的作用是有限的，但是对于物流企业而言，采用代理商仍然有以下优点：

1）比直接销售投资更少，风险更小。

2）代理商可以适应某一些地区或某一些细分市场客户的特殊要求。

3）有利于物流企业扩大市场覆盖面。

4）可以延伸信息触角，拓宽信息来源。

5）便于建立物流企业分销渠道系统。

物流企业分销渠道系统是渠道成员之间形成的相互联系的统一体系，这一体系的形成是物流运作一体化的产物。

物流企业的分销渠道系统大体有3种结构：

（1）垂直营销系统。

垂直营销系统是指由物流企业及其代理商所组成的一种统一的联合体。这一联合体由有实力的物流企业统一支配、集中管理，有利于控制渠道各方的行动，消除渠道成员为追求利益而造成的冲突，进而提高成员各方的效益。垂直营销系统主要有公司式、契约式和管理式。

1）公司式垂直营销系统。公司式垂直营销系统是指一家物流企业拥有属于自己的渠道成员，并进行统一管理和控制的营销渠道系统。在这个系统中，企业通过正规的组织进行渠道成员间的合作与冲突控制。

读一读：中国储运的营销系统

中国储运总公司在推行现代企业制度的过程中建立了以资产为纽带的母子公司体制，理顺了产权关系，其所属64个仓库在全国各大经济圈中心和港口，形成了覆盖全国、紧密相连的庞大网络，成为其跻身物流服务市场的强大基础。由于同属一个资本系统，公司式垂直营销系统中渠道各成员的结合最为紧密，物流企业对分销的控制程度也最高。

2）契约式垂直营销系统。契约式垂直营销系统是指为了取得单独经营时所不能得到的经济利益或销售效果，物流企业与其渠道成员之间以契约形式守望相助的营销系统。这一系统的紧密程度要逊于公司式垂直营销系统。

3）管理式垂直营销系统。管理式垂直营销系统是指不通过共同所有权或契约，而是以渠道中规模大、实力强的物流企业来统一协调物流服务销售过程中渠道成员各方利益的营销系统。

（2）横向营销系统。

横向营销系统是通过本行业中各物流企业之间物流运作管理的合作开拓新的营销机会，以提高物流效率，获得整体规模效益。例如，中国远洋海运集团有限公司由中国远洋运输（集团）总公司与中国海运（集团）总公司重组而成，合并后的中远海运集团船队规模大幅增加，综合运力显著提升。通过整合资源，优化航线布局，提高船舶利用率，中国远洋海运集团在市场中占据了有利的地位，市场议价能力和竞争力显著增强。

（3）网络化营销系统。

网络化物流营销系统是指垂直营销系统与横向营销系统的综合体。当某一企业的物流系统的某个环节同时又是其他物流系统的组成部分时，以物流为联系的企业关系就会形成一个网络关系，即为物流网络。这是一个开放的系统，企业可自由加入或退出，尤其在业务最忙的季节最有可能利用这个系统。物流网络能发挥规模经济作用的条件就是物流运作的标准化、模块化。

读一读：顺丰同城的生态营销系统

近几年，顺丰同城通过与各大本地生活服务平台一起做生态，拓宽了同城派送的分销渠道。例如，顺丰同城与抖音合作全面接入外卖、直播电商、抖音超市"小时达"等到家场景；与阿里合作，覆盖大部分的阿里生态内即配业务场景，成为天猫超市的主要服务商之一；与滴滴合作，接入了滴滴快送，聚合头部之力打造高质量即配体验，提供覆盖300多个城市的同城件配送服务，逐步壮大"朋友圈"。

二、物流服务分销渠道的评价

1．物流企业分销渠道设置的评价标准

假设物流企业已经制定了分销渠道方案，接下来就要确定哪一个最能满足企业的长期发展目标。每一个渠道方案都要以经济性、可控性和适应性为标准进行评价。

（1）经济性标准。

经济性标准即比较每一条渠道可能达到的销售额水平及费用水平。在物流企业分销渠道设置的评价标准中，经济性标准最为重要。因为企业追求利润而不是仅仅追求对分销渠道的控制。经济分析可以用许多企业经常遇到的一个决策问题来说明，即企业应使用自己的推销力量还是应使用代理商。这两种方案可导致不同的销售收入和销售成本。判别一个方案好坏的标准不应是其能否获得较高的销售额和使用较低的成本，而是其能否让企业取得最大利润。

（2）可控性标准。

可控性标准即物流企业与代理商之间的配合度。一般认为，利用代理商会增加渠道的长度，物流企业对渠道的控制程度相应下降，因此对这方面需要进行慎重的利弊比较和综合分析。由于代理商是一个独立的企业，它关心的是自己如何取得最大利润；又由于代理商不能完全有效地掌握物流服务产品的全部细节，这都给物流企业控制渠道带来难度。而且，不同代理商的可控制程度也有所不同，这些都有待于物流企业根据具体情况做出决策。

（3）适应性标准。

适应性标准主要是指各渠道承担义务与经营灵活性之间的关系。物流企业对渠道的选择必须兼顾短期和长期的经营策略，不但要考虑近期最佳分销渠道的选择，也要考虑长期分销渠道的适应性和灵活性。每个分销渠道都会因某些固定期间的承诺而失去弹性。当物流企业决定利用代理商推销产品时，由于可能要签订5年甚至长期的合同，因此这段时间内，即使采用其他销售方式会更有效，物流企业也不得任意取消代理商。所以，一个涉及长期承诺的分销渠道方案只有在经济性和控制性方面都很优越的条件下才予以考虑。

2．对渠道成员绩效的评价

物流企业渠道成员，即为物流企业推销服务产品的中间商。物流企业必须定期检查中间商的工作业绩，并对那些业绩良好的中间商采取相应的激励措施；对业绩不佳的中间商进行分析、诊断，直至淘汰掉较差的中间商。物流企业评价中间商的方法主要有历史比较法和区域内法。

（1）历史比较法。

历史比较法是指将每一中间商的销售绩效与上期绩效进行比较，并以整个群体的升降百分比作为评价标准。对低于该群体平均水平以下的中间商必须加强评估与激励措施。如果对后进中间商的环境因素加以调查，可能会发现一些可以原谅的因素，如当地经济衰退，某些顾客不

可避免地失去，主力推销员的离开或退休等。如果其中某些因素可以在下一期补救过来，物流企业就不应因这些因素对中间商采取惩罚措施。

（2）区域内比较法。

区域内比较法是指将各中间商的绩效与该地区的销售潜力分析所设立的定额进行比较。在销售期过后，根据中间商的实际销售额与潜在销售额的比率将各中间商按先后名次进行排列。这样，企业的调查与激励措施可以集中于那些没有达到既定比率的中间商。具体而言，对中间商评估的标准主要有以下8点：

1）销售量。

2）开辟新的业务量。

3）承担责任的情况。

4）销售金额。

5）为推动销售而投入的资源。

6）市场信息的反馈。

7）向公众介绍产品的情况。

8）向客户提供服务的情况。

其中，销售量、开辟新的业务量、承担责任的情况是几个最重要的指标，它们反映了该中间商发展的能力和履行合同的情况。

3．对物流营销人员的评价

对物流营销人员的评价是企业对物流营销人员工作业绩考核与评估反馈的过程。它不仅是分配报酬的依据，而且是企业调整营销战略、促使营销人员更好地为企业服务的基础。因此，加强对营销人员的评价在企业人员分销网络决策中具有重要意义。具体的评价流程如下：

（1）掌握和分析有关的情报资料。

情报资料的最重要来源是销售报告。销售报告分为两类：一是销售人员的工作计划；二是访问报告的记录。当然，情报资料的来源还有其他方面，如销售经理个人观察、客户信件以及与其他销售人员交谈等。总之，企业管理部门应尽可能从多个方面了解销售人员的工作情况。

（2）建立评价指标。

评价指标要基本上能反映销售人员的销售绩效。主要有销售量增长情况、毛利、每天平均访问次数及每次访问的平均时间、每次访问的平均费用、每次访问收到的订单量、一定时期内新客户的增加数目及失去的客户数目、销售费用占总成本的百分比。为了科学、客观地进行评估，在评估时还应注意一些客观条件，如销售区域的潜力、区域面积的差异、地理状况、交通条件等，这些条件都会不同程度地影响销售效果。

（3）实施正式评估。

企业在占有足够资料、确立了科学标准之后，就可以开始正式评估。大体上评估有两种方式，一种是在各区域市场的销售潜力、工作量、竞争环境、企业促销组合大致相同的基础上将各个销售人员的绩效进行比较和排队；另一种是把销售人员目前的绩效与过去的绩效相比较。

4. 服务产品分配质量评价

服务产品分配质量，即中间商对客户需要的满足的及时程度。目前正处于速度经济的时代，从物流的角度看，时间是物流企业客户服务4个传统要素的首要要素。对客户需求的及时反应已经成为物流企业必不可少的能力，甚至可以成为核心竞争力。这不仅包含要快速完成谈判，进行合同的磋商，而且要及时根据客户的要求提供专业化的服务产品，建立快速反应（Quick Response，QR）系统以便及时提供客户所需的服务，消除客户的缺乏状态。许多大型公司在设计和管理渠道网络时着重建立了QR系统。快速反应能力关系到一个大厂商及时满足顾客的服务要求的能力，而信息技术的广泛应用提高了物流企业在尽可能短的时间内完成物流作业、提供物流服务的能力。

物流企业对渠道服务产品分配质量进行评价时可以着重考量印象时间因素的几个变量，如订单传送、处理及发送的速度等。

5. 分销渠道的效益评价

分销渠道的效益评价应关注以下内容：

（1）效益评价的标准。

1）计划标准。计划标准是评价效益的基本标准。以计划标准为尺度就是将效益实际达到的水平同计划指标进行对比。这反映了效益计划的完成情况，并在一定程度上表现了第三方物流企业的经营管理水平。

2）历史标准。以历史标准为尺度就是将某项物流效益指标实际达到的水平同上年同期水平或历史最高水平进行对比，观察这种指标是否达到了最佳状态。这种纵向的对比能够反映出效益指标的发展动态及其发展方向，为进一步提高物流管理效益的潜力提供依据。

3）行业标准。行业标准是指将全球、全国或本地区同行业已达到的先进水平作为评价效益的尺度。这种横向的对比便于观察和表明企业本身所处的位置，便于发现差距，并作为企业制定战略的基础。

4）客户标准。客户标准是指用客户对企业的反应和认可程度来衡量第三方物流企业的效益。第三方物流企业是联系供应方和需求方的桥梁和中介，供应方和需求方的反应是第三方物流企业服务水平和效果的直观体现，是第三方物流企业改进和提高物流服务水平的依据。

（2）基本业务效益评价。

关于基本业务效益评价应注意以下内容：

1）业务完成额。业务完成额是指在一定时期内，第三方物流企业经营活动已经财务核算的、实际完成的各项业务额的总和。它包括2个部分：各项代理业务额和其他业务额，这反映了第三方物流企业业务活动在一定时期内的生产和被客户需要的程度。在保证服务质量的前提条件下，业务实际完成额越多，表明第三方物流企业效益越好。业务完成额是衡量第三方物流企业效益的基本指标。

2）合同执行率。合同执行率是指在一定时期内，第三方物流企业实际执行合同数占签订合同数的百分比，它是衡量第三方物流企业工作服务质量的指标之一。在第三方物流企业一定的人力、物力和财力的条件下，执行和完成的合同数占签订合同数的比例越高，表明企业的工作服务质量越好。合同执行率指标的作用主要是防止第三方物流企业签订空头合同来树立企业的信誉。合同执行率计算公式为

$$合同执行率 = 实际执行合同数 / 签订合同数 \times 100\%$$

3）差错事故率。差错事故率是指一定时期内，第三方物流企业在业务的经营过程中发生的差错事故项数占已执行业务项数的百分比。由于外部环境不确定的因素较多，造成事故的原因有主观的也有客观的，但差错事故率是对企业总体服务质量的反映。其计算公式为

$$差错事故率 = 差错事故项数 / 已执行业务项数 \times 100\%$$

4）费用率。费用率是指在一定时期内，第三方物流企业全部业务经营活动支出总额占各项业务收入总额的百分比。它是衡量第三方物流企业效益的一项综合性指标，其作用表现在促进企业加强经营管理，提高效益。

5）全员劳动效率。全员劳动效率是指在一定时期内第三方物流企业实际完成的业务总数与平均人数的比值。它是企业劳动效益的反映，其作用表现在：促进企业加强劳动监管，提高劳动效率。

6）定额流动资金周转天数。定额流动资金周转天数是第三方物流企业在一定时期内，定额流动资金周转一次所需的时间，通常以天为单位。它表明第三方物流企业资金的利用效果，其计算公式为

$$定额流动资金周转天数 = 计划期定额流动资金 / 资金周转次数$$

7）利润指标。利润指标主要是指利润总额，即第三方物流企业在一定时期内组织物流过程中收入抵支出后的余额。它是衡量第三方物流企业经营管理水平和效益的综合性指标，也是一个企业是否成功的标志。其计算公式为

$$利润指标 = 收入总额 - （物流费用 + 管理费用 + 税金）$$

8）资金利润率。资金利润率是指在一定时期内，实现的利润指标占固定资金和流动资金的百分比。它是评价第三方物流企业效益的一项综合性指标，其计算公式是

$$资金利润率 = 利润指标 / 资金占用总额 \times 100\%$$

（3）总体效益评价。

第三方物流企业关心总体物流活动是为了让第三方物流企业的客户能够接受所提供的专业化、个性化的物流服务，并且愿意付出货币来购买这种专业化、个性化的物流服务。这是第三方物流企业的生存发展之道。第三方物流企业的效益评价的实质是对第三方物流企业生存能力和发展能力的评价。因此，第三方物流企业应当站在物流服务客户的位置和基础上对总体物流活动做出评价。总体物流活动的效益评价可以分成内部评价和外部评价。

1）内部评价。内部评价是指对企业本身的一种基础评价。根据内部评价，第三方物流企业可以确认对客户的服务水平、服务能力和满足服务客户要求的最大限度，做到既不失去客户，又不损害物流企业的利益。内部评价是建立在基本业务分析的基础之上，将整个物流系统作为一个"暗箱"进行投入产出分析，从而确认系统总体的能力、水平和有效性。

2）外部评价。对第三方物流企业的外部评价应当具有客观性和真实性，采用的评价方法主要有两种：

① 客户评价，一般采用调查问卷、专家咨询、顾客座谈会等方式进行评价。

② 采取选择模拟的或者实际的"标杆"进行对照、对比的评价。随着现代科技的发展，采用计算机虚拟现实的方法可以有效地对第三方物流企业的总体效益做出准确的评价。

三、物流企业分销渠道的选择与管理

1. 影响物流企业分销渠道选择的因素

物流企业在销售服务过程中是采用直接渠道还是间接渠道是渠道决策的一个重要内容，渠道选择得是否合适将对物流企业营销活动的成败产生重要影响。物流企业分销渠道的选择受多种因素的影响和制约，具体如下：

（1）物流企业自身因素。

物流企业自身因素是进行分销渠道决策的内部制约因素。

1）物流企业的经营实力。经营实力包括企业的规模和财力状况。如果企业的规模较大并且财力雄厚，其选择分销渠道的余地较大，可依据具体情况进行选择。相反，实力较弱的企业则比较适合选择间接渠道，依靠代理商的力量开拓市场。

2）物流企业品牌的知名度。品牌知名度高的物流企业分销渠道可有多种选择，既可以利用品牌直接吸引客户，也可以利用品牌优势发展与代理商合作；而不具备较高品牌知名度的企业则需要采用间接渠道让经验丰富的代理商来帮助其打开市场。

3）物流的营销能力。物流企业的销售机构拥有经验丰富的销售人员，销售能力较强，就可以依靠自己的销售能力，采用直接渠道；反之，则采用间接渠道。

4）物流企业控制渠道的愿望。如果物流企业希望有效地控制分销渠道，就应建立直接渠道，但是，这样会使企业花费更多的人力、物力、财力来建立自己的销售网络；而无力控制渠道的企业则可以采用间接渠道。

（2）市场因素。

影响物流企业分销渠道的市场因素有以下4个：

1）目标市场的分布。目标市场的分布是指目标市场规模的大小及潜在客户的地理分布状况。如果目标市场规模大且客户分布集中，则适宜采用直接渠道；相反，则适宜采用间接渠道。

2）目标客户的购买习惯。目标客户的购买习惯直接影响物流企业分销渠道的选择。如果客户需要的是方便、快捷的服务，则物流企业需要与代理商合作，广泛地设置自己的服务网点。

3）销售季节。某些物流服务会随着产品生产和消费的季节性而存在淡季和旺季的差别。在销售旺季时，物流企业可以采用间接渠道；而在销售淡季则比较适宜采用直接渠道。

4）竞争状况。物流企业在物流服务市场竞争激烈的情况下应采取与竞争对手不同的渠道模式，或即使采取相同的渠道模式也要创造出服务的差异化，以便在留住老客户的同时吸引新客户。

影响物流企业渠道选择的因素除了企业及市场外，还有物流服务的种类及社会的政治、经济、科技等多方面因素。物流企业应综合分析本企业面临的实际情况来选择渠道模式，以在竞争激烈的物流服务市场中占据一席之地。

比一比：我国快递企业的加盟制和直营制

我国快递公司分为加盟制和直营制两种模式。加盟制模式代表公司有中通、圆通、韵达、申通等；直营制模式代表则有顺丰、EMS、京东物流等。

加盟制模式下，加盟商和快递公司是合作关系而不是所有权关系。快递公司总部负责快件中转和干线运输；加盟商负责固定区域末端网点运营，承担了快递服务"最后一公里"的工作。加盟制模式下快递公司投入较少，适应我国以中低端电商件为主的市场。

直营制模式下，快递公司自行投资建设整个网络，快件的揽、转、运、派等环节由快递公司自主运营，其资产规模、员工数量等指标均远高于加盟制模式。直营制模式利于构建服务品质和口碑壁垒，更易打造统一的企业形象品牌；操作规范，服务质量和运营效率高。

2．分销渠道管理

物流企业在对各种影响因素进行分析并选择了渠道模式后，就要对渠道实施管理。渠道管理工作包括对中间商的选择和后期的监督、激励及评价。

（1）中间商的选择。

中间商选择得是否得当会直接影响物流企业的营销效果，因此，物流企业应根据自身的情况慎重决定对中间商的选择。物流企业考察中间商可从以下4个方面进行：

1）中间商的销售能力。该中间商是否有一支训练有素的销售队伍？其市场渗透能力有多强？销售地区有多广？还有哪些其他经营项目？能为顾客提供哪些服务？

2）中间商的财务能力。中间商的财务能力包括其财力大小、奖金融通情况、付款信誉如何等。

3）中间商的经营管理能力。中间商的经营管理能力体现在其行政管理和业务管理水平上。

4）中间商的信誉。例如，该中间商在社会上是否得到信任和尊敬。此外，还应该考虑中间商的地理位置、服务水平、运输和储存条件。要了解中间商的上述情况，企业必须搜集大量有关信息。如果必要的话，企业还可以派人对被选中的中间商进行实地调查。

（2）激励分销渠道成员。

中间商选定之后，还需要进行日常的监督和激励，使之不断提高业务经营水平。必须指出，由于中间商与生产商所处的地位不同，考虑问题的角度不同，因而必然会产生矛盾。如何处理好产销矛盾是一个经常存在的问题。物流企业要善于从对方的角度考虑问题，要知道中间商不是受雇于自己，而是一个独立的经营者，有它自己的目标、利益和策略。物流企业必须尽量避免激励过分和激励不足两种情况发生。一般来讲，对中间商的基本激励水平应以交易关系组合为基础。如果对中间商激励不足，则生产商可采取两种措施：一是提高中间商的毛利率、放宽信用条件或改变交易关系组合，使之有利于中间商；二是采取人为的方法来刺激中间商，使之付出更大的努力。

（3）评价分销渠道成员。

物流企业还须核定一定的标准来评价渠道成员的优劣。评价的内容包括该中间商经营时间长短、偿还能力、意愿及声望、销售密度及涵盖程度、平均存货水平、对企业促销及训练方案的合作、为客户服务的范围等。对于达不到标准的，则应考虑造成的原因及补救的方法。物流企业有时需要让步，因为若断绝与该中间商的关系或由其他中间商取而代之，可能造成更严重的后果。但若存在比使用该中间商更为有利的方案时，物流企业就应要求中间商在所规定的时间内达到一定的标准，否则，就要将其从分销渠道中剔除。

3．分销渠道的完善和发展分析

物流企业的分销渠道应该根据自己的需要日益完善。

（1）分销渠道调整的原因及步骤。

物流企业在设计了一个良好的分销渠道后不能放任其自由运行而不采取任何促进措施。为了适应企业营销环境等的变化，企业必须对分销渠道在评价的基础上加以修正和改进。

对分销渠道进行调整的原因一般有3个。

1）现有分销渠道未达到发展的总体要求。企业发展战略的实现必须借助于企业的分销能力，如果现有的分销渠道在设计上有误，中间商选择不当，在分销渠道管理上不足，均会促使企业对之进行调整。

2）客观经济条件发生了变化。当初设计的分销渠道对当时的各种条件而言很科学，但现在各限制因素发生了某些重大变化，从而有必要调整分销渠道。因此企业有必要定期、经常地对影响分销渠道的各种因素进行监测、检查、分析。另外，企业若能准确预测和把握某些影响分销渠道的因素即将发生的变化，就可以提前对分销渠道实施调整。

3）企业的发展战略发生变化。任何分销渠道的设计均围绕着企业的发展战略，企业的发展战略发生变化，自然也会要求调整分销渠道。

调整分销渠道的步骤如下：

1）分析调整分销渠道的原因。这些原因是是否调整分销渠道的必然条件。

2）重新界定分销渠道目标。在对选择分销渠道的限制因素进行重新研究的基础上重新界定分销渠道目标。

3）进行现有分销渠道评价。如果通过加强管理能够达到新分销渠道目标，则无须建立新分销渠道；反之，则应考虑建立新分销渠道的建立成本与收益，以保证经济上的合理性。

（2）分销渠道调整的策略。

1）增加或减少某些分销渠道成员。在调整时，既要考虑由于增加或减少某个中间商对企业盈利方面的直接影响，也要考虑可能引起的间接反应，即分销渠道中其他中间商的反应。比如，当增加某一地区内的中间商时会引起地区内原有中间商的反对。而当企业由于某一渠道成员业绩很差而撤销其经营代理权时，虽然减少了企业的短期盈利，但也向其他中间商发出警告，督促其改善业绩或服务。

2）增加或减少某些分销渠道。市场环境各方面的变化常常使物流企业认识到只变动分销网络成员是不够的，有时必须变动分销网络才能解决问题。企业可以根据市场变化削减不再能发挥作用的分销渠道。企业以增减分销渠道来调整分销网络是相对的，企业往往在增加新的分销渠道的同时也要减少老的分销渠道。

3）整体分销渠道系统调整。整体分销渠道系统调整，即重新设计分销渠道。由于企业自身条件、市场条件、商品条件的变化，分销渠道模式已经制约了企业的发展，就有必要对它做根本的实质性调整。这种调整波及面广、影响大、执行困难，不仅要突破企业已有渠道本身的惯性，而且由于涉及利益调整，会受到某些渠道成员的强烈抵制。对这类调整的政策，企业应谨慎从事，筹划周全。

4．物流服务渠道的新形式：连锁经营

连锁经营是物流企业分销渠道的新形式。

所谓连锁，一般认为一个企业集团以同样的方式、同样的价格在多处同样命名（店铺的装修甚至商品的陈列也都差不多）的店铺里出售某一种（或某一类、某一品牌）商品，或提供某种服务，这些同时经营的店铺就被称为连锁店，这种经营模式被称为连锁经营。

连锁经营作为一种里程碑式的交易模式，是核心竞争力和规模效益在连锁成员间的合作与共生，伴随的是市场制度上的演变，使连锁组织内利益集团之间的关系发生结构性的变化，分工更明确，合作更密切，形成了连锁成员利益关系的良性互动，从而达到双赢。

连锁经营与传统商业经营有显著区别，具体见表 3-3。

表 3-3　连锁经营与传统商业经营的区别

经营方式项目	连锁经营	传统商业经营
定义	即公司连锁，同一资本所有、经营同类商品和服务的组织化零售企业集团	商业企业集团下属企业独立经营模式，由总部投资扩建的分店较此种分店有较大的自主权
特点	分店必须有统一的经营风格；分店不独立，与总部具有协作关系，特别强调总部与分店的互动关系	分店都独立动作，没有形成统一的经营风格；偏重于差异化经营
经营范围	一般以流通业和服务业为主	涉及诸多行业
运作方式	需足够的资金和合适的业务类型，同时需受总部约束，一般总部掌握分店的所有权，经营决策有较强自立性	通过线下实体店铺或固定场所，以面对面交易为主，依托自有资金、人力与供应链，聚焦产品生产与销售
法律关系	依各种模式而定	分店属总部所有
发展方式	扩大规模只需有市场、有资金，总部必须有成熟的运行模式和专有技术	取决于企业集团的决策

物流服务企业连锁经营目前主要包括 3 种形式：特许加盟型、直营型、混合型。各种连锁形式定义及其优缺点如下：

（1）特许加盟型（特许权经营模式）。

特许加盟型（特许权经营模式）是指特许经营机构将自己拥有的商标、专利和专有技术等以特许经营合同的形式授予被特许者使用，被特许者按合同规定在统一的业务模式下，在特定区域从事经营活动并支付相应的费用。目前特许加盟型具有代表性的快递企业有申通快递、韵达快递等。

特许加盟型的优点如下:

1)启动成本低。特许加盟型物流企业一般是由母公司发起,建立一个运营平台将区域细分,每个细分块由加盟方投资经营。加盟方可以进一步将本区域进行分割承包,形成一级加盟、二级加盟、三级加盟甚至更多,最终由每个加盟企业或个人来分担启动成本。

2)发展速度迅速。企业在发展过程中通过加盟建立新网点,一般新网点熟悉当地市场,甚至有现成客户,这便于企业飞速扩张。

3)利润高。以快递行业为例,从企业经营情况看,民营物流快递企业保持着较高的盈利水平。以南京地区为例,直营型快递企业亏损严重,大幅裁减人员和收缩规模;而加盟型快递企业还在盈利,个别加盟型的企业盈利甚至在1000万元以上。

特许加盟型的缺点如下:

1)加盟企业管理松散。加盟型物流企业从形式上是简单的结合,结合的黏合剂是经济利益,上级部门管理下级部门不是通过完善的制度,而是变化无常的经济罚款,特许加盟型企业对母公司没有特别高的认同感。

2)服务水平不统一。一方面各加盟店经济实力、管理水平参差不齐,另一方面总店监管力度不够,使各加盟店提供的服务水平不统一。以快递行业为例,目前的特许加盟型快递企业快件的延误、破损、丢失非常多,据江苏省快递协会的统计报告显示,客户投诉主要集中在这类快递企业。而在实际运营中,由于母公司对遗失的经济处罚很大,一旦出现遗失,一线承包业务员会直接与客户沟通赔偿。

3)加盟关系不稳定。加盟关系是建立在经济利益基础上的,一旦利益基础动摇,特许加盟关系也随即瓦解。另外,在加盟企业经营状况非常好的情况下,加盟店与母公司的关系就会微妙起来,也会引起母公司对其收购或者强取。

4)市场定位低,不易开发双向客户。现在的企业跨区域经营的情形很普遍,生产与研发分离,售后与生产分处两地。而这种类型的客户不仅需要的是单向快件服务,是需要区域、全国范围内的双向快递服务。加盟性物流快递公司因为管理上、权属上的特殊性,很难为这类客户提供完整服务。

(2)直营型。

直营型是指由公司总部直接经营、投资、管理各分公司的经营模式,各分公司在总公司的管理下进行经营活动。宅急送就是典型的直营型快递连锁。

直营型的优点如下:

1)经营管理统一化,易于发挥整体优势。公司统一制定经营战略,并分解到各分公司,通过职能部门协调一致,统一开发市场,技术研发和运用整体性事业可以统一调动资金,能快速响应,最终形成有效整体。

2）服务水平高。直营型物流公司由于统一管理，服务规范一致，由上而下的指令能很好地执行，横向之间的配合也很默契，员工维护品牌的意识也很好。员工的着装标准统一、服务规范。

3）员工队伍稳定。目前直营型物流公司有非常规范的人力资源体系，员工待遇和福利比较好，稳定了员工队伍。同时注重员工培训，对不同级别的员工进行分类培训，提高了员工素质，也给予了员工一个较好的发展空间。

4）信息化程度高。由于直营型公司是全公司一盘棋，总公司的经营战略能统一实施，所以在一些技术引进和开发上要优于特许加盟型企业。

直营型的缺点如下：

1）需要拥有一定规模的自有资本，发展速度受到限制。这与特许加盟型企业正好相反，这类企业在需要扩张、增加网点和生产设备等情况下都需要投入大量资金，如果没有一定规模的自有资金，就不能在第一时间完成决策，很难在瞬息万变的市场竞争中抢占先机。

2）管理系统庞杂，容易产生官僚化经营，使企业的交易成本大大提高。

以直营快递中的代表宅急送为例。宅急送被认为是"民营中的国有企业"，经过多年的经营，管理层变化不大，分公司主管对总公司的指令被动执行，不能真正结合当地实际情况经营，导致总公司的经营战略过于呆板，部分分公司的经营走向失败。

（3）混合型。

混合型分为传统混合型和现代混合型。传统混合型是总公司将一部分地区对外加盟，并授权加盟企业在这些地区享有市场经营权、管理权等，总公司不参与任何经营活动。传统混合型有两种原生态：一是直营为主，一般来说是在主要城市建立直营网点，而在市场未开发地区采取加盟，是为加快网点的建设而采取的做法；二是加盟为主，这类企业的直营主要是因为出现经营不善、无人加盟的区域而由总公司直接经营，或者是总公司选择市场比较成熟的地区采用购买经营权的方法回收，这些区域由总公司老板自行经营，但经营方式方法与总公司不一样。

现代混合型是指由总公司直接投资建立一个管理平台，在所有业务经营地区建立自己的管理公司，部分或绝大部分采取加盟的形式，通过管理公司对当地进行市场规范管理，监督加盟者或企业是否按照公司统一规范进行业务开发和市场经营。这类模式对加盟方只出让市场开发的权利，这是一种相对先进的混合方式。

这两种混合型都具备加盟和直营的部分优点，并弥补了单一模式的部分不足。但两者又有很大区别：

一是加盟方的权利不一样。传统混合型是出让整个地区的经营权，总公司不参与任何管理；现代混合型是只出让地区的市场开发权利，经营管理权由各分公司所有，分公司会参与所有加盟商的业务管理。

二是回收的难度和风险不同。从整个总公司经营战略出发，需要对一部分地区进行回收，传统混合型的难度相对较大，有可能会失去整个地区的业务。现代混合型可以做到"人走业务留"，不会因为加盟者的变更而完全失去客户。

三是现代混合型更类似直营模式，能够完全具备直营的优点，可以在所有网点间操作双向业务，而传统混合型却很难做到。

任务实施

一、实训目标

1）了解物流服务各种分销渠道的优缺点类型。

2）能制定物流分销渠道策略。

二、实训操作步骤

步骤	操作方法	质量标准
分析影响分销渠道选择的主要因素	根据任务情景列出影响大道物流选择分销渠道的主要因素	分销渠道选择因素与零担物流市场特点、大道物流企业实际情况符合
列出分销渠道的可选方案	分析可能采用的分销渠道，并分析优缺点	分销渠道方案具有可行性
制定分销渠道的监督管理方案	根据大道物流企业情况，制定分销渠道的监督管理方案	监督管理方案可行性强
制定分销渠道的评价方案	根据大道物流企业情况，制定分销渠道的评价方案	分销渠道评价方案可行性强
制定分销渠道的调整方案	制定分销渠道调整方案，以适应企业未来发展变化	分销渠道调整方案可行性强
形成大道物流的分销渠道整体方案	将以上分析形成整体方案	方案完整、逻辑性强、可行性强

三、实训评价

小组序号：		学生姓名：	
小组成绩：		学生成绩：	
考核指标	考核标准	满分	得分
分销渠道选择因素	分销渠道选择因素与零担物流市场特点、大道物流企业实际情况符合	20	
分销渠道类型选择	分销渠道类型适合大道物流目前实际情况	20	
分销渠道的管理与评价	分销渠道管理与评价可行性强	20	
分销渠道的调整	分销渠道的调整具有可操作性	20	
大道物流的分销渠道整体方案	方案完整、逻辑性强、可行性强	20	

◼ 课后拓展 ◼

加盟制助力中通快递快速扩张

在通达系中，中通成立时间最晚，但发展最迅速。中通快递成立于 2002 年，相比成立于 1993 年的申通快递、1999 年的韵达快递和 2000 年的圆通快递，中通是最年轻的通达系公司。中通 2021 年包裹量达 223 亿件，成为全球首家年业务量突破 200 亿件的快递公司，2022 年，中通市场占有率为 22.1%。虽成立时间较通达系其他公司晚，但中通迅速发展成为通达系中规模最大的快递公司，市场占有率自 2016 年起稳居行业第一。中通能迅速成长为国内市场占有率第一、全球业务量领先的快递公司，原因是其同建共享理念和精益化管理将加盟制商业模式的优势发挥到最大。中通快递成就了加盟制模式，中通建成的规模最大和能力最强的网络充分凸显了加盟制模式的优势。加盟制模式亦成就了中通快递，轻资产的扩张模式、与加盟商的信任、充分合作和优秀的管理理念叠加，使得中通快递实现了弯道超车。中通快递加盟流程如图 3-3 所示。

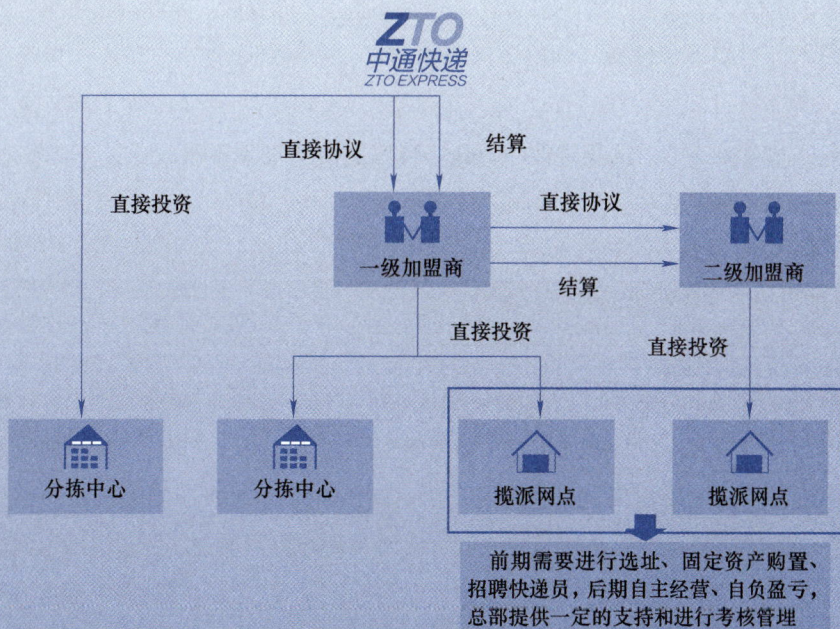

图 3-3　中通快递加盟流程

经过长时间的投资和建设，中通已形成一张规模和能力均处于行业领先地位的网络。截至 2022 年，中通分拣中心数量为 98 个，其中 87 个由公司运营，11 个由加盟商运营。自有干线车辆数量约为 11000 辆，其中 9700 余辆为车长 15 ~ 17 米的高运力车型，分拣中心干线运输路线约为 3750 条。揽件 / 派件网点数量为 31000 余个，直接合作一级加盟商数量为

5900 余个。在网络覆盖范围上，截至 2022 年，中通 31000 个服务网点覆盖全国 94% 的村镇和 99% 的县级市，且公司与加盟商网络合作较为稳定，流失率低于 5%。

同样的加盟模式，中通完成从追赶到超越，其核心竞争力来自于以创始人为代表的核心管理层对加盟快递本质的规模效应及网络效应的深刻理解。

一是规模效应。中低端电商快递产品标准化、同质化、B 端付费（包邮）的特点决定了其成本领先策略的有效；加盟模式下，总部拥有转运场、设备、车辆等固定资产，决定了其量—本—利模型的有效，价格下降→业务量增长→规模效应带来单票成本下降→价格让利→业务量增长→市场占有率提升。因此，谁能够率先降低经营成本，谁就能获取先机。中通超前投入重资产，在干线和转运环节形成自有资产优势，相较于外租等方式，在成本较低的情况下，更能奠定稳定高效的快递服务品质，同时不断提升精细化管理水平，降低网络运营成本。

二是网络效应。与互联网有所不同，快递行业的网络效应体现在实打实的实物流转环节，作为触达消费者的 C2C（Customer to Customer）的产品，只有形成以转运场为中心，辐射覆盖全国的网络体系（加盟商和网点），快递服务才能完成。因此网络密度、网络稳定性、末端网络能力将决定快递品牌服务质量的高低，一旦其中某个点坍塌，极易引起全网的负反馈。中通通过同建共享的管理理念，搭建强大的总部平台，与加盟商互惠共赢，平衡利益分配，提升末端节点的稳定性，奠定了良好的快递服务基础。

同建共享是中通的基石："上下同欲者胜，同舟共济者赢"。在同建共享层面上，中通做了下面 3 件事。

1. 首推有偿派送平衡全网利益分配

在 2003 年淘宝网成立后，电商的飞速发展带来了快递需求的不断增加，主要"产粮区"集中在华东和华南地区，经济欠发达地区主要以派件为主。在无偿派送规则下，不同地区之间的网点收入差距较大，经济欠发达地区网点盈利能力差，甚至亏损，对网点服务质量和稳定性产生负面影响。为维护欠发达地区网点稳定性，中通于 2008 年宣布推行有偿派费制，是国内首家引入快递派送费机制的公司。从有偿派费制推行到现在，公司根据不同区域将派费调整为 A、B、C、D 4 个等级，并对经济欠发达地区实现二级中转补贴，根据进出快件量对中转中心操作费用实行差额结算。有偿派费制有效解决了经济发展水平不同、取送量不平衡的地区内的揽件，以及派件网点之间收入和成本不匹配的问题，平衡了全网的利益分配，为公司网络稳定奠定了牢固的基础。

2. 率先将主要加盟商转为公司股东

中通在通达系中率先将主要加盟商转为公司股东，成功实现了利益一致，建立了更具凝聚力的联盟关系。2014 年，中通收购 8 个区域性网络合作伙伴的业务及其运营资产，2015

年收购 16 个网络合作伙伴，并于其后建立集中管控的全国性快递网络。核心区域管理层同时也是公司股东，并提供完善的网络合作伙伴加盟和退出机制，责任制以分拨中心为单位，充分放权。部分主要网络合作伙伴转变为中通股东后，在共同目标下团结起来，且换股交易定价公允并保持透明，为中通运输网络的稳定性打下坚实基础。

3. 推行派费直达改革

加盟制下，末端的服务和时效需要依赖快递员来完成，但是总部却不能直接管理末端的快递员，只能通过激励、处罚等间接手段来引导加盟商进行标准化管理。以往快递派费为层层结算模式，从总部到加盟商或网点，再经过加盟商或网点发给快递员，曾出现网点拖欠快递员工资派费的现象，对快递服务质量和稳定性产生负面影响。2020 年，公司推行派费直达模式，一部分派费由总部直接结算给快递员并实时显示，增加总部与快递员之间的黏性。派费结算模式改革能提升快递员满意度，进而提升末端服务的质量，促进基层员工和末端网点的稳定。

问题：

1. 中通选择分销渠道时考虑了哪些因素？
2. 中通加盟制的优势主要体现在哪些方面？

任务 5　设计物流服务促销策略

✈ 任务情景

工作任务：制定物流服务产品促销方案。

A 公司是国内知名的快递企业，拥有可靠高效的服务以及大量的配送点和物流节点，是国内物流高端市场最受青睐的品牌之一。但随着物流市场的竞争日益激烈，A 公司也需要在中低端市场提升市场份额、扩大品牌影响力。

该公司准备借"双十一"物流高峰期的时机，针对电商企业客户开展物流服务产品促销。作为该公司营销主管，请你为该公司制定物流服务产品促销方案。

✈ 任务分析

促销策略是物流企业用来达到沟通信息、吸引顾客、扩大销售的有力手段之一，也是同业竞争的有效利器。

制定物流服务产品促销方案，我们必须掌握以下专业知识和职业技能：

1．相关的专业知识

促销的作用，人员推销的形式，广告促销的作用和形式，营业推广的特点和作用，公共关系促销的特征和作用。

2．相关的职业技能

掌握人员推销的流程，制定人员推销的策略，掌握广告促销的方法和流程，掌握营业推广的主要方式，掌握公共关系促销的主要方式。

✈ 任务准备

促销即促进产品或者服务的销售，是指营销者以满足消费者需要为前提，将企业及其产品或服务的信息通过各种促销方式传递给消费者，促进其了解、信赖本企业的产品，进而唤起需求，采取购买行为的营销活动。促销方式分为人员推销、广告、营业推广及公共关系，物流企业可对4种促销方式进行适当选择，综合使用，以求达成最好的促销效果。

一、促销的作用

在现代市场营销活动中，促销的作用已经不仅仅是单纯的推销产品。归纳起来，促销主要有以下3个方面的作用：

（1）传递信息。

一种产品在进入市场之前，甚至在进入市场以后，企业为了让更多的消费者了解这种产品，需要通过适当的促销手段，向消费者和中间商传递有关企业及产品的信息，以引起他们的广泛注意。同时，中间商也要向消费者介绍商品，传递信息，以吸引更多消费者。

（2）突出特点。

在同类商品竞争比较激烈的市场上，由于商品繁多，彼此之间差异细微，消费者的辨认和选择就显得很困难。企业通过适当的促销活动，可以突出宣传本企业产品区别于同类竞争产品的特点，展示产品能给消费者提供的满足程度及物超所值程度。使消费者加深对本企业产品的了解和信任，感受到购买其产品在满足需求的同时也能够带来特殊利益。

（3）扩大销售。

由于市场竞争日益激烈和企业自身的各种因素，使企业各期的销售量呈曲线波动，有时甚至产生持续下滑的趋势。为了拓展市场规模，达到稳定和扩大销售的目的，企业仅有质量上乘的产品和通畅的流通渠道是不够的，还必须通过有效的促销活动建立起企业和产品的良好形象，使消费者产生偏爱，从而促进购买，起到扩大销售、提高企业市场占有率的作用。

针对 618 电商大促中存在的消费者退货难题，某物流企业制作了"物流退货"促销广告。

请扫描下方二维码观看，并思考该物流企业的促销是否能打动消费者？为什么？

某物流企业的
"物流退货"促销

二、人员推销

人员推销是指物流企业派出专职或兼职的推销人员通过与顾客（或潜在顾客）的人际接触来推动产品销售的促销方式。

（一）人员推销的特点

（1）信息传递的双向性。

双向的信息沟通是区别于其他促销手段的重要标志。在推销过程中，一方面，推销人员与推销对象（顾客）直接对话，可以面对面地观察对方的态度，了解对方的需求，并及时采用适当的措施和语言来排除顾虑、解答疑难，达到促进产品销售的目的；另一方面，推销人员必须把从顾客那里了解到的有关产品和企业的信息，诸如顾客对产品的意见、要求，对企业的态度，企业信誉、产品市场占有率等反馈给企业，以便更好地满足顾客需求，扩大销售，取得良好的营销效果。

（2）推销过程的灵活性。

在人员推销过程中，买卖双方直接联系、现场洽谈、互动灵活、反应迅速。推销人员要根据顾客的态度和反映，把握对方的心理，从顾客感兴趣的角度介绍商品以吸引其注意。推销人员要及时地发现问题，进行解释和协调，抓住有利时机促成顾客的购买行为。必须注意，即使未能成交，推销人员也应与顾客之间保持和建立起良好的人际关系。

（3）推销目的的双重性。

在人员推销活动中，推销人员不仅通过交往、鼓励、讨价还价，将商品卖出去，还要通过宣传、答疑、参谋、承诺来促使顾客愿意购买，并在购买过程中获得满足。可见，人员推销不是单纯意义的买卖关系，它一方面要推介企业、推销产品；另一方面要满足顾客需要，同顾客建立良好关系，以利于开展"关系营销"。人员推销的双重目的是相辅相成、相互联系的。

（4）满足需求的多样性。

人员推销满足顾客需求的方式是多种多样的。推销人员有针对性地宣传、介绍，满足顾客对商品信息的需求；直接销售，满足顾客方便购买的需求；为顾客提供售前、售中、售后服务，满足顾客在技术服务方面的需求；推销人员礼貌、真诚、热情地服务，满足顾客消费心理上的需求；最重要的还是通过产品的使用效能来满足顾客对商品使用价值的需求。

（5）成本较高，人才难觅。

由于推销人员的培训和报酬较高，与其他促销方式相比，人员推销的成本费用较高，且寻找一个理想的推销人员不是一件容易的事，因为一个成功的推销人员，必须具备较高的素质和较强的能力。

（二）人员推销的基本形式

1．上门推销

上门推销是指由推销人员携带商品的样品或图片、说明书和订货单等走访顾客，推销产品。这是一种主动出击式的"蜜蜂经营法"。哪里有鲜花（顾客），哪里就有蜜蜂（推销员）。这种最为常见的推销方式，被企业和公众广泛认可和接受。

上门推销有2个主要特点：一是推销员积极主动地向顾客靠拢；二是增进了推销员和顾客之间的情感联系。

2．柜台推销

柜台推销是指营业员向光顾店面的顾客销售商品。这是一种非常普遍的"等客上门"的推销方式。这里的营业员就是推销员，其职能是与顾客直面接触，面对面交谈，介绍商品，解答疑问，促成销售。

（三）人员推销的基本过程

1．明确人员推销的目的

人员推销是一种面对面的促销活动。人员推销不只是向目标顾客推销产品，一个好的推销员应该是一个好的听众，努力地从与顾客的谈话中了解他们真正需要的是什么，推销员不一定要回答，以免浪费顾客的时间和自己有限的推销时间。推销员要思考的是如何去满足顾客需求，从而使他们成为自己的忠实顾客。

推销员也应该看到自己的推销工作不仅仅是销售产品，努力地去建立与顾客的长期信任关系同样重要。推销员不是一个单纯的促销人员，因为对于企业来说，他是企业与顾客联系的最直接的纽带，而对于顾客来说，他又代表企业。由此，企业在顾客心目中的形象是由推销员的工作质量构成的。另外，推销员也是企业市场信息的主要来源之一。因此，人员推销的基本目的可以概括为以下3种：

1）发现可能的顾客。通过各种方式寻求本企业产品的可能顾客，并总结其特点。

2）努力把可能的顾客变成现实的顾客。可能的顾客只有购买了本企业的产品才是现实的顾客。

3）确保顾客满意。推销员应该关心售后服务的满意程度，因为任何抱怨都会通过顾客的人际关系影响一群人。重复销售比第一次销售更重要。因此，保持良好的售后服务与经常联系是推销员的重要工作。

2．人员推销的程序

（1）寻找可能顾客。

推销员首先要寻找出销售线索，有资格成为销售线索的顾客一般有 3 个要求：一是能够从购买本企业产品中获得利益；二是有支付能力；三是有权决定购买与否。

（2）准备工作。

这是接触可能顾客前要做的准备工作。推销员应该尽可能多地了解销售线索的情况和特征，了解他们的背景、产品需求、决策人和采购员的个人情况，以及在购买中的作用，等等。

（3）接近方式。

推销员必须知道接近顾客时的方式，以及如何问候、如何开场等以建立一个良好的开端。同样，推销员的衣着、谈吐及仪表等也是接近方式的组成部分。顾客对推销员的第一印象常常是促销成功的基础，良好的开场白将有助于顾客提起兴趣，听完介绍。

（4）推销陈述与演示。

在引起注意和兴趣后，推销员就可以向推销对象介绍产品的具体特点了，他可以利用多种手段，如图片、幻灯片、视频、小册子或直接演示等来强化沟通效果，以促进顾客购买欲望的形成。

（5）处理异议。

推销员在推销过程中几乎都要碰到异议与抵触，推销员应该知道异议是一种成交的障碍，但也是成交的前奏与信号，机会存在于克服障碍。如果顾客说不进货了，仓库都满着，推销员可以说这是你没有进的畅销货，我们这些产品不仅畅销而且能带动其他产品的销售。

（6）成交。

推销员要学会识别成交信号，例如当顾客谈及交货、包装、维修、还价时，或者要求再看看产品，提出一些小问题时；当顾客动作上由戒备到放松，由不以为然到认真听讲，由不在乎到不断地仔细观察产品时，推销员应该紧紧抓住机会促成买卖。

（7）售后工作。

这是保证顾客满意的重要方面，是让顾客继续订货，建立长期业务关系必不可少的一步。推销员应该确保交货时间与其他购买条件的严格实现，准备回访，及时提供指导与服务等。

（四）人员推销的基本策略

人员推销具有很强的灵活性。在推销过程中，有经验的推销人员善于审时度势，并巧妙地运用推销策略，促成交易。人员推销的策略主要有以下 3 种：

1．试探性策略

试探性策略即"刺激—反应"策略，是推销人员利用刺激性的方法引发顾客的购买行为。推销人员通过事先设计好的、能够引起顾客兴趣、刺激顾客购买欲望的推销语言，对顾客进行试探，观察其反应，然后采取相应的措施。因此，运用试探性策略的关键是要引起顾客的积极反应，激发顾客的购买欲望。

2．针对性策略

针对性策略即"配方—成交"策略，是通过推销人员利用针对性较强的说服方法，促成顾客购买行为的发生。运用针对性策略的前提必须是推销人员事先已基本掌握了顾客的需求状况和消费心理，这样才能够有效地设计好推销措施和语言，做到言辞恳切，实事求是，有目的地宣传、展示和介绍商品，说服顾客购买。让顾客感到推销员的确是真正为自己服务，从而愉快地成交。因此，运用针对性策略的关键是使顾客产生强烈的信任感。

3．诱导性策略

诱导性策略即"诱发—满足"策略，是推销人员通过运用能激起顾客某种欲望的说服方法，唤起顾客的潜在需求，诱导顾客采取购买行为。运用诱导性策略的关键是推销人员要有较高的推销技巧和艺术，能够诱发顾客产生某方面的需求，然后抓住时机，向顾客介绍产品的功效，说明所推销的产品正好能满足顾客的需要，从而诱导顾客购买。

三、广告促销

广告是指法人、公民和其他经济组织，为推销商品、服务或观念，通过各种媒介和形式向公众发布的有关信息。大众传播媒介刊播的经济信息和各种服务信息，报道商品、服务的经营者、提供者，凡收取费用或报酬的，均视为广告。

（一）广告的作用

广告在促销中的作用是多方面的，归纳起来主要有以下几种：

（1）传递信息，诱导消费。

传递信息是广告最基本的作用，广告可以帮助顾客了解商品的特点，诱导顾客的需求，影响他们的消费心理，刺激他们的购买行为，创造销售的机会。广告可以有效地维护企业与中间商及顾客三者之间的关系。

（2）介绍商品，引导消费。

在新产品层出不穷，顾客不易识别和难于选择的情况下，广告宣传能使新产品、新式样、新的消费意识迅速流行，并形成一种消费时尚。广告对商品的有效介绍，可以帮助顾客在众多同类商品中比较和选择。优秀的广告是一种文化消费，可以引导消费走向文明健康。

（3）树立形象，促进销售。

先声夺人的广告宣传和它潜移默化的作用，加深了顾客对企业和产品的记忆与好感。顾客在自觉与不自觉中常常参考广告来购买商品。广告可以在一定程度上展示企业的规模和知名度，在顾客心目中树立起良好的企业形象和品牌优势，以促进销售，巩固和扩大市场占有率。

（二）广告的种类

根据不同的需要和标准，广告可以划分为不同的类别。按照广告的最终目的分，广告可分为商业广告和非商业广告；根据广告产品的生命周期划分，广告可以分为产品导入期广告、产品成长期广告、产品成熟期广告、产品衰退期广告；按照广告内容所涉及的领域，广告可以划分为经济广告、文化广告、社会广告等。不同的标准和角度有不同的分类方法，对广告类别的划分并没有绝对的界限，主要是为了提供一个切入的角度，以便更好地发挥广告的功效，更有效地制定广告策略，从而正确地选择和使用广告媒介。下面介绍一些较常用到的广告分类。

1. 按照广告诉求方式分类

广告的诉求方式就是广告的表现策略，解决广告的表达方式，即"怎么说"的问题。它是广告所要传达的重点，包含着"对谁说"和"说什么"两个方面的内容。通过借用适当的广告表达方式来激发顾客的潜在需要，促使其产生相应的行为，以取得广告者所预期的效果。按照诉求方式，广告分为理性诉求广告和感性诉求广告两大类。

理性诉求广告：广告通常采用摆事实、讲道理的方式，向广告受众提供信息，展示或介绍有关广告物，有理有据地进行论证，使受众理性思考、权衡利弊后能被说服而最终采取行动。如家庭耐用品广告、房地产广告较多采用理性诉求方式。

感性诉求广告：广告采用感性的表现形式，以人们的喜怒哀乐等情绪，亲情、友情、爱情，以及道德感、群体感等情感为基础，对受众诉之以情，激发人们对真善美的向往，并使之移情于广告物，从而在受众的心智中占有一席之地，使受众对广告物产生好感，最终导向相应的行为变化。日用品广告、食品广告、公益广告等常采用这种感性诉求的方法。

2. 按照广告媒介的物理性质分类

按广告媒介的物理性质进行分类是较常使用的一种广告分类方法。使用不同的媒介，广告就具有不同的特点。在实践中，选用何种媒介作为广告载体是制定广告传播策略时要考虑的一个核心内容。传统的媒介划分是将传播性质、传播方式较接近的广告媒介归为一类。按这种分类方式划分，广告可以划分为以下 7 类：

1）印刷媒介广告，也称为平面媒体广告，即刊登于报纸、杂志、招贴、海报、宣传单、包装等媒介上的广告。

2）电子媒介广告，是以电子媒介如广播、电视、电影等为传播载体的广告。

3）户外媒介广告，是利用路牌、交通工具、霓虹灯等户外媒介作为媒介的广告；还有利用热气球、飞艇甚至云层等作为媒介的空中广告。

4）直邮广告，通过邮寄途径将传单、商品目录、订购单、产品信息等形式的广告直接传递给特定的组织或个人。

5）销售现场广告，又称为售点广告或 POP（Point of Purchase，卖点）广告，就是在商场或展销会等场所，通过实物展示、演示等方式进行广告信息的传播，如橱窗展示、商品陈列、模特表演、彩旗、条幅、展板等形式。

6）数字互联媒介广告，是利用互联网作为传播载体的新兴广告形式之一，具有针对性强、互动性强、传播范围广、反馈迅速及时等特点，发展前景广阔。

7）其他媒介广告，是指利用新闻发布会、体育活动、年历、各种文娱活动等形式而开展的广告。

以上这几种根据媒介来划分广告的方法较为传统。在当今这个整合营销的时代，以整合营销传播的观点，针对目标受众的活动区域和范围，可将广告分为：家中媒介广告，如报纸、电视、杂志、直邮等媒介形式的广告；途中媒介广告，如路牌、霓虹灯等媒介形式的广告；购买地点媒介广告等。

3．按照广告促销目的分类

制订广告促销计划的前提是必须明确广告目的，才能做到有的放矢。根据广告目的确定广告的内容和广告投放时机、广告所要采用的形式和媒介，可以将广告分为产品广告、企业广告、品牌广告、观念广告等类别。

产品广告，又称商品广告。是以促进产品的销售为目的，通过向目标受众介绍有关商品信息，突出商品的特性，引起目标受众和潜在消费者的关注。产品广告力求产生直接和即时的广告效果，在消费者的心目中留下美好的产品形象，从而为提高产品的市场占有率，最终实现企业的目标埋下伏笔。

企业广告，又称企业形象广告。是以树立企业形象，宣传企业理念，提高企业知名度为直接目的的广告。虽然企业广告的最终目的是实现利润，但它一般着眼于长远的营销目标和效果，侧重于传播企业的理念、宗旨或者企业的历史、发展状况、经营情况等信息，以改善和促进企业与公众的关系，增进企业的知名度和美誉度。它对产品的销售可能不会有立竿见影的效果。但由于企业声望的提高，使企业在公众心目中留下了美好的印象，对加速企业的发展层面具有其他类别的广告不具备的优势，是一种战略意义上的广告。企业广告具体还可以分为企业声誉广告、售后服务广告等类别。

品牌广告，是以树立产品的品牌形象，提高品牌的市场占有率为直接目的的广告，为的是突出传播品牌的个性以塑造品牌的良好形象。品牌广告不直接介绍产品，而是以品牌作为传播的重心，从而为铺设经销渠道、促进该品牌下产品的销售起到很好的配合作用。

观念广告，是指企业对影响到自身生存与发展的，并且也与公众的根本利益息息相关的问题发表看法，以引起公众的关注，最终达到影响立法或制定有利于本行业发展的政策与法规，或者以建立、改变某种消费观念和消费习惯为目的的广告。观念广告有助于企业获得长远利益。

4. 按照广告传播区域分类

根据营销目标和市场区域的不同，广告传播的范围也就有很大的不同。按照广告媒介的信息传播区域，广告可以分为国际性广告、全国性广告和地区性广告等。

国际性广告，又称为全球性广告，是广告主为实现国际营销目标，通过跨国传播媒介或者国外目标市场的传播媒介策划实施的广告。它在媒介选择和广告的制作技巧上都较能针对目标市场的受众心理特点和需求，是争取国外消费者，使产品迅速进入国际市场和开拓国际市场必不可少的手段。

全国性广告，即面向全国受众而选择全国性的大众传播媒介的广告。这种广告的覆盖区域大，受众人数多，影响范围广，广告媒介费用高，适用于地区差异小、通用性强、销量大的产品。因全国性广告的受众地域跨度大，广告应注意不同地区受众的接受程度。

地区性广告，多是为配合企业的市场营销策略而限定在某一地区传播的广告，可分为地方性广告和区域性广告。地方性广告又称零售广告，为了配合密集型市场营销策略的实施，地方性广告多采用地方报纸、电台、电视台、路牌等地方性的传播媒介，来促使受众使用或购买其产品，常见于生活消费品的广告，以联合广告的形式，由企业和零售商店共同分担广告费用。其广告主一般为零售业、地产物业、服装业、地方工业等地方性企业。区域性广告是限定在国内一定区域，如华南区、华北区，或某个省份的广告活动。使用区域性广告的产品往往是地区选择性或是区域性需求较强的产品，如加湿器、防滑用具、游泳器材等。

5. 按照广告的传播对象分类

各个不同的主体对象在商品的流通消费过程中所处的地位和发挥的作用是不同的。为配合企业的市场营销策略，广告信息的传播也就要针对不同的受众采用不同的策略。依据广告所指向的传播对象，广告可以划分为工业企业广告、经销商广告、消费者广告、专业广告等类别。

工业企业广告，又可称为生产资料广告。主要是向工业企业传播有关原材料、机械器材、零配件等生产资料信息，常在专业杂志或专用媒体上发布。

经销商广告，就是以经销商为传播对象的广告。它以获取大宗交易的订单为目的，向相关的进出口商、批发商、零售商、经销商提供样本、商品目录等商品信息，比较注重在专业贸易杂志上刊登广告。

消费者广告，其传播对象直接指向商品的最终消费者，是由商品生产者或经销商向消费者传播其商品信息的途径。

专业广告，主要针对职业团体或专业人士。他们由于专业身份、社会地位的特殊性和权威性，对社会消费行为具有一定影响力，是购买决策的倡议者、影响者和鼓动者，如医生、美容师、建筑设计人员等。此类广告多介绍专业产品，由专业媒介发布。

（三）广告促销的主要内容

1．确定广告目标

制订广告计划的第一步就是确定广告目标，这些目标必须服从先前制定的有关目标市场、市场定位的营销组合的决策。这些决策限定了广告在整体营销规划中要做的工作。

广告目标可分为通知性、说服性和提醒性三类。

1）通知性广告。这类广告的主要目的在于将有关商品或服务的信息告知顾客，以促发初级需求。

2）说服性广告。这类广告的主要目的在于建立对某一特定品牌的选择性需求。它通过对顾客的说服性宣传，促使顾客尽快采取购买产品的行动，以便迅速扩大企业产品的销售量。

3）提醒性广告。这类广告的主要目的是保持顾客对本企业产品的记忆，提醒顾客想起某产品，也让购买本企业产品的顾客确信他们的购买决定是正确的，以便造就一批忠诚的顾客。

广告目标的选择应当建立在对当前市场营销情况透彻分析的基础上，且广告开支也应处于企业可接受的合理区间。如果企业的广告开支过低，则收效甚微；如果企业的广告开支过高，营销成本无法收回，则得不偿失。

2．制定广告预算

确定了广告目标后，企业可以着手为每一产品制定广告预算。

在制定广告预算时要考虑 5 个特定的因素：

（1）产品生命周期阶段。

新产品一般需要投入大量广告预算以便建立产品知名度和让顾客试用。已建立知名度的品牌，此阶段所需预算在销售额中所占的比例通常较低。

（2）市场份额和顾客基础。

市场份额高的品牌，只求维持其市场份额，因此其广告预算在销售额中所占的比例通常较低。而需要通过增加销量或从竞争者手中夺取份额来提高市场占有率的品牌，则需要较高的广告费用。

（3）竞争与干扰。

在一个有很多竞争者和广告开支很大的市场上，一种品牌必须更加大力宣传，以便高过市场的干扰声。即使市场上一般的广告干扰声不是直接的品牌竞争，也有必要做大广告。

（4）广告频率。

是指把品牌信息传达到顾客所需要的重复次数，该因素也会决定广告预算的多少。

（5）产品替代性。

在同一商品种类中的各种品牌需要做大量广告，以树立形象差异。如果品牌可提供独特的物质利益或特色服务时，广告对其提高市场份额具有重要的作用。

3．设计与选择广告信息内容

广告活动的有效性远比广告花费的金额更为重要。一个广告只有获得关注才能增加品牌的销售量。

广告设计应达到以下要求：

1）概念明确。广告必须在文字和使用语言等方面能准确无误地表达产品、服务的信息，不可使用含义模糊、使人产生误解的表达方式。

2）给顾客留下深刻的印象。好的广告设计能给视听接受者留下深刻的印象。

3）引起顾客的兴趣。广告要做到有可看性、趣味性，能激发顾客的兴趣。

4）广告信息内容必须充分。广告中的信息对顾客日后的购买行动有重要影响，信息量必须满足顾客的要求，以便促成顾客尽快做出购买决策。

5）吸引力强。良好的广告具有较强的吸引力和艺术感染力，能使人百看不厌。

4．媒体决策与绩效衡量

各类广告媒体都有其不同的特点，适合不同的广告要求。因此，选择好广告媒体对取得良好的广告效果有重要影响。这一步骤包括决定预期的广告触及面、频率和影响，以及选择主要的媒体类型等内容。

（1）决定广告触及面、频率和影响。

广告的触及面：是指在一定时期内，某一特定媒体一次最少能触及的不同人数或家庭数目。

频率：是指在一定时期内，平均每人或每个家庭收到广告信息的次数。

影响：是指使用某一特定媒体的展露价值。例如某类产品广告适合在其用途相关性强的杂志上刊登，口红广告刊登在美容杂志上就非常合适，而不适宜刊登在法律杂志上。

企业要寻找一条成本效益最佳的途径，向目标视听接受者传达预期次数的展露。

企业还必须明确：在预算一定的前提下，所购买的触及面、频率和影响的成本效益最佳组合是什么？以此决定视听接受者触及多少次，广告展露多少次。

（2）主要媒体类型的选择。

媒体计划者必须了解各类主要媒体在触及面、频率和影响等方面所具备的能力，了解各类主要媒体的优缺点。

1）报纸。

优点：本地市场覆盖面大，能被广泛地接受，可信度高。

缺点：保存性差，复制质量低，传阅者少。

2）电视。

优点：综合视觉、听觉，富有感染力，能引起高度注意，触及面广。

缺点：成本高，干扰多，瞬间即逝，观众选择性少。

3）直接邮寄。

优点：接受者有选择性，灵活，在同一媒体内没有广告竞争，人情味较重。

缺点：相对来说成本较高，可能造成滥寄"垃圾邮件"的印象。

4）广播。

优点：大众化宣传，地理和人口方面的选择性较强，成本低。

缺点：只有声音，不如电视那样引人注意，没有规范化的收费结构，展露瞬息即逝。

5）杂志。

优点：地理、人口可选择性强，可信、有一定权威性，复制率高，保存期长，传阅者多。

缺点：有些发行数是无用的，版面无保证。

6）户外广告。

优点：灵活、广告展露时间长，费用低，竞争少。

缺点：观众没有选择，缺乏创新。

7）网络广告。

优点：技术先进，方式多样，不受时空限制，信息容量大，能实现即时互动，便于双向沟通，成本低廉，计费灵活，便于检索，反馈直接。

缺点：覆盖率仍然偏低，效果评估困难，网页上可供选择的广告位置有限，创意有局限性。

某物流企业制作了一个"寄件快用某某快递，最快明早8点到"的广告，请扫描右侧二维码观看并思考该广告有哪些巧妙之处？

某物流企业的
广告促销

5．评价广告效果

一般企业常做的广告效果评估有以下两种：

（1）广告沟通效果的评估。

广告沟通效果的评估可以在播出前进行，主要是通过消费者的评估来进行。例如，把广告方案拿给消费者，让他们就吸引力、可读性、识别性及影响力等方面进行评估打分，也可以先让消费者观看不同的广告方案，然后让消费者回忆广告内容，从回忆的多少来评估广告的沟通有效性。

（2）广告对销售效果的评估。

对销售效果的评估是比较困难的。一些企业采取统计的方法，把过去的广告支出与销售额进行相关性分析，从而来指导当前的广告支出，或评价当前广告支出是否过低或过高。值得一提的是销售效果要受到其他许多因素的影响，如价格、产品质量、特色、可获得性和竞争对手的竞争行为，并非只受广告的影响。因此，在进行广告效果评估时应充分注意。

从1984年康巴丝钟表成为第一个春晚广告赞助商开始，到随后的古井贡酒、哈药六厂、美的集团，再到阿里巴巴、字节、抖音、小红书等互联网大厂……作为对中国人具备特殊意义的节目，最终能与春晚合作的广告商，大多都有庞大的规模、较高的国民性，并且处在风口正得势。

历史上第一条春晚零点报时广告是康巴丝，广告费是康巴丝拉了一车3000只钟表去抵的。但这次大胆的尝试换来了康巴丝的一炮而红。很快，康巴丝成了我国第一个年产过百万只钟表的企业，随后又连续3年产量突破200万只的大关。

2015年春晚，微信花了5300万元的营销费，获得了在春晚上"摇一摇"发红包的机会。在春晚之前，微信只有不到800万的微信支付用户。登上春晚后的同年5月，微信零钱的用户数达到3亿。

正如蒙牛联合创始人孙先红所说："在央视春晚做广告按投入和产出比来说是最合算的"。这里的投入产出比不仅是指销量和销售额，还包括品牌形象这一无形的资产，在春晚做广告是打响品牌知名度，树立企业形象的好机会。

四、营业推广策略

营业推广是指为能够迅速刺激需求，吸引消费者购买而采用的特殊促销手段，其短期效益比较明显。典型的营业推广一般用于有针对性的和额外的促销工作，其着眼点往往在于解决一些更为具体的促销问题。

（一）营业推广的基本特征

1．非规则性和非周期性

典型的营业推广不像广告、人员推销、公共关系那样作为一种常规性的促销活动出现，而是用于短期的和额外的促销工作，其着眼点在于解决某些更为具体的促销问题，因而是非规则性、非周期性地使用和出现的。

2．灵活多样性

营业推广的方式繁多，这些方式各有其长处与特点，企业可以根据经营的不同商品的特点和面临的不同市场营销环境灵活地加以选择和运用。

3．短期效益比较明显

一般来说，只要营业推广的方式选择运用得当，其效果可以很快地在经营活动中显示出来，而不像广告、公共关系那样需要一个较长的周期。因此，营业推广最适宜应用于完成短期的具体目标。

（二）营业推广的作用

1．可以有效地加速新产品进入市场的过程

当消费者对刚投入市场的新产品还未能有足够的了解和做出积极反应时，通过一些必要的推广措施可以在短期内迅速地为新产品开辟道路。

2．可以有效地抵御和击败竞争对手的促销活动

当竞争者大规模发起促销活动时，如不及时地采取针锋相对的促销措施，往往会大面积地损失已享有的市场份额。对此，可采用减价赠券或减价包装的方式来增强企业经营的同类产品对顾客的吸引力，以此来稳定和扩大自己的顾客队伍。此外，还可采用购货累计折扣和优待的方式来促使顾客增加购货数量和提高购货频率等。

3．可以有效地刺激消费者购买

当消费者在众多的同类商品中进行选择，尚未做出购买决策时，及时运用推广手段往往可以产生出人意料的效果。

4．可以有效地影响中间商

生产企业在销售产品中同中间商保持良好关系，与其合作是至关重要的。因此，生产企业往往采用多种营业推广方式来促使中间商特别是零售商做出有利于自身的经营决策。

（三）营业推广的主要决策

1．确定促销目标

1）对消费者的营业推广目标。主要对消费者实施必要的刺激，使他们产生购买欲望与行为。

2）对中间商的营业推广目标。采取鼓励中间商经销本企业的产品的各种措施。

3）对推销人员的营业推广目标。激励推销人员努力推销产品，增强他们的工作积极性与强度。

2．选择促销工具

可供选择的促销工具是多种多样的，企业应根据销售目标与销售对象分别采用不同的促销工具。

（1）用于消费者市场的工具。

1）赠送样品或试用品。首先让消费者无偿体验一下商品的功能、特点，引发消费者对产品的好感。

2）有奖销售。在销售商品的同时给消费者抽奖的机会，以提高销售活动的吸引力，或者给购买者一定奖励。

3）折价券。消费者在购买某些商品时有折价优惠，或者在消费超过一定数额时给予优惠券。

4）赠品。在消费者购买某种商品时附带赠送某些其他商品，如买护肤品送面膜等。

5）配套特价包装。将某些相互有配套关系的商品组合包装，比分散购买时价格低一些，使消费者感到实惠。

6）现场表演，陈列展示。通过这种活动吸引消费者的注意，引起消费者的兴趣。让他们亲眼看见产品的功效。

（2）用于中间商的工具。

1）购买折扣。鼓励中间商购买新产品或增加产品进货量，给予一定的价格折扣，多买价格折扣大。

2）广告合作。供应商与中间商联合开展广告活动，增强宣传力度。而供应商对中间商的广告费用给予必要的资助。

3）陈列折扣。中间商多陈列展示本企业的产品，则本企业给中间商价格折扣。

4）推销金。供应商给中间商一些推销产品的经费以增强推销产品的力度。

（3）用于推销人员的工具。

企业可以使用开展推销竞赛，销售红利，发放奖金、奖品，增加提成等工具激励推销人员。

3．制定营业推广方案

在制定营业推广方案时要考虑以下几个因素：

第一，营业推广方案中必须确定所提供刺激的大小。若要使促销获得成功，最低限度的刺激物是必不可少的。

第二，营销人员还必须决定促销的持续时间。如果营业推广的时间太短，许多潜在顾客就可能尝不到甜头，因为他们可能来不及再次购买。如果持续的时间太长，交易优待则会失去其"当时发挥作用"的效力。有研究人员指出，理想的促销持续时间约为每季度使用 3 周，其时间长度即是平均购买周期的长度。当然，理想的促销周期长度要根据不同产品种类乃至具体的产品来确定。

第三，营销人员还要决定促销的时机，如品牌经理需要制定出全年促销活动的日程安排。

4．营业推广评估的结果

促销结果的评价是极为重要的，营销人员可以用以下方法评估促销效果。

分析营业推广实施前、实施时、实施后产品销售量的变化情况，进行顾客调查，了解顾客的购买量、重复购买率、对本次营业推广活动的看法、意见等，以此分析此次活动的成果与缺陷。

读一读：快递行业如何"玩转"暑期和毕业季的校园营销

近年来，顺丰速运针对毕业生推出"毕业寄"服务。不仅提供上门打包、运输到家的一条龙服务，还融入了个性化元素，如定制纪念包装箱、赠送毕业小礼品等，既解决了毕业生的实际需求，又在情感层面建立了品牌与学生的连接。

圆通速递与多所大学合作，成为暑期实习生活动的官方物流合作伙伴，推出"实习无忧"计划。除了为实习生提供优惠的行李寄送服务，还举办职业规划讲座、简历制作工作坊等活动，通过增值服务加深学生对品牌的认同感，同时拓宽了潜在人才的招募渠道。

中通快递在毕业季推出了"时光邮局"活动，鼓励学生写下给未来自己的信，由中通保管，并在设定的时间寄出。这种充满仪式感的活动不仅提升了品牌曝光度，也成了学生记忆中温馨的一部分。

京东物流在校园内推广"青流计划"，通过使用可循环快递袋、设置快递盒回收站等方式，倡导环保寄递。结合毕业季二手书籍交换、旧物捐赠等活动，不仅减少了资源浪费，也树立了企业的社会责任形象，赢得了学生群体的好评。

韵达快递开展的"毕业季·青春印记"活动，邀请学生上传创意毕业照至其官方平台，通过线上投票选出最佳作品并给予奖励。这类活动不仅增强了用户的参与感，也有效提升了品牌的线上活跃度和用户黏性。

快递行业在暑期与毕业季的校园营销中，通过精准洞察学生需求，结合创新服务与文化共鸣，成功构建了与年轻消费者之间的深度联系，为品牌长远发展奠定了坚实的基础。

五、公共关系策略

从市场营销的角度来谈公共关系，只是公共关系的一部分。美国营销大师菲利普·科特勒对公共关系做了如下定义：作为促销手段的公共关系是指这样一些活动，争取对企业有利的宣传报道，协助企业与有关的各界公众建立和保持良好关系，树立良好的企业形象，以及消除和处理对企业不利的谣言、传说和事件等。公共关系即指企业与其相关的社会公众之间的联系，这种联系是通过信息沟通实现的。

1．公共关系的本质特征

（1）企业的公共关系是指企业与其相关的社会公众的相互关系。

这些社会公众主要包括：供应商、中间商、消费者、竞争者、金融保险机构、政府部门、科技界、新闻界等。可见，企业营销活动中存在着广泛的社会关系，不局限于与顾客的关系，更不能局限于买卖关系。良好的社会关系是企业成功的保证之一，因此，建立和保持企业与社会公众的关系在企业营销活动中具有重要的作用。

（2）企业形象是公共关系的核心。

公共关系的首要任务是树立和保持企业的良好形象，争取广大消费者和社会公众的信任和支持。一个企业除了生产优质产品和搞好经营管理之外，还必须重视创建良好的形象和声誉，在现代社会经济生活中一旦企业拥有良好的形象和声誉。就等于拥有了可贵的资源，就能获得社会广泛的支持和合作。否则，就会产生相反的不良后果，使企业面临困境。可见，以创建良好企业形象为核心的公共关系这项管理职能，涉及企业活动的各个方面，而且是长期、不断地积累，不断努力的结果。

（3）企业公共关系的最终目的是促进产品销售。

广告等其他活动的目的在于直接促进产品销售，而公共关系的目的在于互相沟通，互相理解，在企业行为与公众利益一致的基础上争取消费者对企业的信任和好感，使广告等促销活动产生更大的效果，从而最终扩大产品的销路。正因为如此，公共关系也属于一种促销方式。不过，它是通过推销企业本身，促进产品销售。

（4）公共关系属于一种长效促销方式。

公共关系比广告等活动需要投入的成本少得多，有时甚至不需支付费用，而其效果却大得多，尤其是需要使消费者建立信任感的企业的产品。因为消费者对广告存有戒心，使广告显得无能为力，而通过公共关系的活动却能消除疑义，获取信赖。

总之，公共关系着眼于企业长期效益，而广告则倾向于产品销售。

2. 公共关系的作用

公共关系活动是企业整体营销活动的重要组成部分，是一种"软推销术"。公共关系在企业市场营销活动中的作用主要体现在以下几个方面：

1）有利于树立企业形象和塑造产品品牌。

2）有利于建立企业与消费者之间双向的信息沟通。

3）有利于企业消除公众误解和化解危机。

4）有利于增强企业内部的凝聚力，协调与外界的关系。

3. 公共关系促销的目标

在通常情况下，企业开展公关促销活动的目标有以下几种：

1）配合新产品上市公关。新产品上市前，通过恰当的公关宣传，让消费者和中间商对企业的新产品有足够的了解，提高知名度，扩大声誉。

2）结合企业转产、改制的公关。

3）展示企业成果的公关。

4）消除不良影响的公关。当企业的意图受到误解时，积极的公关活动，可以有效地让公众了解企业，密切同消费者的关系，消除他们的误解。当企业的产品或服务经营造成不良后果时，应立即向新闻媒体和有关部门通报情况，解释原因。向受损的消费者赔礼道歉，采取补救措施，积极地承担责任。

5）改善企业环境的公关。

6）活动、庆典公关。这是指配合企业组织的展销会、订货会以及开业、挂牌、纪念等庆典组织宣传报道，举办得体适宜的公关活动。企业对体育、教育、福利等公益事业的赞助，公关部门要大力组织宣传，以扩大企业影响，提高企业知名度。

4. 公共关系促销的方式

公共关系促销的方式一般有以下几种：

（1）利用新闻媒介。

由新闻媒介提供的宣传报道对企业来说是种免费广告，它能给企业带来许多好处。首先，它比广告创造的新闻价值更大，有时甚至是一种轰动效应，而且能鼓舞企业内部的士气和信心，一个企业或者产品能被新闻所报道，无疑是一种有力的激励。其次，宣传报道比广告更具有可信性，使消费者在心理上感到客观和真实。

（2）参与社会活动。

企业在从事生产经营活动的同时，还应积极参与社会活动。在社会活动中体现自己的社会责任，赢得社会公众的理解和信任。充分展现企业作为社会成员应尽的责任和义务。另一方面企业可以借此机会结交社会各界朋友，建立起广泛和良好的人际关系。

（3）组织宣传展览。

在公共关系活动中，企业可以印发各种宣传材料，如介绍企业的小册子、业务资讯、图片画册、音像资料等，还可以举办形式多样的展览会、报告会、纪念会及有奖竞赛等，通过这些活动使社会公众了解企业的历史、业绩、名优产品、优秀人物、发展的前景，达到树立企业形象的目的。

（4）导入 CIS 战略。

CIS（Corporate Identity System）即企业形象识别系统，是指通过改变企业形象，吸引外界的注意，从而改进业绩，达到预期目标的一种经营战略。

看一看：物流给生活带来的美好瞬间

请扫描右侧二维码，观看某物流企业制作的宣传视频"物流给生活带来的美好瞬间"，思考本宣传视频为该企业带来了哪些有益价值？

物流给生活
带来的美好瞬间

任务实施

一、实训目标

1）了解不同促销方式的适用情境。

2）能为物流服务产品制定促销方案。

二、实训操作步骤

步骤	操作方法	质量标准
提炼任务背景的关键信息	遴选任务背景中涉及方案解决的关键因素	
制定 A 公司的人员推销策略	根据 A 公司背景材料选择适当的人员推销方式	
制定 A 公司的广告推销策略	根据 A 公司所面向的客户特点，选择合适的广告推销方式	
制定 A 公司的营业推广策略	根据 A 公司情况选择适当的营业推广方式	
制定 A 公司的公共关系策略	根据 A 公司情况选择合适的公共关系策略	
形成 A 公司的促销方案	将以上策略分析形成整体促销方案	

三、实训评价

小组序号：			学生姓名：	
小组成绩：			学生成绩：	
考核指标	考核标准		满分	得分
制定 A 公司的人员推销策略	人员推销方式符合 A 公司实际情况		20	
制定 A 公司的广告推销策略	广告推销策略与客户背景情况相符		20	
制定 A 公司的营业推广策略	营业推广策略符合客户需求		20	
制定 A 公司的公共关系策略	公共关系策略具有可操作性		20	
形成 A 公司的促销方案	促销方案完整、逻辑性强、可行性强		20	

■ **课后拓展** ■

顺丰的促销策略

2021 年 4 月，顺丰正式升级时效产品，"隐退"顺丰次晨和顺丰标陆时效产品，形成顺丰即日、特快和标快的新产品体系的同一天，京东快递、中通也在陆续宣布启动时效产品升级。继产品大战后，最近顺丰人又在朋友圈"疯狂"做两件事：推折扣抢寄件，3+1 提服务，敲响寄件战和服务战的擂鼓。

跟顺丰折扣寄件有关的宣传，在时效产品升级后那几天"轰轰烈烈"地在顺丰人的朋友圈里铺开了，宣传海报显示，消费者可通过网点自寄、成为顺丰 App 新会员、通过顺丰旗下驿站收发或在周末、五一期间邮寄等方式享受到顺丰的寄件折扣，折扣低至 5 折、7 折，甚至免首重，其中航空小件低至 6 元，省内陆运包裹 10 元起。

顺丰在这个时间节点，即处于快递行业销售淡季推出寄件折扣，正是淡季抢减量增销量的经营思路，这场促销活动中还有几个值得注意的点：一是活动集中在周末、五一；二是顺丰此次推出折扣主要指向散件。

不难看出，集中在周末、五一是为了均衡节假日的产能。还有就是 2021 年顺丰一季度业绩亏损严重，顺丰称业绩变动的原因之一是时效件去年同期高增长，2021 年第一季度增速有所放缓；同时下沉市场电商需求旺盛，经济型快递产品特惠专配的业务量增长迅猛，因该部分定价偏低产品的件量占比上升较快，对整体毛利造成一定压力。

自 2019 年 5 月顺丰推广特惠专配件以来，业务量和收入虽然确有较大幅度的增长，但由于毛利率的降低，整体利润率是下降的，如顺丰 2020 年速运物流业务单票收入为 17.77 元，同比下滑 18.99%，毛利率从 2019 年的 17.42% 降至 16.35%，增量不增收。

为了缓解对整体毛利的压力，顺丰短期内会对 2B 端进行控量，并针对在浙江、广东等产粮区布局的丰网，推行"清风行动"，严查打击低价抢夺原顺丰大网电商客户的黄牛及行为，以避免电商业务推广带来的价格风险。

同时，顺丰也开始以折扣的形式对 2C 寄件业务进行大力推广，一般来说快递散客的提成和利润都很高。顺丰 2020 年速运物流业务单票收入毛利率为 16.35%，并不低，因此即使对其核心盈利业务时效件打折，也还是会有一定利润。此外，除了增利，顺丰这一举动也隐隐指向了在散单市场份额逐渐增大的菜鸟裹裹，及正推行"散单计划"的韵达等快递企业。

阅读上述资料思考下列问题：

1. 顺丰采取了哪些促销策略？
2. 顺丰的促销策略对该企业长期发展有利吗？为什么？

任务 6　处理物流客户投诉

✈ 任务情景

工作任务：制定物流客户投诉处理方案。

A 物流公司今天接到了一个重要客户的投诉。该客户的 3 个税盘被 A 物流公司的网点揽收后遗失了，三个税盘价值 960 元，但他坚持要求物流公司赔偿 5960 元。

公司客服说已经告知客户了，最高就是赔偿 500 元，公司规定也是这样，但是客户不接受，一直来电话，还投诉到了邮政管理局。

经联系，该客户是因为 A 物流公司网点揽收包裹后遗失且查找多日无果，该客户只好找人代补税盘，手续费花了 1000 元，收方也因为税盘未到，扣除发件人违约费合计 4000 元。故发件人要求该网点赔偿 5960 元。正如客户所说："快件遗失是网点的责任，这些费用不应该由我承担，必须全额赔偿。"

作为 A 公司物流营销主管，请你制定处理这件投诉的方案。

✈ 任务分析

妥善处理客户投诉，提升客户满意度和品牌影响力，是物流企业必须面对的重要课题。在网络高度发达的今天，对一个看似细小的客户投诉处理不当，可能会给物流企业带来重大的公关危机。

为制定物流客户投诉处理方案，我们必须掌握以下专业知识和职业技能：

1．相关的专业知识

客户不满意的原因，物流业务可能产生的失误类型，以及客户对不同失误的反应。

2．相关的职业技能

能正确处理客户的投诉。

任务准备

一、了解物流客户投诉

1．投诉的概念

投诉是指消费者为生活消费需要购买、使用商品或者接受服务，与经营者之间发生消费者权益争议后，请求消费者权益保护组织调解，要求保护其合法权益的行为。

2．物流客户投诉所采取的表达途径

1）当面口头投诉（包括向公司的任何一个职员）。

2）书面投诉（包括意见箱、邮局信件、网上电子邮件等）。

3）电话投诉。

3．物流客户投诉的原因和有效性

（1）投诉的原因。

1）结果不满。结果不满是指提供的最终产品和服务不符合客户的要求，如产品性能未达到要求，产品使用出现故障，产品数量短缺，服务质量未满足规定的要求，等等，是客户认为产品和服务没有达到他们预期的目的，未能产生应有的利益或价值。结果不合格通常会给客户带来精神和物质上的双重损失。

结果不满的关键特征是客户遭受了经济损失。

2）过程不满。过程不满是指在生产和服务过程中出现的不合格，常用于服务类产品，如服务态度差，送货不及时，等待时间过长，等等。过程不合格通常没有影响到过程的结果，没有给客户带来物质上的损失，但是由于员工不按服务承诺和规范操作，给客户带来不愉快的体验，使客户在接受产品和服务的过程中不满意。

过程不满的关键特征是最终的结果虽然符合要求，但客户在过程中感觉受到了精神伤害。

（2）投诉的有效性。

1）恶意投诉。个别消费者提出非分要求，明显的无理取闹，行为、语言粗鲁，虽经合理

而耐心的解释，但仍发生投诉。对待这样的投诉一定不能发火，要耐心解释，事后把该客户列入特殊对待名单，如果该客户屡次采取这样的行动，可以诉诸法律来保障企业权益。

2）有效投诉。投诉无论采取哪种形式，都要讲清楚以下内容：一是投诉人的基本情况，即投诉人的姓名、性别、联系地址、联系电话、邮政编码等；二是被投诉方的基本情况，即被投诉方名称、地址、电话等；三是购买服务的时间、要求、价格等；四是受损害的具体情况、发现问题的时间及与经营者交涉的经过等；五是购物凭证、保修卡、约定书复印件等。经过查实确有此事的才予以接受，然后进入投诉处理环节。

二、引起物流客户投诉的工作失误类型

1．业务人员操作失误

计费重量确认有误；货物包装破损；单据制作不合格；报关／报验出现失误；运输时间延误；结关单据未及时返回；舱位无法保障；运输过程中货物丢失或损坏等情况。

2．销售人员操作失误

结算价格与所报价格有差别；提供的服务与承诺的服务不符；对货物运输过程监控不利；与客户沟通不够，有意欺骗客户等。

3．供方操作失误

运输过程中货物丢失或损坏；送（提）货时不能按客户要求操作；承运工具未按预定时间起飞（航）等。

4．代理操作失误

对收货方的服务达不到对方要求，使收货方向发货方投诉而影响公司与发货方的合作关系等。

5．客户自身失误

客户方的业务员自身操作失误，但为免于处罚而转嫁给物流公司；客户方的业务员有自己的物流渠道，由于上司的压力或被要求购买指定货物而被迫合作，但在合作中有意刁难等。

6．不可抗力因素

天气、战争、罢工、事故等所造成的延误、损失等。

以上情况都会导致客户对公司的投诉，公司对客户投诉处理的结果不同，会使公司与客户的业务关系发生变化。

三、客户对不同失误的反应

发生服务失误时，客户会有两种反应，一种选择沉默，另一种为采取行动。选择沉默的客

户占绝大多数。这部分人的下一步行动分为两种，一种是寻找新的供应商，另一种是继续容忍下去，保持原有供应商。

（1）选择沉默的原因。

一是认为投诉会浪费时间和精力，投诉和反馈的成本都较大。

二是不相信经过行动会对自己或他人有积极的改变。

三是不知如何投诉，不了解或没意识到哪里存在投诉的途径。

四是有时候沉默者会采取"情感对抗"来处理消极的情绪，包括自责、否定和寻求社会帮助。

五是某些服务不是真的重要，不足以花费时间投诉。不过这可能是一时的不重要，当再次需要这些服务时，一次不满意的经历可能驱使客户转向竞争者。

（2）投诉的原因。

一是客户相信自己会由于物流企业服务失误而获得某种形式的赔偿。

二是想帮助其他人避免遇到相似的情况或者想惩罚这家供应商。

三是极少数人喜欢投诉或想制造麻烦。

选择投诉的客户，其中有多数是因为很难取得令人满意的解决结果的。于是，客户反应一般分为两种，一种是转向竞争者，寻找新的供应商，另一种是继续容忍下去，保持原有供应商。

四、受理物流客户投诉的技巧

投诉是客户因产品或服务质量没有达到期望值而提出不满意的表示。而受理投诉，则是企业对过失或瑕疵的一种弥补措施，也是提高客户满意率的一项重要途径。客户的素质和期望不同，投诉的原因也不尽相同，但投诉的目的不外乎两种：精神上得到补偿，如希望受到重视和尊敬，发泄心中的不满；物质上得到补偿，如希望得到更多的高效服务。

要妥善地处理客户投诉，先要找到最合适的方式与客户进行交流。很多客服人员都会有这样的感受，客户在投诉时会表现出情绪激动、愤怒，甚至对你破口大骂。此时，你要明白，这实际上是一种发泄，把自己的怨气、不满发泄出来，客户忧郁或不快的心情便得到释放和缓解，从而维持了心理平衡。此时，客户最希望得到的是共情、尊重和重视，因此客服人员应采取相应的措施。

1. 认真倾听，弄清原委

保持谦虚的态度认真听取客户的叙述，全面了解客户所投诉的事情或问题，听明白客户在投诉什么，为什么要投诉。听者要注视客户，不时地点头示意，让对方明白你在认真听取和对待他的意见。边听边做好记录，以示对客户的尊重和所反映问题的重视。

（1）快速反应。

客户认为物流服务有问题，一般会比较着急，担心问题不能得到妥善的解决，而且也会不太高兴。这个时候客服人员要快速反应，记下他的问题，及时查询问题发生的原因，及时帮助客户解决问题。即使有些问题不是能够马上解决的，也要及时告诉客户我们会马上联系售后帮您解决等等。

（2）热情接待。

如果客户购买物流服务后反映有什么问题，客服人员要热情地接待，服务态度要比交易的时候更热情，这样客户就会在下一次有物流服务需要时，仍然选择这家物流。

（3）表示愿意提供帮助。

"让我看一下该如何帮助您，我很愿意为您解决问题。"

正如前面所说，当客户正在关注问题的解决方案时，客服人员应体贴地表示乐于提供帮助，自然会让客户感到安全、有保障，从而安抚客户的对立情绪。

（4）引导客户思绪。

我们有时候会在说道歉时感到不舒服，因为这似乎是在承认自己有错。其实，"对不起"或"很抱歉"并不一定表明你或公司犯了错，这主要表明你对客户不愉快经历的遗憾与同情。不用担心客户会因得到你的认同而越发强硬，认同只会将客户的思绪引向解决方案。同时，我们也可以运用一些方法来引导客户的思绪，化解客户的愤怒，比如：

1）"何时"法提问。一个在火头上的发怒者无法进入"解决问题"的状态，我们首先要做的是逐渐使对方的火气减下来。对于那些非常难听的抱怨，应当用一些"何时"问题来冲淡其中的负面成分，比如客服人员可以回复："您从什么时候开始感到我们的服务没能及时替您解决这个问题？"

2）转移话题。当对方按照他的思路在不断地发火、指责时，我们可以抓住一些其中略为有关的内容扭转方向，缓和气氛。

3）间隙转折。暂时停止对话，特别是你也需要找有决定权的人做一些决定或变通时，可以这样回复："稍候，让我向高层领导请示一下，还可以怎样解决这个问题。"

4）给定限制。有时你虽然做了很多尝试，对方依然出言不逊，甚至不尊重你的人格，你可以转而采用较为坚定的态度给对方一定限制，比如："先生，我非常想帮助您。但您如果一直这样情绪激动，我只能和您另外约时间了。您看呢？"

5）认真倾听。客户投诉物流服务有问题时，不要着急去辩解，而要耐心听清楚问题所在，然后记录客户的名称，使用的物流服务项目，这样便于我们去回忆当时的情形。和客户一起分析问题出在哪里，才能有针对性地找到解决问题的办法。

在倾听客户投诉的时候，不但要听他表达的内容，还要注意他的语调与音量，这有助于了解客户语言背后的内在情绪。同时，要通过解释与澄清，确保真正了解客户的问题。

认真倾听客户发言，向客户表达理解他的意思，并和客户确认我们的理解是否正确，这些做法都向客户表明了真诚和对他的尊重。同时，这也给客户一个重申他没有表达清晰的意图的机会。

2．表示理解，不与争辩

倾听完毕，客服人员可以对客户说："我理解您现在的心情，我们一定会认真核实并处理这件事情。"当客户情绪激动时，更要保持平和的心态和语气，绝不能与客户争辩对错。当客户的认识和理解有误时，不宜当场纠正，更不能责怪客户。应站在为什么会导致客户产生误会的角度，从自身工作上找原因。

客户在投诉时会表现出烦恼、失望、泄气、愤怒等各种情感，客服人员不应当把这些表现理解成是对你个人的不满。特别是当客户发怒时，客服人员可能会想："我的态度这么好，为什么对我发火？"愤怒的情感通常都会在潜意识中通过一个载体来发泄。比如某人正在生气时一脚踩在石头上，可能会对石头发火，进而飞起一脚踢远它，尽管这不是石头的错。因此，客户仅仅是把你当成了发泄对象而已。

客户的情绪是完全有理由的，理应得到重视和迅速合理解决。所以客服人员要让客户知道他的心情有被理解，他的问题有被关心，比如可以回复："先生，对不起，让您感到不愉快了，我非常理解您此时的感受。"

无论客户是否永远是对的，至少在客户的世界里，他的情绪与要求是真实的。客服人员只有与客户的思维同步，才有可能真正了解他的问题，找到最合适的方式与他交流，从而为成功地处理投诉奠定基础。

3．诚恳道歉，及时补救

从思想上认识到客户的投诉不是找麻烦，而是想要解决问题。要把客户的投诉当作促进个人提高业务素质，促进企业提高服务和管理水平的载体，发自内心地欢迎和感谢客户的批评和抱怨。受理投诉后，应向客户表示："这确实是我们工作的疏忽，给您带来的损失，我一定会想办法弥补。非常感谢您给我们提出的宝贵意见。您指出了我们服务中的差错和不足，帮助我们及时发现并纠正。"

（1）诚恳道歉。

不管是因为什么样的原因造成客户的不满，都要诚恳地向客户致歉，对因此给客户造成的不愉快和损失道歉。如果客服人员表示已经非常诚恳地认识到自己的不足，客户一般也不好意思继续不依不饶。

（2）提出补救措施。

对于客户的不满，要能及时提出补救的措施，并且明确地告诉客户。一个及时有效的补救措施，往往能让客户的不满变成感谢和满意。

针对客户投诉，每个公司都应有各种预案或解决方案。客服人员在提供解决方案时要注意以下几点：

1）为客户提供选择。通常一个问题的解决方案都不是唯一的，给客户提供选择会让客户感到受尊重，同时，客户选择的解决方案在实施的时候也会得到来自客户更多的认可和配合。

2）诚实地向客户承诺。因为有些问题比较复杂或特殊，客服人员不确定该如何为客户解决。如果客服人员不确定，就不要向客户做任何承诺，诚实地告诉客户，会尽力寻找解决的方法，但需要一点时间，然后约定给客户回话的时间。一定要确保准时给客户回话，即使到时仍不能解决问题，也要向客户回应问题进展，并再次约定答复时间。诚实会更容易得到客户的尊重。

3）适当地给客户一些补偿。为了弥补公司操作中的一些失误，可以在解决问题之外，给客户一些额外补偿。很多企业都会给客服人员一定授权，以灵活处理此类问题。但要注意的是：将问题解决后，一定要改进工作，以避免今后发生类似的问题。有些处理投诉的部门，一有投诉首先想到用小恩小惠息事宁人，或一定要靠投诉才给客户应得的利益，这样不能从根本上减少此类问题的发生。

（3）通知客户并及时跟进。

给客户采取什么样的补救措施，现在进行到哪一步，都应该告诉客户，让客户了解我们工作，了解我们为客户付出的努力。当客户发现产品出现问题后，首先担心能不能得到解决，其次担心需要多长时间才能解决，当客户发现补救措施及时有效，而且商家也很重视的时候，就会感到放心。

读一读：深耕优质服务，顺丰有效解决投诉问题

顺丰通过积极倾听用户投诉和反馈，不断改进服务，致力打造优秀快递服务品牌。经过调研，顺丰把用户投诉分门别类，针对不同类别的投诉提出不同的解决办法。在分析过程中，顺丰发现，用户对暴力分拣行为的投诉占比较大，因此，顺丰加大对员工的培训力度，决心遏制暴力分拣行为的出现，也降低了用户投诉的概率。

顺丰下属的科技公司还拥有一个"一种暴力分拣识别方法、装置、设备及存储介质"发明专利，可以对遭受暴力分拣的快递包裹做到及时发现，再加上在集中分拣区安装监控，有效遏制了暴力分拣现象的出现。

造成用户投诉的原因有很多，顺丰设立客服专线，仔细倾听用户意见，解决用户困扰，把用户的问题当作自己的问题来解决，这种态度奠定了用户的信任基础，也让顺丰的发展前景更加广阔。

五、处理客户投诉的注意事项

1．受理投诉阶段

1）控制自己的情绪，保持冷静，平和。

2）先处理客户的情绪，改变客户心态，然后处理投诉内容。

3）将客户的投诉行为看成公事，实事求是地判断，不应加个人情绪和喜好。

4）抱着负责的心态，真正关心客户投诉的问题。

2．接受投诉阶段

1）认真倾听，保持冷静，同情理解并安慰客户。

2）给予客户足够的重视和关注。

3）不让客户等待太久，当客户不知道等待多久时，应告诉客户明确的等待时间。

4）注意对事件全过程进行仔细询问，语速不宜过快，要做详细的投诉记录。

5）立即采取行动，协调有关部门解决。

3．解释澄清阶段

1）不得与客户争辩或一味地寻找借口。

2）注意解释语言的语调，不让客户有受轻视、冷漠或不耐烦的感觉。

3）换位思考，易地而处，从客户的角度出发，做合理的解释或澄清。

4）不得试图推卸责任，不得在客户面前评论公司／其他部门／同事的不是。

5）在没有彻底了解清楚客户所投诉的问题之前，不得马上将问题转交其他同事或相关部门。

6）如果确是我方原因，必须诚恳道歉，但是不能过分道歉，注意管理客户的期望，限时提出解决问题的方法。

4．提出解决方案阶段

1）根据投诉类别和情况，提出相应的解决问题的具体措施。

2）向客户说明解决问题所需的时间及其原因。

3）如果客户不认可或拒绝接受解决方法，坦诚向客户表明公司的限制。

4）按时限及时将需要后台处理的投诉记录传递给相关部门处理。

5．跟踪回访阶段

1）根据处理时限的要求，注意跟进投诉处理的进程。

2）及时将处理结果向投诉的客户通告。

3）关心询问客户对处理结果的满意程度。

物流企业在工作过程中的一些失误会导致客户投诉，更严重的是可能会导致客户流失。

请扫描右侧二维码，了解如何避免客户因工作失误而流失。

如何避免客户
因工作失误而流失

任务实施

一、实训目标

1）了解客户投诉的原因。

2）能正确处理客户投诉。

二、实训操作步骤

步骤	操作方法	质量标准
分析客户不满意原因	根据任务情景，发现客户不满意的真正原因	发现客户核心诉求
了解工作失误的类型	归纳工作失误类型	符合相关规定
根据客户不满意原因，制定处理客户投诉方案	根据客户诉求和公司规定制定投诉处理方案	符合投诉处理流程
制定客户回访方案	制定客户跟踪回访方案	符合相关制度规定
形成客户投诉处理整体方案	将以上分析形成整体方案	方案完整、逻辑性强、可行性强

三、实训评价

小组序号：		学生姓名：	
小组成绩：		学生成绩：	
考核指标	考核标准	满分	得分
客户不满意原因	找到客户不满意的真正原因和投诉诉求	20	
工作失误的类型	掌握公司工作人员工作失误的真实情况	20	
客户投诉处理方案	方案可行性强	20	
客户回访方案	回访方案具有可操作性	20	
客户投诉处理整体方案	方案完整、逻辑性强、可行性强	20	

■ **课后拓展** ■

跨境好运平台的客户投诉处理

3 月初，客户 A 通过跨境好运平台下单了平台某服务商的 UPS 红单（不包税），该笔订单计费重 23kg，物流费用 1794 元。

按照订单约定时间，该批货物于 3 月 15 日顺利发出。

3 月 23 日，承运服务商反馈：货物抵达目的国海关并被判定侵权，因此无法正常出关上架销售，只能选择货物退回或者原地销毁（此时已经产生 800 元税金成本）。

客户 A 考虑到货物退回费用高于货物价值，选择原地销毁。但在该过程中由于客户回复不及时，导致错过原地销毁时限，货物自动进入退回路径，由此又产生了退回费用（2600 元）。

客户 A 投诉到跨境好运平台，希望平台能出面与承运服务商沟通，降低客户 A 的损失。

问题：

请结合案例分析，如果你是该平台主管，你会如何处理这起客户投诉事件？

·职业进阶训练三·

一、单项选择题

1. 在对物流客户进行分类管理时，（   ）约占客户的 5%，但企业 80% 的利润来自于他们。

　　A. 一般客户　　　　B. 潜力客户　　　　C. 核心客户　　　　D. 重要客户

2. （   ）是指产品能够提供给客户的基本效用或益处，是客户所追求的中心内容。

　　A. 有形产品　　　　B. 核心产品　　　　C. 附加产品　　　　D. 心理产品

3. （   ）是企业根据消费者对产品或劳务价值的认识而不是根据其成本来制订价格的定价方法。

　　A. 理解价值定价法　　　　　　　　B. 区分需求定价法

　　C. 习惯定价法　　　　　　　　　　D. 投标定价法

4. （   ）是指由物流企业及其代理商所组成的一种统一的联合体。

　　A. 垂直营销系统　　　　　　　　　B. 横向营销系统

C. 网络化营销系统 D. 多元营销系统

二、多项选择题

1. 物流企业产品整体概念把物流服务分为（　　　　）。

A. 核心产品 B. 形式产品 C. 附加产品 D. 心理产品

2. 物流服务产品组合策略包括（　　　　）。

A. 全线全面型策略 B. 市场专业型策略

C. 产品专业型策略 D. 有限的产品专业型策略

3. 物流服务产品的目标主要是（　　　　）。

A. 维持企业生存发展 B. 实现利润最大化

C. 扩大市场占有率 D. 提高产品质量

4. 物流分销渠道一般从（　　　　）进行评价。

A. 盈利性 B. 经济性 C. 可控性 D. 适应性

5. 人员推销的基本策略包括（　　　　）。

A. 试探性策略 B. 针对性策略 C. 诱导性策略 D. 过程性策略

三、判断题

1. 处理客户投诉时，不在于倾听，重点在于向客户辩解。　　　　（　　　）

2. 推销一方面要推介企业、推销产品；另一方面要满足客户需要，建立同客户的友谊和良好关系，以利于开展"关系营销"。　　　　（　　　）

3. 通知性广告的主要目的在于建立对某一特定品牌的选择性需求。　　　　（　　　）

4. 营业推广是指能够迅速刺激需求，吸引消费者购买而采用的特种促销手段，其长期效益比较明显。　　　　（　　　）

5. 公共关系属于一种长效促销方式。　　　　（　　　）

四、简答题

1. 人员推销的特点有哪些？

2. 物流客户的选择指标主要有哪些？

3. 产品在成熟期有什么特点？

4. 在哪些情况下，企业会采取随行就市定价法？

5. 间接分销渠道有哪些优点？

五、情景分析题

大岸浪花是青岛的一家经营海鲜产品的头部电商企业。作为经营海鲜产品的企业，必须保证海鲜食材的原汁原味，才能保证其产品具有市场竞争力。海鲜在物流运输和配送过程中要求高、费用大。如何降低海鲜的物流成本是大岸浪花必须解决的重要问题。

请扫描二维码观看"大岸浪花海鲜产品原汁原味的物流秘诀"视频，并回答以下问题：

大岸浪花海鲜产品
原汁原味的物流秘诀

1. 京东物流为大岸浪花提供了哪些物流服务策略？

2. 如果你是京东物流的物流营销主管，对于核心客户应该采取哪些措施加强合作？

进阶篇 晋升为物流营销经理

思维导图

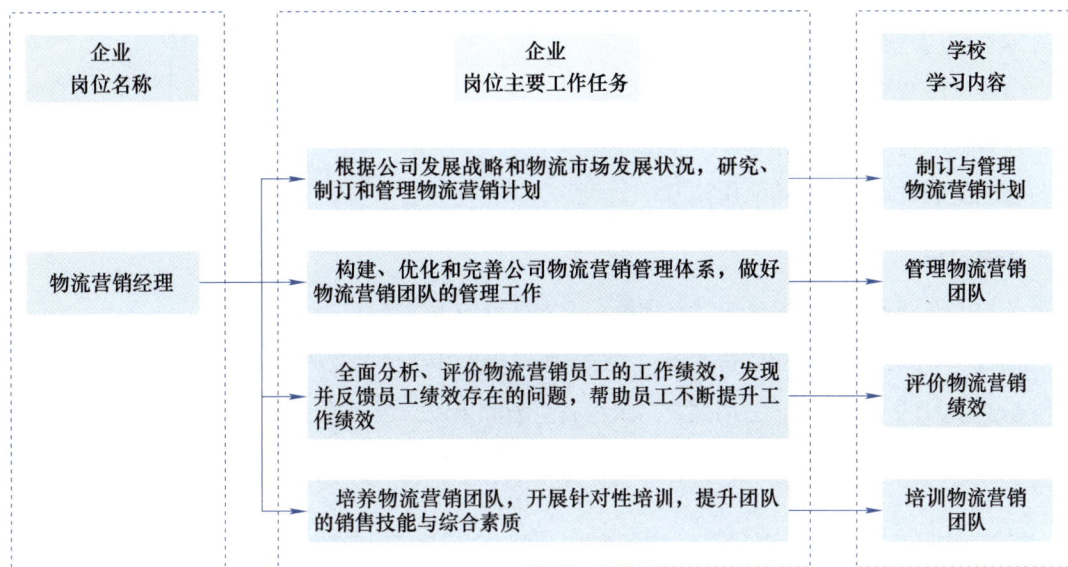

企业 岗位名称	企业 岗位主要工作任务	学校 学习内容
物流营销经理	根据公司发展战略和物流市场发展状况，研究、制订和管理物流营销计划	制订与管理 物流营销计划
	构建、优化和完善公司物流营销管理体系，做好物流营销团队的管理工作	管理物流营销 团队
	全面分析、评价物流营销员工的工作绩效，发现并反馈员工绩效存在的问题，帮助员工不断提升工作绩效	评价物流营销 绩效
	培养物流营销团队，开展针对性培训，提升团队的销售技能与综合素质	培训物流营销 团队

学习导引

高职本科物流专业主要面向的岗位是物流营销经理。在担任物流营销经理前，学生将会在物流营销专员、物流营销主管等前序岗位进行历练。如果在前序岗位能出色完成本职工作，并通过企业考核，可晋升为物流营销经理。

通过对本篇内容的学习，学生将了解物流营销经理从事的主要工作任务；将学会制定和管理企业的物流营销计划；能运用恰当的方法管理物流营销团队；学会客观、公正地评价物流营销团队绩效，激励团队更好地工作；能对物流营销团队进行培训，提升员工能力和素质，提高物流营销团队的整体能力。

学习目标

知识目标

了解物流营销计划的构成要素。

了解物流营销计划的类型。

了解管理物流营销团队的意义和作用。

了解物流营销绩效评价的目的和意义。

了解培训物流营销团队的意义和流程。

能力目标

掌握制定物流营销计划的步骤。

掌握物流营销计划管理方法。

掌握物流营销团队的管理方法和技巧。

掌握物流营销评价指标和评价方法。

掌握新的物流营销理论应用能力。

素养目标

通过工作任务训练培养学生精益求精、追求卓越的工匠精神。

通过学习国内物流企业成功案例，加强学生对国家和物流行业的自信。

认真学习四川省"五一劳动奖章"获得者卢毅的事迹，汲取榜样力量，养成吃苦耐劳、乐观向上、积极进取的职业素质。

行业人物事迹　从快递员到公司负责人，他用奋斗诠释"工匠精神"

2012 年，在外漂泊多年的隆昌小伙卢毅返回家乡内江，机缘巧合成了一名快递员。11 年间，他不辞辛苦、脚踏实地，凭借自身的努力和毅力，从一名普通的快递员做到了旗下有近 60 名员工的快递公司负责人。

记者进行采访时正值末伏，暑热未退。经开区极兔速递内江市市中区公司的负责人卢毅正在给公司的员工开会，他从快件安全、派收件操作规范、行车安全等方面向快递员们进行了强调，并叮嘱大家近期一定要注意防暑降温，保重身体。安排好工作后，卢毅还是像往常那样，协助快递员们将一个个包裹扫码装车。

2012 年，在外打工多年的卢毅回到了家乡内江。当时正逢全国电商迅速发展，内江的快递行业正是急需人才之际，没有高学历、快递经验和社会背景的卢毅选择了当时在他看来最好上手的工作——快递员。

"因为送快递的收入是计件制的，只要多干多送就能多挣钱。我当时一门心思就是想多送快递，无论是冰箱、电视、还是洗衣机，无论多大多重，有件我就去送。"卢毅透露，因为送得多，接触得多，一些顾客的喜好、送货需求自己就慢慢记住了，当时公司的老板也对自己越来越信任，让自己接触了收派件、开拓市场等其他业务，为后来创业打下了基础。

随着对快递行业各项业务的熟悉和掌握，2015年，卢毅从原公司承包了一片区域自负盈亏单干，他开始一边送快递一边学着当老板。2021年，内江百世快递由于经营问题面临倒闭，为了不影响内江本地物流产业发展，卢毅四处筹钱接下了内江百世的区域代理权，在经过几个月的整顿后，恢复了百世快递的各项经营数据。2022年，极兔速递收购百世快递，卢毅与员工们共同努力，很快完成了双网融合，极兔速递内江市市中区公司正式成立。

回忆起创业路上的点点滴滴，卢毅告诉记者："其实很多时候都蛮难的，以前大雨天送快递，即使我们自己淋湿透了，也要保障快递不打湿。后来为了成立公司，我找亲戚借钱，甚至老爸把养老钱都拿出来给我了。但很多时候又觉得自己是幸福的，当我把快递送到顾客手中，他们脸上开心的笑容，他们给我的一瓶水、一个苹果。还有后来，公司走上正轨，看着几十个兄弟每天出发派件时充满干劲的身影，都让我觉得很值得。"

如今，极兔速递内江市市中区公司收派范围已涵盖市中区、内江经开区城区和11个乡镇，日均进出港快件超过2万票，提供工作岗位近60个，已经成了内江快递行业中一股不可或缺的力量。

极兔速递内江市市中区公司快递员彭磊说："卢总对快递这个行业的热爱还是很影响我们的，平时他就经常给我们讲，一个小小的包裹，它里面包含的是收件人的期待和寄件人的祝福，所以无论快递大小、轻重，都要认真对待，小心轻放。他的话让我们有强烈的责任感，也很有归属感和使命感，我们为自己是一名快递员而感到光荣。"

星光不负赶路人，江河眷顾奋楫者。因为这些年在工作中的突出表现，卢毅先后获得四川省、内江市五一劳动奖章，以及四川省"最美快递员"、内江市"最美劳动者"等多项荣誉。

卢毅表示："快递行业全天服务于生产和消费，现在已经成了供给和消费两端的重要桥梁。今后，我将继续发扬劳模精神、劳动精神和工匠精神，带领公司全体员工，在自己平凡的岗位上，通过努力实现自我的价值，通过奋斗实现心中的梦想，继续做一只服务社会、传递幸福的'小蜜蜂'。"

思考：

1. 是什么因素让卢毅从一名快递员一直坚持做到公司负责人？
2. 作为一名物流企业经理，应该具备什么样的能力和素质？

任务 1　制订与管理物流营销计划

✈ 任务情景

工作任务：编制物流营销计划。

A公司是一家从中小微物流企业成长为中型物流集团的企业。该公司从事零担物流业务，以前只有 10 来个人，物流营销业务主要靠总经理和部门经理的个人能力争取，能拿到什么业务就尽力做好。随着公司规模逐渐扩大，A 公司现在拥有 3 家子公司，员工人数也已增长到 2000 余人。

A 公司总经理张先生意识到：以往"摸着石头过河"的业务管理方式已经不适应公司现阶段的发展要求，他决定加强公司的营销计划管理。

如果你是该公司的物流经理，请制订该公司今年的营销计划，以便为张先生的经营决策做参考。

任务分析

在物流企业的营销活动中，加强物流营销计划有助于提高企业的市场竞争力。物流营销计划是物流企业总体计划的一个组成部分，它在企业各项计划的制订和执行过程中起着十分重要的作用。在竞争激烈的物流市场中，企业需要制订营销计划，实施有针对性的营销策略，扩大业务范围，提高服务水平，从而在竞争中占据优势。

编制物流营销计划由物流营销经理负责完成。为了完成这项工作任务，我们必须要掌握以下专业知识和职业技能：

1. 相关的专业知识

物流营销计划的构成要素，物流营销计划的类型。

2. 相关的职业技能

制订物流营销计划的步骤，物流营销计划管理方法。

任务准备

一、认知物流营销计划

1. 基本概念

物流企业营销计划是指物流企业为完成物流营销活动目标所制定的一系列对未来营销活动的安排和打算，体现了物流企业未来要达到的目标和如何达到这些目标。物流营销战略对物流企业而言是"做正确的事"，而物流营销计划则是"正确地做事"。

物流营销计划包括目标和实现目标的手段 2 个方面的内容。计划必须从企业总体经营的战略高度来编制，目标的实现有赖于一系列计划的制订与实施，物流营销计划是物流企业总体计划的一个组成部分，它在企业各项计划的制订和执行过程中起着十分重要的作用。

2．构成要素

物流企业营销计划同其他行业各企业的营销计划大体一致，物流企业营销计划可分为战略计划和作业计划两种。前者是由公司的高层及主要部门制定的，侧重于公司的基本方向、市场目标及达成这些目标的重大行动和方案，计划期应在5年以上；后者即由营销部门负责编制、计划期为半年至一年，侧重于比较具体的工作目标、营销策划、财务预算和各自的资源利用情况。

3．作用

制订物流营销计划有如下作用：

1）物流营销计划详细说明了预期的经济效益，有关部门和企业做高层管理者就可以预计未来的发展状况，既可以减少经营的盲目性，又可以使企业有一个明确的发展目标，便于企业采取相应的措施，力争达到预期目标。

2）有利于物流企业判断所要承担的成本费用，从而进一步精细打算，节约开支。

3）营销计划描述了将要采取的任务和行动，便于明确各有关人员的职责，使他们有目标、有步骤地去完成自己的任务。

4）有助于监测各种营销活动的行动和效果，从而使物流企业能够更加有效地控制营销活动，协调部门的关系。

二、物流营销计划的类型

1．按时期长短分

可分为长期计划、中期计划和短期计划。

1）长期计划的期限一般在5年以上，主要是确定未来发展方向和奋斗目标的纲领性计划。

2）中期计划的期限为1～5年。

3）短期计划的期限通常为1年，如年度计划。

2．按涉及范围分

可分为总体营销计划和专项营销计划。

1）总体营销计划是企业营销活动的全面、综合性计划。

2）专项营销计划是针对某一产品或特殊问题而制订的计划，如品牌计划、渠道计划、促销计划、定价计划等。

3．按计划程度分

可分为战略计划、策略计划和作业计划。

1）战略计划是对企业将在未来市场占有的地位及采取的措施所做的计划。

2）策略计划是对营销活动某一方面所做的计划。

3）作业计划是各项营销活动的具体执行性计划，如一项促销活动，需要对活动的目的、时间、地点、活动方式、费用预算等进行策划。

三、物流营销计划的制订流程

（一）制订物流营销计划概要

物流营销计划概要是对主要营销目标和措施的简短摘要，目的是使高层主管迅速了解该计划的主要内容，抓住计划的要点。

（二）分析物流营销状况

这部分主要提供与市场、产品、竞争、分销以及宏观环境因素有关的背景资料。具体内容有：

1）市场状况。列举目标市场的规模及其成长性的有关数据、顾客的需求状况等。如目标市场的年销售量及其增长情况、在整个市场中所占的比例等。

2）产品状况。列出企业产品组合中每一个品种的销售价格、市场占有率、成本、费用、利润率等方面的数据。

3）竞争状况。识别出企业的主要竞争者，并列举竞争者的规模、目标、市场份额、产品质量、价格、营销战略及其他的有关特征，以了解竞争者的意图、行为，判断竞争者的变化趋势。

4）分销状况。描述公司产品所选择的分销渠道的类型及其在各种分销渠道上的销售数量。如某产品在百货商店、专业商店、折扣商店、邮寄等各种渠道上的分配比例等。

5）宏观环境状况。主要对宏观环境的状况及其主要发展趋势做出简要的介绍，包括人口环境、经济环境、技术环境、政治法律环境、社会文化环境，从中判断某种产品的命运。

（三）分析机会风险

首先，对计划期内企业营销所面临的主要机会和风险进行分析。

其次，对企业营销资源的优势和劣势进行系统分析。

最后，在机会与风险、优劣势分析基础上，企业可以确定在该计划中所必须注意的主要问题。

（四）拟定目标

营销目标是企业营销计划的核心内容，是企业在市场分析的基础上做出的决策。营销计划应建立财务目标和营销目标，目标要用数量化指标表达出来，要注意目标的实际、合理，并应有一定的开拓性。

1）财务目标。财务目标即确定每一个战略业务单位的财务报酬目标，包括投资报酬率、利润率、利润额等指标。

2）营销目标。财务目标必须转化为营销目标。营销目标可以由以下指标构成，如销售收入、销售增长率、销售量、市场份额、品牌知名度、分销范围等。

（五）拟定营销策略

拟定企业将采用的营销策略，包括目标市场选择和市场定位、营销组合策略等：明确企业营销的目标市场是什么市场，如何进行市场定位，确定何种市场形象；企业拟采用什么样的产品、渠道、定价和促销策略等。

（六）拟定营销预算

营销预算即开列一张实质性的预计损益表。在收益的一方要说明预计的销售量及平均实现价格，预计出销售收入总额；在支出的一方说明生产成本、实体分销成本和营销费用，以及再细分的明细支出，预计出支出总额。最后得出预计利润，即收入和支出的差额。企业的业务单位编制出营销预算后，送上层主管审批。经批准后，该预算就是材料采购、生产调度、劳动人事以及各项营销活动的依据。

（七）制定行动方案

对各种营销策略的实施制定详细的行动方案，即阐述以下问题：将做什么？何时开始？何时完成？谁来做？成本是多少？整个行动计划可以列表加以说明，表中具体说明每一时期应执行和完成的活动时间安排、任务要求和费用开支等。使整个营销战略落实于行动，并能循序渐进地贯彻执行。

（八）监督检查

对营销计划执行进行检查和控制，用以监督计划的实行。为便于监督检查，具体做法是将计划规定的营销目标和预算按月或季分别制定，营销主管每期都要审查营销各部门的业务实绩，检查是否实现了预期的营销目标。凡未完成计划的部门，应分析问题原因，并提出改进措施，以争取实现预期目标，使企业营销计划的目标任务都能落实。

四、物流营销计划管理

（一）过程管理

过程管理可以通过以下几个途径开展。

1. 营销报表

营销报表可以反映营销计划执行过程的详细情况，通过报表可以看出营销人员有没有抓住营销计划实施的重点，在计划实施过程中是否存在问题，同时还可以通过报表了解营销目标的完成情况，掌控营销计划实施的进度。

2．营销工作程序

这是正确执行营销计划的保障，比如要完成既定的终端铺货计划和铺货率目标，就要提高拜访客户的效果，如果对营销人员的铺货工作建立一个规范的程序或步骤，就可以在不用增加任何资源的情况下达成目标，比如规定营销人员必须按照以下程序开展工作：整理客户资料、明确客户目标、选择拜访路线、做好拜访准备工作、拜访客户、检查客户卡、检查海报张贴、整理仓库和货架、收集竞争信息、填写客户卡、建议客户订货量、道谢离开等一系列步骤，标准化的程序将会为营销人员提供一个良好的工作规范，增强他们的信心，提高营销计划的实施效率。

3．营销会议

营销会议将会对营销计划的执行状况进行双向沟通，有利于及时发现营销人员工作中出现的问题，并提供帮助和指导，同时也教给营销人员一些销售技巧和方法，提高他们的应变能力；另外对于营销计划在实际过程中碰到的困难，也要通过营销人员的反馈给予重新审视，对营销计划进行动态调整。

4．营销培训

营销培训是激励营销队伍、提高工作效率的最佳方法，包括对执行营销计划所需要的技能进行培训，同时对营销计划的核心思想、营销策略进行灌输，使营销人员能充分领会营销计划的要求，把握营销工作的重点。

（二）目标管理

1．营销计划层层分解

要想让营销目标及计划更好地完成，就需要对其进行层层分解，比如，营销总监分解给营销经理，营销经理分解给营销主管，营销主管分解给业务员，业务员分解给经销商，协助经销商分解给他的业务员，甚至下游渠道客户，分解过程当中，业务员要将目标与计划出台的背景、实施要点、注意事项等讲给他们听，然后监控他们营销计划的执行情况。

2．营销目标责任到人

物流营销目标下达给营销总监之后，作为企业负责人，只需要盯着营销总监就可以了。作为营销总监，则需要把这些营销任务，量化分解到具体的每一个直接下属，并督促和检查他们，让他们把营销目标落实到营销计划，并分解成具体的工作指标，比如，市场开发、推广新产品、做促销活动等，依次类推，分解工作做得越扎实，分解得越细致，责任人越明确，越有助于营销目标与计划的达成。

3．日控月清，日结月高

要把一年的营销目标具体分解到每个月，把每个月的目标分解到每一天，然后对每一天的目标与计划完成情况进行管控，检核当天目标计划完成了没有，没有完成次日怎么去弥补。

日控，就是每天控制，争取平均每天都能达标。

月清，就是在日控的基础上，把每个月的目标任务量给清理掉，次月就可以轻装上阵，而不是负重前行。

日结，就是每天都要进行总结，总结得失、总结成败，避免重复犯一些错误，或好的经验不能复制和传承。

月高，就是要求自己每月都要比以前有所提高，包括销售业绩、工作技能等。

✈ 任务实施

一、实训目标

1）了解物流营销计划的作用。

2）掌握物流营销计划的制定方法。

二、实训操作步骤

步骤	操作方法	质量标准
分析物流营销状况	从市场、产品、竞争、分销以及宏观环境等方面进行分析	分析全面且符合现实情况
拟定营销计划目标	制定营销计划的财务目标和营销目标	财务目标和营销目标可行性强
制定营销策略	制定目标市场选择和市场定位、营销组合策略	营销策略描述全面且有针对性
制定营销预算	开列一张实质性的营销预计损益表	营销预算合理且可控
形成营销计划方案	制定每一时期应执行和完成的活动时间安排、任务要求和费用开支	方案完整、逻辑性强、可行性强

三、实训评价

小组序号：			学生姓名：	
小组成绩：			学生成绩：	
考核指标	考核标准		满分	得分
物流营销状况	物流营销状况分析与本公司契合度高		20	
营销计划目标	财务目标和营销目标具备可达成性		20	
营销策略	营销策略可行性强		20	
营销预算	营销预算具有可操作性		20	
营销计划方案	方案完整、逻辑性强、可行性强		20	

▪ 课后拓展 ▪

阿凡提物流公司的成功之道

新疆阿凡提物流有限公司是一家综合服务型物流企业,专业从事国内外公路运输,于 2000 年创办,在我国 32 个省、自治区、直辖市建立货运网点 100 多家,下设新疆股份、西北股份、西南股份、华南股份、中南股份、华东股份、华北股份、东北股份八家股份公司,成为新疆乃至全国知名的物流企业。

1．准确的市场定位

从成立的第一天起,公司就树立了强烈的品牌意识。公司定名为"阿凡提物流",就是要借区域知名文化品牌,以名扬名,迅速获得市场认可。阿凡提是智慧、勇敢和美德的象征,这一象征有利于企业品牌价值的形成,迅速提升企业的美誉度。事实证明,以阿凡提智者形象作为企业"形象代言人",极大地促进了企业的发展。最初的 3 年,一年一个新台阶,企业由当初的主要以疆内托运为主,到主打乌鲁木齐与天津、北京、石家庄 3 条往返专线,再到发展成为在全国拥有 20 多家分公司,在业内小有名气的网络化零担货运公司。

企业领导向全体员工明确提出了"敢为天下先,领跑西部物流并独具特色的阿凡提物流品牌,成为您身边最值得信赖的物流合作伙伴"的品牌发展思路。这一品牌定位既是针对新疆零担货运业内缺乏主导者的现状,也是基于企业区内外业务的快速发展,同时也使企业一贯坚持的"一流品质、一流服务"团队建设使命感和理念有了新的和更确切的追求方向、追求空间和追求目标。起到了凝聚力量、鼓舞斗志的强大精神作用。

2．强烈的服务意识

真诚服务是赢得客户满意与忠诚的不二法则。为此,企业不断强化思想精神、管理制度、服务意识等文化,加强"一流品质,一流服务"物流团队建设,不断规范企业各项操作流程,积极完善企业服务质量评价指标体系,狠抓诚信体系建设,始终把诚信建设作为企业的头等重要大事,要求员工真诚待人、真诚待客、真诚待己,使诚信服务成为立人之本、立业之本。通过各种方式,不断加强与客户的互动与沟通,积极创新服务产品,坚持为客户打造多样化和个性化的服务,积极拓展市内"门到站""站到门"和城际"门到门"的上门取货、到站配送业务,赢得了客户的广泛好评。

3．独具魅力的文化营销

零担货运物流是典型的网络型经济,服务点面多,服务半径不一。加上零担货运服务的客户庞杂,信息的传递量大,因而使企业很难找到一种合适的媒体进行针对性的营销宣传。

传统媒体如报纸、电视等很难精确地把企业服务能力等信息有效地传递给目标客户，广告投入往往得不到应有的回报。经过多方调研，公司果断决定采取期刊营销方式。为此投巨资创办了新疆物流行业内第一份高质量杂志《物流商界》，一年四期，每期 5 万册，年投入资金近 70 万元，在全国各地免费派送。《物流商界》现在已经成为人们了解阿凡提物流、了解新疆以及新疆社会经济发展的重要窗口，受到了社会各界高度好评和广泛赞誉。

4. 健全的物流服务网络

物流网络是零担货运企业物流服务的基本通道。为此，公司特别注重运营网点的开发。根据货流的特点以及各地的实际情况，有重点、有层次地开发潜在客户，规划建设运营网点。截至 2024 年，公司运营网点除哈尔滨、长春、福州等外，全国各省级城市已全部覆盖，地级城市覆盖率已达到 17%。

企业实现了发展进程中战略突破，充分利用自身优势，拓展了中亚商贸物流市场，先后在吉尔吉斯斯坦的比什凯克、奥什建起了阿凡提物流分公司，在哈萨克斯坦、土库曼斯坦、乌兹别克斯坦建立联营合作单位，实现了阿凡提物流走出国门、抢占中亚市场的第一步。

5. 完善的营销战略保障措施

一是把发展零担快运作为今后的重点战略目标和战略追求方向，不断提升企业的发展层次，逐步使企业的整个系统驶入零担快运的轨道。企业利用新疆现有的高速公路系统，打造乌鲁木齐至奎屯段的零担快运运作管理模式。二是自主开发零担货运物流软件系统，以强化企业业务、财务、人事及客户关系管理，并为客户提供更好的订单处理、货物跟踪等服务。三是优化服务组织，提高管理的效率，实施三级管理。企业对全国各地的网点管理进行调整优化，在原来"网点—总部"的两级管理结构中，增设了东北、华北、东南、华南等八大区，实施新的"网点—八大区—总部"的三级管理体制。四是不断完善"阿凡提物流管理执行大纲"，加强作业管理。为此，公司对收货、出入库、货物装车、卸车、配载、发运、分流中转、中途卸车、提送货、代收货款、保价货物及货损货差赔付、客户与合同、车辆—货物的各环节都做了具体规定，以确保货运安全、货物安全及货物的快捷准时到达，真正做到让客户满意。

问题：

请分析阿凡提物流公司成功的原因。

任务 2　管理物流营销团队

任务情景

工作任务：管理好企业的物流营销团队。

A 公司是一家中型物流集团的企业，现在拥有快递物流、仓储物流和冷链物流等 3 家子公司，员工总人数 2000 余人。其中，快递物流子公司经过多年发展，业务量较为稳定，多为 10 年工龄以上的老员工；仓储物流子公司面对激烈的市场竞争，业务量起伏较大，以 3～5 年工龄的员工为主；冷链物流子公司则是刚成立的新公司，员工大多为新进人员。

A 公司物流营销负责人李先生现在管理物流营销团队时遇到几个问题：每个子公司的物流业务不同，且各自处于不同发展阶段，如果用相同的办法来管理不同子公司的物流营销人员，会出现不适用的情况；且公司员工年龄结构复杂，如何管好"老人"，带好"新人"，是一门很深的学问。

如果你是 A 公司物流营销经理，该如何管理好这样一支物流营销团队？

任务分析

面对日趋激烈的竞争，物流企业是否拥有优秀的营销团队已经成为其能否长久地生存发展的必要条件。而物流营销团队的领导者—— 营销经理的胜任与否，将直接关系到营销团队的整体业绩水平。物流营销经理必须要善于管理营销团队，带领营销队伍完成本年销售和服务目标，并为下一个年度打下坚实的基础。要管理好物流营销团队，必须要掌握以下专业知识和职业技能：

1．相关的专业知识

物流营销组织结构类型，物流营销团队的管理方法与技巧。

2．相关的职业技能

不同发展阶段物流营销团队的管理，不同类型物流营销人员的管理。

任务准备

一、不同物流营销组织结构下的团队管理

1．区域型物流营销组织

这种组织结构模式是根据地域划分销售人员，比如经常听到的华南区营销部、华中区营销

部等，就是区域型物流营销组织的产物。该类物流营销组织所经营的物流产品相对单一，相似度较高，支持快速学习；物流客户数量众多、地域分布广泛，又需要快速打开市场。

在该模式下，物流营销经理权力集中，决策速度快；更容易建立本地客户关系网络。但各个营销区域自主权太大，协调难度高；容易只看到当下，缺乏长远前瞻性。

2. 产品型物流营销组织

这种组织结构模式根据物流产品类型来划分物流营销人员。例如我国大型物流企业的物流产品分为电商快件、大件物流、冷链物流、医药物流等。该模式适用的物流产品品类多，且性能差异较大，以及客户分属的行业差异较大。

在该模式下，每条物流产品线都能得到专业、充分的发展，物流营销经理能够对物流营销员工开展营销技巧的培训。但不足之处是每条物流产品线要配备相应营销人员，成本高，且营销区域重叠，导致工作复杂。

3. 客户型物流营销组织

这种组织结构模式根据客户类型划分销售人员，例如大客户营销、中小型客户营销等。该模式适应不同类型客户的需求、销售方式差异大；某一类客户占据非常高的产品营收。

在该模式下，物流营销部门对客户需求满足得比较好，更容易深入研究某一细分市场。但部分营销培训成本比较高，关键营销人员离职带来的风险高。

4. 职能型物流营销组织

这种组织结构模式是根据销售过程划分为不同阶段，比如售前营销、售后营销。该模式适用于售前、售中、售后需要的技能差异较大、整体规模较大的企业。

在该模式下，物流营销经理可对营销人员有明确的分工；有助于培养专项的销售专家。但不足之处是不同职能之间的营销人员容易产生争端。

议一议：这些物流企业为什么要变革组织结构

2023年3月，阿里巴巴宣布成立六大业务集团，包括把菜鸟物流升级为菜鸟集团，拟推进独立上市。同年4月，京东物流也启动了新一轮组织架构调整，取消区域划分，聚焦供应链、快递快运等核心业务，成立前台事业部。2025年4月，顺丰也表示将在生鲜速配、食品冷运、空网布局、供应链业务等板块开展深度变革。

2023年4月，美国联邦快递（FedEx）也公布了一项重要整合计划。4月6日，FedEx宣布了整合其各部门的计划，将把旗下的快递业务 FedEx Express、小包服务 FedEx Ground、运输服务 FedEx Services、货代服务 FedEx Logistics 整合为一个新组织——Federal Express Corporation。

二、物流营销团队的管理方法与技巧

1．确立清晰明确的目标

心理学家马斯洛曾说，杰出团队的显著特征便是具有共同的愿望与目的。由于人的需求不同、动机不同、价值观不同、地位和看问题的角度不同，对企业的目标和期望值也有着很大的区别，因此，要使物流营销团队高效运转，就必须有一个共同的目标，让大家知道"我们要完成什么、我能得到什么"。这一目标是成员共同愿望在客观环境中的具体化，是团队的灵魂和运行的核心动力。

为了使物流营销团队的目标更具激励作用，在设计目标时，必须明确确定团队的目标、价值观以及指导方针。制定的目标愿景必须能够激励成员，使每位团队成员都相信团队的愿景并愿意努力去实现它。物流营销团队的目标应该根据团队及其企业现有内外环境资源及市场机会理性分析、综合评判，必须建立在团队确实能做到的愿景的基础之上，目标不能定得太高，也不应太低。物流营销团队目标应该是团队成员利益的集中体现，不仅要合乎社会规范，具有时代性，而且要与团队成员的价值取向相统一。

2．培养良好的团队氛围

健康和谐的团队氛围能使团队成员之间从生疏到熟悉，可以在长时间内使人们保持亲密。物流营销团队关系越和谐，组织内耗越小，团队效能就越大。信任对于团队的健康发展和效率提高具有至关重要的作用。要使物流营销团队健康发展，团队领导之间应该团结一心，履行承诺，管理层在实施政策时要公正公开公平，使团队成员对领导的信用和政策产生信心。

同时，物流营销管理者应该在团队工作范围内充分授权，并向团队公开团队工作所必需的信息，尽量创造机会，与团队成员进行交往、沟通，注重员工工作满意度和生活满意度的提高。物流营销团队是每个成员的舞台，个体的尊重与满足离不开团队这一集体，要在物流营销团队内部经常性地倡导感恩和关爱他人的良好团队氛围，尊重员工的自我价值，将团队价值与员工自我价值有机地统一起来，通过实行良好的工作福利待遇、改善工作环境、职位调换等手段使成员感受工作的乐趣以及挑战性，从而提高团队的工作效率。

3．做好团队人员的培训

要提高物流营销团队的整体素质，学习是重要因素。在知识经济时代，唯一持久的竞争优势是具备比竞争对手学习得更快的能力。对团队来说，培训已成为持续不断地学习创新的手段，对团队目标的实现非常重要。

在物流营销团队中，应营造积极的氛围，使成员乐于培训，确信自己可以做得更好。同时，要有计划地实施教育培训，积极创造条件，组织学习新知识、新技术，开展岗位练兵与技术比武活动，为其提供各种外出进修学习的机会，提高人员的知识、技能和业务水平，使他们能够不断提高自身素质，适应团队发展的需要，把团队办成一个学习型团队。同时，加强物流营销人员的思想政治工作，加强员工的职业道德建设，培养员工爱岗敬业、团结拼搏精神，使物流企业内形成和谐、友善、融洽的人际关系和团结一心、通力合作的团队精神。

4. 提高团队管理层的领导力

领导力是领导在动态环境中，运用各种方法，以促使物流营销团队目标趋于一致，建立良好团队关系，以及树立团队规范的能力。优秀的团队领导往往充当教练员和协调员的角色，能在动态环境中对团队提供指导和支持，鼓舞团队成员的自信心，帮助他们更充分地认识自己的潜力，并为团队指明方团队领导的行为直接影响到团队精神的建立。人人都知道，一个优秀的团队领导能够带动并且提高整个团队的活力，指导并帮助团队取得更加突出的成绩。

由此可见，物流营销团队领导首先要懂得如何管人、用人；其次，领导者要加强自身素质的修炼，善于学习，勤于学习，运筹帷幄，把握方向和大局，研究事业发展战略；最后，领导者要加强自身的德行修养，懂得以德服人，做到开阔胸襟、讲究信誉，敢于否定自己、检讨自己，善于集中团队成员的智慧、采纳团队成员的意见，发扬民主管理的作风，不断提高领导水平。

5. 做好团队人员的思想转变工作

对物流营销团队管理要有认同感，要有精益求精的工作要求、严谨务实的工作态度和认真负责的工作责任心。物流营销团队管理就是要严格按照各项规章制度依法从严搞好工作，境界更高、标准更严、要求更实。从思想教育入手，启发人员服从管理的自觉性，使团队正规化建设过程成为教育人、培养人的历程。

另外，物流营销团队管理者应当及时准确地掌握人员的思想动态，帮助人员解决实际困难和问题，有针对性地做好思想教育工作。要坚持疏导结合的工作方针，及时打通理顺思想，做到"知其然并知其所以然"。同时，要根据团队的个体差异，因人施教、因人施管，充分调动工作积极性，达到团队严格管理的目的。物流营销团队建设的核心是"以人为本"。在团队建设中贯彻科学发展观，其本质和核心在于贯彻"以人为本"这一总要求，始终坚持把团队人员放在主体地位。对管理者来说，就是必须充分尊重团队人员的主体地位，切实维护团队人员的权益，不断改善团队人员的生活条件，激发他们热爱事业、努力学习、刻苦训练的进取精神和创新发展，为建设正规化团队奠定坚实基础。

6. 注意细节

天下大事必作于细，天下难事必作于精。物流营销经理应引导物流营销人员立足于做好小事，从小事体现敬业精神，体现责任心，量化管理细节，把工作内容、制度以量化形式体现，用心做事，把事做对、做好。以一日生活为主线，从小处、细微处抓起，充分利用各种时机和场合，一点一滴抓好习惯养成，自觉规范落实各项管理制度。严格按照条令条例，狠抓检查督促，做到严抓细抠、一丝不苟，随时纠正与部队管理不相称的言行举止，切实做到练与不练一个样、查与不查一个样、领导在与不在一个样。通过细节的管理提高管理的质量。

以提高战斗力为目的，运用现代管理模式和信息化手段，对管理对象实施精细、快捷的管理控制。应摒弃传统的粗放型管理模式，把提高管理效能作为管理创新的基本目标。应把管理的信息化运用到计划、组织、指挥、协调和控制之中，运用数理方法实现定性、定量的管理和保障。还应运用智能技术和电子监视系统，对管理对象实行全时制连续自动控制，通过实时的数据采集和网状的信息传递，提高决策效率和反应速度。

7. 重在习惯养成

物流营销团队建设是基础性、经常性的工作。要想使团队建设正规化，必须养成良好的习惯。在团队，人人都要置身于严格的管理养成之中，形成上下左右齐抓共管的良好态势。

大量事实表明，在物流营销团队建设工作中，"以人为本"的思想理念是提高团队建设水平的关键，更是贯穿团队发展创新的真正体现。要始终坚持把团队人员放在团队建设的重要位置，充分尊重和考虑团队人员的利益，调动每个人员的积极性、主动性、创造性，使人员视团队为家倍感温暖，营造"和谐团队"，确保各项工作的正常开展和团队的高度稳定。

读一读：京东物流的几个团队管理原则

七上八下原则："七上"指的是管理者要大胆提拔"七成熟"员工。只要员工的工作能力达到岗位要求的 70% 且价值观良好，就应大胆提拔任用。"八下"指的是 80% 的管理者都必须从内部培养提拔，只允许 20% 从市场招聘。

8150 原则：每 1 个管理者直接汇报的下属不得低于 8 个人，如果不到 8 个人，就要减少中间层级的管理者。只有当一个管理者直接汇报的下属超过 15 人，公司才允许在同一个管理层级再增加一个管理者；每 1 个管理者管理的同一工种的基层员工不能低于 50 人，只有超过 50 人时，才可以考虑设立第二个团队管理者。8150 原则核心是保障组织扁平化，只有坚持该原则，才能保证企业 CEO（首席执行官）和员工之间只隔了 5 层管理者。

三、不同发展阶段的物流营销团队管理

1．成立期

阶段概念：刚组建团队，或者是新任命了物流营销经理时。

阶段特点：新入团队的人心态紧张且充满期待，个人弱点处于隐蔽状态。

工作重点：形成团队内部稳定的结构框架，与外部建立初步联系。

领导风格：以领导为中心的命令型。

阶段建议：销售经理要多指挥、保持较为频繁的监督频次。

2．动荡期

阶段概念：团队成员各自为营，或者出现小团队的时候。

阶段特点：频繁遭遇挫折，内部缺乏奉献精神，成员对物流营销经理容易产生意见。

工作重点：物流营销经理可以鼓励团队成员参与决策、建立工作规范、安抚人心。

领导风格：领导倾向处于教练员的位置。

阶段建议：有意识地增加双向交流的频次，征求各方意见后做决定。

3．稳定期

阶段概念：人际关系整体从敌对走向合作的时候。

阶段特点：团队整体规范和流程逐渐常态化，员工技能得到提升，成长意愿强。

工作重点：培养团队文化，鼓励员工提建议。

领导风格：领导倾向处于指导辅助的位置。

阶段建议：减少指挥次数，多支持团队成员，多问少说，减少监督频次。

4．爆发期

阶段概念：团队内部协作解决问题，可自由而建设性地分享观点。

阶段特点：团队部分成员分享领导权，成员普遍有使命感，能够自我驱动。

工作重点：给团队成员挑战的机会和舞台，认可成员个人的成就。

领导风格：领导倾向于多做授权、双向交流的状态。

阶段建议：放权给下属做决策，减少指挥、支持的频次。

四、不同类型营销人员的管理

1．物流营销人员的成长期管理

物流营销人员 3 个成长期的管理见表 4-1。

表 4-1　物流营销人员 3 个成长期的管理

成长期	工作年限	目标	培养方式	需要物流营销经理的指导
新人期	0～6 个月	成为合格营销人员	培养责任心，使其了解公司愿景、认同公司文化和价值观	提供方向引导： 1）使其拥有明确的目标和及时的反馈 2）使其拥有明确的工作界限和工作计划 3）提供完善的培训机会和及时的认可
成长期	0.5～2 年	成为专业型人才	培养上进心，使其通过学习与实践成为专业人才	提供成长机会： 1）打造学习型组织，提供明确的学习方向，提供与其他企业的交流合作机会 2）帮助员工分析关键业绩指标，相信其具备独立的事件处理能力，并辅助其进行职业生涯规划
贡献期	3 年以上	成为事业型人才	培养事业心，使其将个人追求与企业追求相统一	提供足够的舞台让其发挥，实现个体与企业的共同成长： 1）充分授权，允许其进行变革 2）明确告知使其发现问题、纠正问题、解决问题

2. 不同类型物流营销人员的管理

物流营销人员根据其性格和工作习惯，可分为不同类型，适用的管理方式见表 4-2。

表 4-2　不同类型物流营销人员的管理

人员类型	人员特点	管理方法
自大型	总觉得别人很不专业，自己很厉害	1）将其调整到更有挑战性的岗位 2）为其设定更高的目标
挑刺型	总是挑刺产品、价格等问题	1）追问其背后原因，考虑其意见合理性 2）帮助其树立团队意识，使其明白扰乱军心的问题严重性
推销型	习惯强迫性地向客户推广	1）重新审视销售提成制度的合理性 2）明确营销除了成单之外的其他责任，帮助其区分短期和长远利益
懒散型	对待工作态度较为懒散	1）适当提高其销售指标 2）考虑调整销售区域、产品等，也可以给予短暂放假、令其调整状态
恐惧型	对完成目标缺乏信心	1）针对其问题提供解决方案 2）帮助其树立信心，增强知识、技巧相关的培训
超时型	执行工作总是不守时	1）要求其使用时间管理工具 2）引导其制定严格的工作计划表

✈ 任务实施

一、实训目标

1）了解物流营销团队的管理方法与技巧。

2）掌握不同类型人员的管理方法。

二、实训操作步骤

步骤	操作方法	质量标准
分析 A 公司下属子公司的组织结构类型	从企业组织结构划分标准分析	组织结构划分符合实际情况
分析 A 公司下属子公司发展特点和员工情况	根据各个子公司发展情况、员工工龄情况进行分析	分析情况符合公司实际情况
制定物流营销团队管理措施	根据 A 公司各个子公司不同情况，制定物流营销团队管理措施	物流营销团队管理措施符合公司实际情况

三、实训评价

小组序号：		学生姓名：		
小组成绩：		学生成绩：		
考核指标	考核标准	满分		得分
企业组织结构划分	A 公司组织结构类型划分正确	25		
A 公司下属子公司发展特点和员工情况分析	分析情况符合公司实际情况	25		
制定物流营销团队管理措施	管理措施适宜、得当，符合公司实际情况	50		

▪ 课后拓展 ▪

某农产品物流营销团队的管理改革项目成功案例

某农产品物流有限公司成立于 20 世纪 60 年代，是专门从事鲜活农产品物流的国有企业，重点以承担港澳市场的农产品物流为主。

这几年受到同类公司的市场竞争的影响，公司营业压力逐步增大，连年出现亏损。随着国企改革推进、保供任务由其他公司分担，集团领导通过讨论后决定，改变过去以完成计划性任务为主的情况，逐步调整为市场化的经营方式，提升企业盈利水平。为了扭亏为盈，公司决定优先从营销单位入手，增加经营渠道和收入，并聘请外部专家开展针对营销单位的薪酬以及绩效管理体系的改革工作。

在项目开始后，公司聘请的专家项目组深入该公司进行了调研，了解到目前该公司已经在上级集团的要求下，开始了各方面的改革工作，围绕着"市场化、专业化"的方向，重新梳理了组织结构、优化了部门职责，营销团队作为龙头部门，也是领导最关注的，然而几次改革都没有达到预期效果，专家组经过调研分析，提出改革需要解决的关键问题如下。

1. 在原有的薪酬体制下，营销人员的收入以固定工资为主，难以调动积极性

在改革之前，该公司的主要任务就是保障港澳地区的农产品物流供给，因此公司侧重完成生产计划，营销部门主要任务是领取供给指标，和中介单位沟通、运输即可。并不需要发挥传统意义上的客户开发、价格谈判等作用。因此对营销岗位的要求和其他岗位没有太大区别，自然薪酬也不会有太大差异。而公司的薪酬体系按照传统的以职级定薪的模式实施，存在"大锅饭"的问题。

随着市场化的改革转型，上级减少了保障性的供给任务，公司需要自负盈亏，面向市场开展经营。在这种情况下，对销售类岗位提出了完全不同的要求。而营销人员如果还以固定薪酬为主，不需要付出就能够拿到不低的薪酬，付出了又没有太大收入差距，大家自然是没有动力的。

2. 营销团队的人员能力有限，激励考核无法发挥作用

在转型后，公司经过改革，已经降低了固定工资、提高了绩效工资，并提出销售团队除了维护原有的农产品物流供给任务以外，还需要拜访客户、开发新市场、开展价格谈判、维护大客户等，对人员能力也提出了更高要求。然而现有的营销人员已经习惯了过去的工作方式，短期内也无法快速提高能力，并对这样的变动表示不满。因此公司经过多次改革，始终无法实现预期效果。

3. 在制定考核目标时缺少依据，导致绩效考核始终无法落地

作为营销人员，大家提出需要用加薪调动人员的积极性。在薪酬绩效改革中，公司领导希望提出更高的目标作为激励的基础，然而部门认为公司领导的目标过高，无法达到。作为农产品物流行业，依然存在"随行就市、看天吃饭"的特点，往往年初的目标到年中也无法确定。在年底的时候，也无法确定是否应该实行激励。

专家团队经过分析现状，针对销售团队目前存在的问题进行梳理，指出目前公司处于改革阶段，销售团队是重中之重，需要快速配置专业人才、调动积极性，项目组提出可以通过如下方式改革对营销团队的管理方式，实现战略目标。

（1）调整薪酬结构，并在当前阶段实施吸引人才＋激励性高的分类工资制度。

作为营销类岗位，一般而言，薪酬结构中需要降低固定部分、提高绩效部分。这样的方向和策略是没问题的，对营销单位来说，重在业绩激励的制度可以促使营销人员以市场拓展、新客户增加和业绩提升为主。

然而考虑到本公司的实际情况，原有的营销人员已经在国企工作了数十年，习惯了原有的方式，而新的营销团队需要快速从市场上招聘专业人才，如果突然降低固定薪酬，总薪酬又无法保障，会导致现有人员的不稳定、也无法招聘到成熟的外部人才。因此专家组提出，薪酬结构可分为两类，由人员自行选择。第一类为保底工资制，在当前的薪酬结构基础上，只要完成基础职责、绩效考核得到合格以上，即可拿到不低于原有薪酬总额的收入，但是不再根据公司收入增长。第二类为契约制，员工和公司签订对赌协议，按照低固定工资、高业绩提成的方式领取薪酬，且对薪酬不设上限。在薪酬总额不足的情况下，优先保障第二类人员的薪酬收入，体现向一线倾斜的原则。

（2）人岗匹配是一切激励的前提，将销售团队分为两个小组负责不同的业务。

专家组指出，人岗匹配是一切激励政策发挥作用的前提。目前营销团队不能适应市场化改革后的工作要求，即使提供了高额薪酬激励、业绩奖金，也无法发挥效果。因此项目组提出需要从外部引入专业人才，快速打开局面。

考虑到国有企业对稳定性的要求，以及销售业务的特点，顾问专家提出分类激励的方式。即对于原有的人员和不愿意承担降薪风险的人员，继续负责供给指标申请、客户维护等任务，固定工资占比较高，但是缺少调薪空间；对于新市场开拓、新客户开发的职责，重新成立一个营销团队，配置专业人才，以高目标、高激励、高淘汰为导向进行管理，即需要认领高目标，完成后有较高的薪酬，如果长期达不到要求需要及时淘汰。

（3）建立多级目标管理下的绩效考核体系作为激励的依据。

考虑到公司缺少绩效考核方面所需的历史数据和管理基础，在开展营销团队的绩效考核时，不易确定准确的目标，往往是营销团队自己提的要求过低，上级领导提的要求被认为无法达到。针对这种情况，项目组提出建立多级目标管理机制，即每年的绩效考核业绩指标，不再是一个数值，而是分为多个等级，在目前阶段可分为3个等级：最低目标、考核目标、增量目标。其中，最低目标以历史数据为准，即营销团队的目标不能低于历史数据中的低值，如果低于该目标，与淘汰挂钩；考核目标参考部门提出的目标与外部市场对标数值，与绩效工资挂钩；增量目标以公司领导提出的目标为界限，如果高于公司领导规定的数值，即高于公司期望，则可以获得额外的奖励。通过设置多级目标，在前期有利于快速积累数据、调动员工积极性，随着历史数据的积累，更容易为今后的考核目标制定提供良好的基础。

问题：
你认为专家组为该农产品物流有限公司设计的改革方案能取得成功吗？为什么？

任务 3　评价物流营销绩效

任务情景

工作任务：编制物流营销与服务绩效评价方案。

德钦物流是 A 市的一家大型物流企业，该公司的物流业务主要服务于市内各个商场、超市等。德钦物流的营销人员每天都要深入销区，进行拜访新客户、回访老客户、物流服务产品谈判、货款结算业务等工作。

由于公司近几个月已经没有新产品推出，并且货款结算大都为月结，规律性较强，德钦物流陈老板便认为员工无所事事，甚至没有作为。于是找到了营销经理，让其拿出一套绩效考核体系，以加强对营销人员的管理，防止他们在市场上"浪费"时间，督促其多做工作。营销经理接受任务后，绞尽脑汁最后设计出了一套表格，要求营销人员逐日填写每天访问的客户、时间、接洽人、工作内容、接洽人电话等内容。刚开始，营销人员还如实填写，但后来营销人员便产生了抵触情绪，认为这是公司对员工的严重不信任，于是就开始在表格上信手"涂鸦"。虽然营销经理也曾通过打电话给客户以监督、检查表格内填写内容是否真实，可是执行起来并不容易，经常找不到人，并且客户也没有义务配合你，而营销经理又不能到实地去核查，实际上这种考核浮于表面，根本反映不了营销人员的实际工作量。

如果你是德钦物流的营销经理，你会如何制定物流营销与服务绩效评价方案？

任务分析

在物流企业的营销活动中，绩效评估是对物流营销员工工作表现的全面评价和分析，是管理者对员工工作结果进行的正式评估和反馈。物流营销与服务评估可以帮助管理者了解公司的营销与服务现状，找到问题所在，制定目标和策略，从而更好地推动营销业务的发展。

编制物流营销环境分析报告由物流营销主管负责完成。为了完成这项工作任务，我们必须要掌握以下专业知识和职业技能：

1．相关的专业知识

物流营销与服务的特点和重要性，物流营销与服务评价的目的和意义。

2．相关的职业技能

物流营销与服务的评价指标和评价方法。

任务准备

一、物流营销与服务的特点和重要性

1. 特点

物流营销与服务有以下特点：

（1）个性化服务。

不同客户对物流服务的需求不同，物流企业需要提供个性化的服务方案。

（2）时效性。

物流营销与服务需要快速响应客户需求，确保货物及时、安全地送达目的地。

（3）专业化。

物流营销与服务涉及多个环节和专业知识，需要专业化的团队来提供高质量的服务。

2. 重要性

物流营销与服务的重要性如下：

（1）提升客户满意度。

优质的物流营销与服务可以提高客户满意度，促进客户再次选择该物流企业。

（2）增强企业竞争力。

良好的物流营销与服务有助于物流企业树立良好的品牌形象，吸引更多客户，从而增强物流企业竞争力。

（3）促进销售增长。

优质的物流营销与服务可以缩短交货周期，减少库存，降低成本，从而提高企业的销售业绩。

二、物流营销与服务绩效评价的目的和意义

1. 目的

物流营销与服务绩效评价的目的如下：

（1）推动行业发展。

物流营销与服务绩效评价不仅关注物流企业自身，也关注整个物流行业的发展水平和趋势，从而推动物流行业整体的进步。

（2）提升物流服务质量。

通过对物流营销与服务绩效的评价，发现物流营销与服务中的不足和问题，进而改进和优化物流服务质量，提升客户满意度。

（3）适应市场竞争。

物流行业竞争激烈，优秀的物流营销与服务是企业赢得市场份额和客户信任的关键。

2．意义

物流营销与服务绩效评价的意义有：

（1）衡量营销与服务水平。

物流营销与服务绩效评价是衡量物流企业服务水平的重要指标，能够客观地反映企业在营销与客户服务方面的表现。

（2）发现服务问题。

通过对客户服务绩效的评价，物流企业可以及时发现物流营销与服务中存在的问题和不足，从而采取针对性措施进行改进。

（3）提升客户满意度。

优秀的客户服务绩效能够提升客户满意度和忠诚度，进而增加客户数量和业务量，提高物流企业的市场竞争力。

（4）促进企业持续发展。

客户服务绩效的评价不仅关注当前的物流服务质量，也关注物流企业的长期发展潜力和竞争优势，从而为物流企业制定科学合理的发展战略提供重要参考。

读一读：顺丰强劲业绩背后：提升快递员的积极性

顺丰充分保障员工权益，并结合丰富的激励机制促进快递员积极开拓业务。2024年，顺丰持续提升一线员工薪酬福利，并结合各类机制和工具如前置分拣、装卸工具优化、经验地图、企业微信等，持续以多举措激发快递员创收活力与薪酬竞争力。针对持续低收快递员更特别提供保障，结合区域和人员能力精细化诊断低收原因，并提供针对性策略以有效解决长期低收问题。

此外，顺丰还格外重视一线快递员的劳动强度，通过智能化的排班实现快递员根据个人意愿调休。同时公司致力于减少快递员的工作强度，通过多样化的分班模式有效降低快递员的工作时长，使快递员平均的日工作时长降低1.26小时。

2024年，顺丰散单件个人会员数量规模达6.99亿，较上年末新增约3600万，增长5.4%。这就是在针对性的政策激励下，顺丰一线快递员积极开发高价值散单业务，实现了公司业务与个人收入的双赢。

三、物流营销与服务绩效评价指标

1．销售指标

在进行物流营销与服务绩效评价时，应着重关注的销售指标包括：

（1）销售额。

销售额是衡量市场营销人员绩效的关键指标之一。它反映了市场营销人员的销售能力和业绩表现。销售额的增长可以作为一个指标来评估市场营销人员的贡献。

（2）销售增长率。

销售增长率是衡量市场营销人员带动业务增长能力的指标。它可以通过比较不同时间段内的销售额来计算。较高的销售增长率意味着市场营销人员的业绩良好。

（3）市场份额。

市场份额是衡量市场营销人员在市场中的竞争地位的指标。它可以通过比较公司的销售额占整个市场销售总额的比例来计算。较高的市场份额表明市场营销人员在市场中占据有利位置。

（4）销售目标完成率。

销售目标完成率是评估市场营销人员达成销售目标能力的指标。通过设定具体的销售目标，并根据实际销售情况进行评估，可以确定市场营销人员的表现。

2．财务指标

应着重关注的财务指标包括：

（1）销售费用。

销售费用是指物流企业销售物流产品、提供劳务的过程中发生的各种费用。一般来说，营销人员的销售费用和业绩是相对成正比的。

（2）销售回款率。

销售回款率是指物流企业在一定时间内已经收回的销售货款占总应收账款的比例。销售回款率高，企业回收应收账款的速度较快，资金周转率高。

3．客户指标

应着重关注的客户指标包括：

（1）陌生客户拜访数量。

拜访的客户数量越多，掌握的客户信息越多，营销人员找出合作客户的可能性越大。这就要求营销人员具有敬业精神，不辞辛苦，不畏拒绝。

（2）新客户开发数量。

新客户的开发数量是衡量一个营销人员的最基本指标，是一个营销人员专业能力和敬业精神的充分体现。企业要发展，市场额度就要不断增大，必须要有新客户，才能提高销量。

（3）老客户流失数量。

老客户是企业取之不尽的利润源泉。老客户知根知底，合作年数长，产品熟悉度高，销量也很稳定。一个老客户的流失，可能两个新客户都弥补不过来。老客户的流失不但使企业失去了稳定的销量，也会给企业的产品和口碑带来负面影响。

（4）客户满意度。

客户满意度是评估营销人员服务质量的重要指标。它可以通过调查问卷、客户反馈等方式进行评估。高客户满意度意味着营销人员能够满足客户需求并提供优质的服务。

读一读：京东快递员月入 8 万元

京东总裁在京东内部信里公开赞扬一位月薪 8 万元的员工——34 岁的黄少波，京东物流华南区广州一名快递员，2 月总揽件数达到了 13 万件，3 月份的收入达到了 8 万元，月薪全部是揽件提成，没有底薪。

该情况是基于京东取消了快递员的底薪，薪酬制度调整源于京东物流独立运营后新增了大量外部订单业务、大客户业务以及个人快递揽件等业务，京东认为原有的"底薪制"已经不适合新业务模式，于是在取消底薪的同时将快递员的揽收件数计入绩效，这样的调整将十分考验一线快递员的营销推广和揽件能力。

四、物流营销与服务绩效评价方法

1．问卷调查法

问卷调查法是国内外社会调查中使用较为广泛的一种方法。问卷是指为统计和调查所用的、以设问的方式表述问题的表格。问卷调查法就是研究者用这种控制式的测量对所研究的问题进行度量，从而搜集到可靠的资料的一种方法。

问卷调查法的实施首先是设计问卷，根据评价目的和物流服务特点，设计科学合理的问卷，包括服务质量、服务态度、服务效率等方面的问题。其次是发放与回收，通过邮件、电话、网络等方式将问卷发放给客户，并约定回收时间和方式。最后是数据统计与分析，对回收的问卷进行数据统计和分析，得出客户对物流服务的评价结果。

2．关键事件法

确定关键事件，选取物流营销与服务过程中对客户产生重大影响的关键事件，对关键事件的影响程度进行评估，包括时间、成本、客户满意度等方面。汇总评价结果，将各关键事件的评价结果进行汇总，得出整体物流服务绩效的评价结果。

3．层次分析法

建立层次结构模型，将物流服务绩效评价指标按照不同层次进行划分，建立层次结构模型。构造判断矩阵，通过专家打分或客户调研等方式，构造各层次指标间的判断矩阵。计算权重并排序，利用数学方法计算各指标的权重，并进行排序，得出各指标对物流服务绩效的影响程度。

4．模糊综合评价法

确定评价因素集，选取影响物流营销与服务绩效的主要因素，构成评价因素集。确定评语集，设定评价结果的等级，如优秀、良好、一般、较差等，构成评语集。建立模糊关系矩阵，通过专家打分或客户调研等方式，建立各评价因素与评语集之间的模糊关系矩阵。进行模糊综合评价，利用模糊数学方法对模糊关系矩阵进行处理，得出物流服务绩效的模糊综合评价结果。

任务实施

一、实训目标

1）了解物流营销与服务的评价指标。

2）掌握物流营销与服务的评价方法。

二、实训操作步骤

步骤	操作方法	质量标准
分析以前绩效评价不成功的原因	结合德钦物流公司的物流业务情况，剖析之前绩效评价失败的成因	分析全面且符合公司实际情况
明确绩效评价的目的	根据德钦物流的公司情况、业务特点，明确为什么开展绩效评价	绩效评价目的符合实际
制定绩效评价指标	开展调研，制定与德钦物流公司营销岗位工作实际相符的绩效评价指标	绩效评价指标能起到激励营销人员的作用
选取绩效评价方法	选取适合公司实际情况的绩效评价方法	评价方法客观、公开、公正
形成绩效评价方案	归纳以上因素，制定德钦物流营销人员完整的绩效考核方案	方案完整、逻辑性强、可行性强

三、实训评价

小组序号：		学生姓名：		
小组成绩：		学生成绩：		
考核指标	考核标准	满分	得分	
原因分析	分析全面且符合公司实际情况	20		
绩效评价目标	绩效评价目标明确、可行	20		
绩效评价指标	绩效评价指标可行性强，具有可操作性	20		
绩效评价方法	绩效评价方法客观、公开、公正	20		
绩效评价方案	方案完整、逻辑性强、可行性强	20		

B 公司营销绩效考核方案错在哪里

B 公司是一家从事酒品配送的物流公司，公司配送的酒产品主要送往宾馆、餐饮、酒吧等场所。这类营销网络具有几个令企业头痛的问题，诸如淡旺季物流配送量差异大、货款回收周期长等，导致呆死账的现象时有发生。

于是，公司主管营销的李副总便会同人力资源部、财务部共同制定了一套营销人员绩效考核体系，但这套所谓的绩效考核体系就是几个关键性的财务指标：销售额、回款额、呆死账额度等指标。并且，采取月度考核的办法，完不成任务直接从工资中扣罚，并且呆死账要营销人员个人负责。如果连续 3 个月没有完成目标或者超过设定目标，营销人员就要主动离职。

执行后，营销人员确实变得十分谨慎，害怕自己"赔了"。结果，更加意想不到的事情发生了，销售网点开发力度大大降低了。更糟糕的是，有一位营销人员所负责的酒店在一夜之间倒闭了，尚欠公司 2 万元物流货款，这位营销人员无力承担，只好"潜逃"了，还带走了公司的一些未结算的财务票据。B 企业害怕损失，结果蒙受了更大的损失，这都是绩效考核惹的祸吗？

问题：

B 公司对营销人员绩效考核存在什么问题，该如何解决？

任务 4　培训物流营销团队

✈ 任务情景

工作任务：培训物流营销团队。

爱世达公司是一家位于广州的中型国有企业，主要从事危险品仓储业务。该公司以前是 A 集团的下属企业，主要业务来源于 A 集团的其他下属企业，公司员工平均年龄 45 岁左右，均为中高级职称。今年，爱世达公司经历了企业改制，从 A 集团剥离，成为独立法人，必须独立开拓物流市场业务。

近年来，国内物流市场环境发生了重大变化，随着互联网技术日新月异，给社会生产和人民生活带来深刻变革，新一代营销理念和技术加速赋能传统物流产业，带动物流企业转型升级步伐不断加快。要开拓国内物流市场，营销理念、技术和方法必须能跟上产业的发展和变化。

　　然而，爱世达公司营销人员年龄普遍偏大，对营销的认知还停留在传统的 4P 理论阶段，对新的营销理论和技术如 4C 理论、4R 理论和数字营销等，了解甚少、掌握不深；团队执行力普遍较差，遇到问题总是推诿或找客观原因。

　　作为爱世达公司的物流营销经理，请制定对该公司的营销团队进行营销培训的方案。

任务分析

　　物流企业营销工作需要不断进行创新，以适应物流市场不断变化和发展的需求，提高市场竞争力，提高品牌价值和市场占有率。

　　物流营销经理在营销过程中需要运用最新理念对营销人员行为规范做出指引，更需要用新理论来指导具体的营销工作。为了满足这个工作要求，物流营销经理应掌握以下专业知识和职业技能。

1. 相关的专业知识

培训物流营销团队的意义，培训物流营销团队的流程。

2. 相关的职业技能

4C 理论、4R 理论和数字营销等内容在物流企业营销中的应用。

任务准备

一、培训物流营销团队的意义

　　培训物流营销团队的重要意义在于提升团队的整体能力、增强团队协作和创新能力，以及促进团队成员的个人和职业发展。

1. 有助于提升团队的整体能力

　　通过专业的营销技巧培训，物流营销人员能够更好地理解企业文化、产品特点和市场策略，从而更好地满足客户需求，为企业创造更大的价值。专业的营销技巧，如客户关系的维护、市场需求的精准洞察以及谈判策略的灵活运用等，是业绩突围的关键。此外，通过实战模拟和情感沟通的培训，营销人员能够提高与客户建立情感联系的能力，从而提高客户满意度和忠诚度。

2. 能增强团队协作和创新能力

　　在数字化时代，市场环境和客户需求都在不断变化，因此，物流营销培训不应是一次性的活动，而应是一个持续的过程。物流营销团队协作能力的培养也是销售培训的重要内容。通过共同研究和面对挑战，物流营销团队成员能够更好地协调工作，并更好地合作解决问题。培训活动可以鼓励团队成员提出新的想法和解决方案，并通过团队讨论和互动来改进和完善这些想法，从而不断提高团队的创新和解决问题的能力。

3．对团队成员的个人和职业发展也有积极影响

通过系统的培训计划，帮助新加入物流营销团队的成员快速融入团队并熟悉工作流程。对于已经有一定工作经验的团队成员，也需要定期进行培训和提升，以适应不断变化的市场环境。通过组织内部培训、参加行业研讨会、分享会等方式，让团队成员了解最新的行业动态和营销策略，从而提升团队的整体能力。同时，通过选拔与培训过程中的激励机制，如设立明确的晋升通道和奖励机制，可以激发团队成员的积极性和创造力，同时也关注团队成员的职业发展规划，为他们提供成长空间和晋升机会。

读一读：17 年零投诉，这位快递员说："没有捷径，就是多练"

2024 年是者发贵成为快递员的第 17 个年头。17 年里，他作为云南昆明顺丰速运有限公司一线收派员，刻苦钻研物品打包技术和提升服务质量，保持"零投诉"的记录；他热心"传帮带"，200 多名徒弟成为公司优秀快递员；他积极参加公司收派技能竞赛，取得骄人成绩和荣誉，2024 年更是荣获全国五一劳动奖章。

多年来，者发贵始终把学习作为做好工作的首要条件，日复一日，年复一年，孜孜不倦。在包装技巧和服务标准的理论学习上，他坚持不懈，结合日常工作"干中学"。者发贵熟悉区域上的每一条道路，熟记每位客户的上班时间，掌握大家的实际需求和特殊情况，再合理安排配送时间和配送方式。"没有捷径，就是多练、多想、多总结。"者发贵常说。

除了做好本职工作，者发贵还悉心传授工作经验给新来的快递员。多年快递员经历，让者发贵更了解快递工作流程。为了让新入职的快递员快速"上手"，他把怎样优化路线、提高效率、避免重复工作等技巧、怎样包装客户的快件能更加安全等经验一一向同事们分享。2012 年，者发贵成为顺丰"师父"，开始带徒弟，截至 2024 年，在片区上已带出了 200 多名优秀的快递员，"传帮带"成效显著。徒弟们经常调侃："者师父虽然温和但是却很严格，尤其涉及安全和操作规范从来都不松懈。"这些优秀的徒弟遍地开花，继续在自己的区域上为更多的快递用户提供优质的服务，身体力行继承了者发贵的道德情操和职业操守。

二、培训物流营销团队的流程

1．确定培训目的和内容

在开展物流营销培训之前，首先需要确定培训的目的和内容。不同的物流企业有不同的营

销需求，因此要根据企业的实际情况来制订培训计划。同时，需要明确培训的重点，关注员工在营销过程中存在的问题，有针对性地开展培训。

2．选择营销培训形式

物流营销团队培训形式多种多样，可以选择线上培训、线下培训、专业讲座等形式。选择合适的培训形式可以更好地传达培训内容，增强培训效果。

3．培训师和培训方式的选择

选择好的培训师对物流营销团队培训的效果起到了至关重要的作用。培训师要有丰富的实战经验和专业的知识技能，能够为员工提供有益的指导和帮助。同时，要根据员工的实际情况，选择不同的培训方式，包括案例分析、互动讨论等，激发员工学习热情，提高参与度。

4．培训成果的评估

在物流营销团队培训结束后，需要对培训成果进行评估，确定营销培训的实际效果。评估方式可以包括培训反馈、员工业绩、客户满意度等。通过评估成果，可以及时发现问题，及时调整改进营销培训的方式和内容。

5．持续性培训的开展

物流营销团队培训不是一次性的活动，而是需要持续地进行。企业要不断地调整培训内容和形式，满足不同员工的需求。同时，也要鼓励员工积极参与培训，为营销培训不断注入新的动力。

读一读：中通授人以"渔"

2024年，中通集团在"民营快递之乡"浙江桐庐投资建设用于全网员工学习培训的"中通学院培训中心"。这也就意味着，中通联动网点，组织中通快递员开展常态化的学习和培训。此外，中通将与大专院校、职业培训机构等合作，提供上岗证和技能职称考试培训，提升快递员的综合能力、专业技能、服务能力和职业素养。让更多综合能力较强的一线从业者走向管理岗位。

除此之外，中通还为快递员提供了与职业相关的创业机会，中通快递员如果要自己创业开办门店、二级承包区或一级网点，集团在资源整合匹配上将优先服务他们。特别是"兔喜生活+"项目，集团与网点均鼓励和支持中通快递员加入其创业合伙人团队，并提供从门店设计、经营方法、系统工具、快递业务导入到商业赋能等一站式的创业支持和辅导。此外，中通还专门设计和推出了低门槛、快审批、高额度、低利率、长期限的专属贷款产品，为中通快递员创业解决资金难问题。

中通董事长赖梅松表示，快递员是美好生活的创造者、守护者，快递员们的生活越来越好，收入越来越高，自豪感越来越强，是中通"用我们的产品造就更多人的幸福"的初心使命。

在业内看来，对于快递员的关怀，不仅需要福利提升，更需要明确的职业培养和上升通道，这种方式或许有利于更高效地提升劳动者的技能，打开他们职业的上升空间，实现劳动者不断的再教育、再提升。

三、培训物流营销团队的内容

（一）物流营销理论培训

1．物流营销 4C 理论

（1）4C 理论的内涵。

随着市场竞争日趋激烈，媒介传播速度越来越快，美国学者罗伯特·劳特朋教授提出，营销时需持有的理念应是"请注意消费者"而不是传统的"消费者请注意"。因此，他提出 4C 理论，4C 分别是指顾客（Customer）、成本（Cost）、便利（Convenience）和沟通（Communication）。

1）顾客（Customer）。物流企业直接面向顾客，因而更应该考虑顾客的需要和诉求，建立以顾客为中心的营销观念，将"以顾客为中心"作为一条红线，贯穿物流营销活动的整个过程。

物流企业应站在顾客的立场上，帮助顾客选择物流服务；按照顾客的需要及购买行为，组织物流服务销售；研究顾客的购买行为，更好地满足顾客的需要；注重给顾客提供优质的物流服务。

2）成本（Cost）。物流企业要明确，不是先给自己的物流服务定价，即向顾客要多少钱，而是顾客为满足需求而愿意支付的"顾客总成本"是多少。

因此，物流企业应在分析目标客户需求的基础上，为目标客户量体裁衣，制定一套个性化的物流方案，充分考虑好如何在尽可能短的时间内，选择适合的运输方式，高效、快捷、安全地将产品送到顾客手中，降低产品本身的物流成本、顾客花费的时间成本和精力成本等，只有这样才能为顾客所接受。

3）便利（Convenience）。物流企业在制定分销策略时，要更多地考虑顾客是否方便，而不是企业自己是否方便。要通过好的售前、售中和售后服务让顾客在享受物流服务的同时，也享受到便利。便利是客户价值不可或缺的一部分。

最大限度地便利顾客，是目前处于过度竞争阶段的物流企业应该认真思考的问题。如上所述，物流企业在选择地理位置时，应考虑地区、区域、地点等因素，尤其应考虑"顾客的易接近性"这一因素，使顾客容易就近享受到物流服务。同时，在物流服务中心的设计和布局上要考虑方便消费者进出、上下，方便消费者付款结算等。

4）沟通（Communication）。即以客户为中心，实施物流营销策略，通过互动、沟通等方式，将物流企业的服务与顾客的物流需求进行整合，从而把顾客和物流企业双方的利益无形地整合在一起，为顾客提供一体化、系统化的物流解决方案，建立有机联系，形成互相需求、利益共享的关系，共同发展。在良好的顾客服务基础上，物流企业就可以争取到更多的物流市场份额，从而形成一定的物流服务规模，取得规模效益。

看一看：什么是熟人？顺丰小哥是常伴你身边的熟人

请扫描右侧二维码观看"什么是熟人？"视频，思考该视频反映了物流营销 4C 理论的什么内涵？

什么是熟人？顺丰小哥
是常伴你身边的熟人

（2）4C 理论的应用。

4C 理论深刻地反映在企业营销活动中。在 4C 理念的指导下，越来越多的企业更加关注市场和顾客，与顾客建立了一种更为密切的和动态的关系。

大名鼎鼎的微软公司在其首席执行官巴尔默德的主持下，也开始了一次全面的战略调整，使微软公司不再只跟着公司技术专家的指挥棒转，而是更加关注市场和顾客的需求。我国的科龙、恒基伟业和联想等企业通过营销变革，实施以 4C 为理论基础的整合营销方式，成了 4C 理论实践的先行者和受益者。

家电行业中，"价格为王""成本为师"都是业内的共识，以前都是生产厂家掌握定价权，企业的定价权完全是从企业的利润率出发，没有真正从顾客的"成本观"出发，这就是为什么高端彩电不普及的原因。顾客考虑价格的前提是自己"花多少钱买这个产品才值"。于是销售终端就需要有人研究顾客的购物"成本"，以此来要求厂家"定价"，这种按照顾客的"成本观"来对厂商制定价格要求的做法就是对追求顾客满意的 4C 理论的实践。

（3）4C 理论的不足。

首先，4C 理论以顾客为导向，着重寻找顾客需求，满足顾客需求，而市场经济还存在竞争导向，企业不仅要看到需求，而且还需要更多地注意到竞争对手。冷静分析自身在竞争中的优劣势并采取相应的策略，才能在激烈的市场竞争中处于不败之地。

其次，在 4C 理论的引导下，企业往往被动适应顾客的需求，导致失去了自己的方向，为被动地满足顾客需求付出更高的成本，如何将顾客需求与企业长期获得利润结合起来是 4C 理论有待解决的问题。

2. 物流营销 4R 理论

（1）4R 理论的内涵。

4R 理论是美国整合营销传播理论学者唐·舒尔茨在 4C 理论的基础上提出的新营销理论。该理论以关系营销为核心，注重企业和客户关系的长期互动，重在建立顾客忠诚。它既从企业的利益出发，又兼顾顾客的需求，是一个更为实际、有效的营销战术。4R 理论的营销四要素包括关联（Relevance）、反应（Reaction）、关系（Relationship）、报酬（Reward）。

1）关联（Relevance）。企业与顾客是一个命运共同体，建立并发展与顾客之间的长期关系是物流企业经营的核心理念和最重要的内容。

在物流竞争性市场中，顾客忠诚度是变化的，要提高顾客的忠诚度，赢得长期稳定的市场，要通过某些有效的方式在业务、需求等方面与顾客建立关联，减少顾客流失的可能性。物流企业对营销更需要靠关联、关系来维系。完善的物流系统，使企业能够及时地提供个性化产品，满足顾客的需求，最大限度地提升消费者的满意度，使消费者对企业的好感不断累积，树立企业良好形象，赢得忠实用户。

2）反应（Reaction）。在相互影响的市场中，对经营者来说最难实现的问题不在于如何控制、制定和实施计划，而在于如何站在顾客的角度及时地倾听和从推测性商业模式转移成为高度回应需求的商业模式。

物流企业应站在顾客主场，第一时间倾听他们的希望、渴望和需求，并迅速回应、即时行动。目前，许多物流企业愿意倾听顾客的需求，能把握市场变化的脉搏，但往往由于物流系统的不完善，当市场需求发生变化时，生产、配送无法同步提速，从而错失占领市场的先机。

3）关系（Relationship）。与以前相比，物流企业与客户的关系产生了 5 个转向：从一次性交易转向强调建立长期友好合作关系；从着眼于短期利益转向重视长期利益；从顾客被动适应企业单一销售转向顾客主动参与到生产过程中来；从相互的利益冲突转向共同的和谐发展；从管理营销组合转向管理企业与顾客的互动关系。

物流企业的营销和管理必须以顾客为导向，通过改善物流管理，提高服务质量，降低价格，吸引新的顾客，提高企业竞争力和市场营销效果；完善的物流供应系统，能最大限度地满足顾客所需，使顾客在与企业的互动中感受到企业对于自己的重视，愿意与企业建立长期而稳固的关系。

4）报酬（Reward）。一切物流营销活动都必须以为顾客及股东创造价值为目的。成功的物流运作，不仅可以为物流企业节约大量成本，还能为物流企业赢得顾客的信赖与支持，促进企业与顾客之间建立长期的互动关系，忠实顾客的不断增加自然能够为企业带来持续的利润源泉，获得丰厚的回报。

（2）4R 理论的特点。

1）4R 营销以竞争为导向，在新的层次上提出了营销新思路。根据市场日趋激烈的竞争形势，4R 营销着眼于企业与顾客建立互动与双赢的关系，不仅积极地满足顾客的需求，而且主动地创造需求，通过关联、关系、反应等形式建立与它独特的关系，把企业与顾客联系在一起，形成了独特竞争优势。

2）4R 营销真正体现并落实了关系营销的思想。4R 营销提出了如何建立关系、长期拥有顾客、保证长期利益的具体操作方式，这是关系营销史上的一个很大的进步。

3）4R 营销是实现互动与双赢的保证。4R 营销的反应机制为建立企业与顾客关联、互动与双赢的关系提供了基础和保证，同时也延伸和升华了营销便利性。

4）4R 营销的回报使企业兼顾成本和双赢两方面的内容。为了追求利润，企业必然实施低成本战略，充分考虑顾客愿意支付的成本，实现成本的最小化，并在此基础上占据更多市场份额，形成规模效益。这样一来，企业为顾客提供的产品和追求的回报就会最终融合，相互促进，从而达到双赢的目的。

看一看：出发，赴春之约。顺丰速运助力春茶出山

请扫描右侧二维码观看"顺丰速运助力春茶出山"视频，思考该视频反映了物流营销 4R 理论的什么内涵？

出发，赴春之约。顺丰速运助力春茶出山

（3）4R 理论的不足。

4R 理论的不足存在于 4 个方面：一是过于强调顾客导向，可能导致企业忽视自身利益；二是实施成本较高，需要企业投入大量资源；三是过于强调短期利益，可能导致企业忽视长期战略；四是过于强调营销手段，可能导致企业忽视产品创新和品质提升。

3．数字营销

（1）数字营销的内涵。

数字营销，是一种借助互联网络、计算机通信技术和数字交互式媒体实现营销目标的新型营销方式。它充分利用数字化多媒体渠道，使营销更加精准、效果可量化、数据化。简单来说，数字营销就是通过社交媒体、搜索引擎、电子邮件等在线渠道来推广和销售产品或服务的行为。

在数字经济时代，数字营销不仅仅是一种技术手段的革命，而且包含了更深层的观念革命。它是目标营销、直接营销、分散营销、顾客导向营销、双向互动营销、远程或全球营销、虚拟营销、无纸化交易、客户参与式营销的综合。数字营销赋予了营销组合以新的内涵，其功能主要有信息交换、网上购买、网上出版、电子货币、网上广告、企业公关等，是数字经济时代企业的主要营销方式和发展趋势。

（2）数字营销的特点。

1）集成性。实现了前台与后台的紧密集成，这种集成是快速响应顾客个性化需求的基础。一方面，可实现商品信息至收款、售后服务一气呵成，因此也是一种全程的营销渠道。另一方面，物流企业可以借助互联网将不同的传播营销活动进行统一设计规划和协调实施，避免不同传播的不一致性而产生的消极影响。

2）个性化服务。数字营销按照顾客的需要提供个性化的产品，还可跟踪每个顾客的销售习惯和爱好，推荐相关产品。网络上的促销是一种低成本与人性化的营销方式。

3）产品信息。互联网可以提供当前产品详尽的规格、技术指标、保修信息、使用方法等，甚至对常见的问题提供解答。顾客可以方便地通过互联网查找产品、价格、品牌等。

4）选择空间。数字营销将不受货架和库存的限制，提供巨大的产品展示和销售的平台，向顾客提供几乎无限的选择空间。

5）成本优势。在网上发布信息，代价有限，将产品直接向顾客推销，可缩短分销环节，发布的信息谁都可以自主地索取，可拓宽销售范围，这样可以节省促销费用，从而降低成本，使产品具有价格竞争力。前来访问的大多是对此类产品感兴趣的客户，受众准确，避免了许多无用的信息传递，也可节省费用。还可根据订货情况来调整库存量，降低库存费用。

6）市场。营销产品的种类、价格和营销手段等可根据顾客的需求、竞争环境或库存情况及时调整，网络能超越时空限制与多媒体声光功能范畴，发挥营销人员的创新精神。

数字营销还具备多媒体、跨时空、交互式、拟人化、超前性、高效性、经济性等特点。由于利用了数字产品的各种属性，数字营销在改造传统营销手段的基础上，增加了许多新的特质。

基于以上特点，数字营销具有许多前所未有的竞争优势，能够将产品说明、促销、客户意见调查、广告、公共关系、客户服务等各种营销活动整合在一起，进行一对一的沟通，真正达到营销组合所追求的综合效果。这些营销活动不受时间与地域的限制，综合文字、声音、影像及视听，用动态或静态的方式展现，并能轻易迅速地更新资料，同时消费者也可重复地浏览查询。综合这些功能，就相当于创造了无数的经销商与业务代表。

看一看：京东快递携手百位达人网络带货赣南脐橙，助力乡村振兴

京东快递携手百位达人来到江西赣州，将鲜美的赣南脐橙传递到千家万户，助力赣州乡村振兴。

请扫描右侧二维码观看，并思考物流企业应该如何有效利用数字营销？

京东快递携手百位达人网络带货赣南脐橙，助力乡村振兴

（3）数字营销的不足。

1）数字营销需要较大的市场投入，才能使用户找到需要的信息和内容。

2）有限的跟踪能力：企业只能获得下载数量、页面浏览数量等信息。

3）无法定制化：对于所有受众，接收和浏览的内容都是一样的。

4）兼容性问题：从较少限制的聚合内容到严格控制的电子邮件和文本信息等推送信息的技术，都有自己的规则。

5）需要发送内容的系统：营销人员需要使用应用程序来发送信息，包括从电子邮件营销系统到阅读器。

6）信息发送可能被阻挡：如果营销人员不遵守各个推送信息类型的规则，内容可能会在到达预期的接收者之前就被拒绝或阻挡。

读一读：中国外运：探索数据科技新未来

在国家数据局主办的 2024 中国国际大数据产业博览会（简称"数博会"）上，中国外运以"数链生态 智运全球"为主题首次亮相数博会专业展，精彩展示了其在智慧物流领域的最新数字技术和产品。

中国外运在数字化转型过程中采用了多种新兴技术，如 AIGC、视觉识别、自动驾驶、流程自动化机器人等人工智能技术，供应链规划工具等运筹优化，柔性机器人、具身智能等自动化应用，又以区块链实现供应链金融、组合港，利用物联网搭载运综可视化云边端一体化解决方案，使用清洁能源、物流行业碳计算器等绿色技术……这些技术应用高效支撑了中国外运在业务上实现数字化运营、智能化作业和绿色化发展。

自全面推进数字化转型以来，中国外运取得了显著成果。公司打造了一系列绿色物流、智慧物流的整体解决方案，包括单证智能化处理平台、供应链仓网规划工具、"小悠盘"智能盘点机器人、"识货宝"智能收发货机器人、"金链"供应链金融平台、物联网平台、干线自动驾驶运输等，为客户提供了更安全、更稳定、更智能、更高效、更低碳的以科技驱动的物流解决方案。

（二）物流营销团队执行力培训

当今物流市场环境快速变化，物流营销团队的执行力成为企业获取竞争优势的关键。高效的执行力不仅意味着准确无误地完成既定任务，更代表着能够迅速适应变化，持续创造价值。

高效营销执行力源于执行力的基因、结果与任务思维、团队执行力的工具、客户价值、执行力的标准以及执行力的保障和落地。

1．执行力的基因

物流营销团队的执行力基因是那些深植于企业文化和团队成员心中的内在动力和行为准则。这些基因包括对结果的执着追求、对效率的持续优化、对创新的不断探索以及对团队协作的深刻理解。培养这种基因需要从企业的领导层开始，通过一系列的行为表率、培训和沟通活动，逐渐渗透到每个团队成员的日常工作中。

物流营销团队可通过以下 3 个方面来奠定执行力的基因：

1）明确目标：物流营销团队首先要确立清晰、具体的目标，确保每个成员都了解自己的任务和期望成果。

2）责任到人：明确每个人的职责，让团队成员明白自己在整个流程中的角色，增强责任感。

3）培养执行力文化：通过不断强调执行力的重要性，鼓励团队成员勇于承担、积极行动。

2．结果与任务思维

结果思维是指团队在执行任务时始终以最终的成果为导向，而任务思维则是关注于完成任务的过程和方法。高效的营销团队应该将这两种思维方式结合起来，既要明确目标，也要掌握达成目标的有效途径。这要求团队成员能够清晰地识别关键绩效指标，并制订实际可行的行动计划。

物流营销团队可通过以下 3 个方面培养结果与任务思维：

1）结果导向：关注客户需求，以结果为导向，调整营销策略，实现业绩增长。

2）任务分解：将整体任务细化为可执行的阶段性任务，确保每个阶段目标的达成。

3）动态调整：根据市场变化和执行情况，及时调整任务计划，提高执行效果。

3．团队执行力的工具

为了提高团队的执行力，使用合适的工具至关重要。这些工具包括但不限于 CRM 系统、项目管理软件、自动化营销工具和数据分析平台。通过这些工具，团队可以更好地管理客户关系、跟踪项目进度、优化营销活动并做出基于数据的决策。

以下为 3 个常见的提升团队执行力的工具：

1）项目管理工具：如甘特图、思维导图等，帮助团队明确任务、时间节点和责任人，提高项目管理的效率。

2）沟通协作平台：如企业微信、钉钉等，方便团队成员实时沟通、分享信息和协同工作。

3）数据分析工具：通过数据分析，挖掘客户需求，优化营销策略，提高执行效果。

4．客户价值

客户价值是物流营销团队工作的中心。高效的执行力意味着能够有效地创造并传递客户价值。团队需要深入理解客户需求，设计符合他们期望的产品和服务，并通过有效的沟通和交付方式确保客户满意度。

物流营销团队可通过以下3个方面努力来提升客户价值：

1）客户需求挖掘：深入了解客户需求，为客户提供个性化、贴心的服务。

2）客户关系管理：建立和维护良好的客户关系，提高客户满意度和忠诚度。

3）客户价值提升：通过不断优化产品和服务，提高客户价值，实现营销目标。

5．执行力的标准

确立执行力的标准是衡量团队效能的关键。这些标准应该包括质量、速度、成本和客户满意度等方面。通过设定明确的标准，团队可以有目标地进行自我评估和改进。

物流营销团队可遵循以下3个执行力的标准：

1）量化指标：设立具体的量化指标，如业绩、客户满意度等，衡量团队执行力。

2）过程评估：对执行过程进行监督和评估，确保任务按计划推进。

3）成果验收：完成任务后进行成果验收，总结经验教训，为下次执行提供借鉴。

6．执行力的保障

执行力的保障涉及资源分配、风险管理和持续学习。确保团队有足够的资源来执行任务是基本前提。此外，识别潜在风险并制定应对措施也是必不可少的。最后，鼓励团队成员持续学习和成长，以适应不断变化的市场条件。

物流营销团队可通过以下3个措施来保障执行力的实施：

1）培训与激励：定期开展培训，提升团队成员的执行力技能；实施激励机制，激发团队成员的积极性和创造力。

2）制度建设：建立健全团队管理制度，确保任务执行有章可循。

3）提高领导力：领导要发挥带头作用，树立榜样，带领团队攻坚克难。

7．执行力的落地

执行力的落地是将所有策略和计划转化为实际行动的过程。这要求营销团队领导者具备出色的领导能力，能够激励团队成员，确保每个人都能全力以赴。同时，定期的监控和评估也是确保执行力落地的关键。通过定期的会议、报告和反馈机制，营销团队可以及时调整策略，确保目标的实现。

物流营销团队可从以下 3 个方向确保执行力的落地：

1）细化执行步骤：将策略、任务和行动计划细化为具体的执行步骤，确保执行效果。

2）监督检查：加强对执行过程的监督检查，确保任务按计划完成。

3）总结与反馈：执行完成后，及时总结经验教训，为下一次执行提供借鉴。

打造物流营销团队的高效执行力是一个全方位的过程，需要从团队文化、思维方式、工具使用、客户价值、执行标准、保障措施和落地实施等多个维度进行考虑和实施。通过这些方法的实践，物流企业可以构建一个能够迅速响应市场变化，持续创造客户价值的营销团队。

读一读：中通快递集团的百优之鹰培训

中通快递集团历来重视人才的培养，百优之鹰作为"三大人才＋三大赋能＋一大平台"人才培养体系中极其重要的一个环节，始终坚持"高标准、高要求、高水平、高质量、高效率"的"五高"原则，该培训旨在强化团队的凝聚力并检验学习成果。整个培训项目不仅致力于提升员工的专业技能，还加深了员工对企业文化的理解和认同。"想要成为一名优秀的百优之鹰，需要过好三关。一是学习关，按照要求完成科目学习，21 天运动打卡和轮岗实习作业；二是考核关，认真完成科目学习考核、综合表现以及论文答辩考核；三是军训关，将团结、紧张、严肃、活泼的军训理论落实到具体的军训实践和军训纪律中。"中通快递集团人力资源中心总监助理兼培训文化部负责人表示。

✈ 任务实施

一、实训目标

1）掌握 4C 理论和 4R 理论内涵。

2）掌握数字营销的特点。

二、实训操作步骤

步骤	操作方法	质量标准
描述营销 4C 理论和 4R 理论内涵	描述营销 4C 理论和 4R 理论的由来，逐个分析每个理论要素	对营销 4C 理论和 4R 理论的描述通俗易懂
对比 4C 理论和 4R 理论的优劣势	通过列表来对比营销 4C 理论和 4R 理论的优劣势	符合 4C 理论和 4R 理论的实际情况
介绍 4C 理论和 4R 理论的应用	搜索相关资料，查找营销 4C 理论和 4R 理论在物流企业的应用案例	通过对理论应用的学习，为受训人员后续开展相关工作提供借鉴
介绍数字营销内涵和特点	搜索相关资料，查找数字营销在物流企业的应用案例	通过理论学习，为受训人员后续开展相关工作提供指导
形成培训方案	归纳以上因素，制定对公司营销人员的培训方案	方案完整、逻辑性强、可行性强

三、实训评价

小组序号：		学生姓名：		
小组成绩：		学生成绩：		
考核指标	考核标准		满分	得分
4C 理论和 4R 理论描述	通俗易懂，受训人员能听懂		20	
4C 理论和 4R 理论优劣势	掌握 4C 理论和 4R 理论的适用范围		20	
4C 理论和 4R 理论应用	通过对理论应用的学习，对受训人员后续开展相关工作起到借鉴作用		20	
数字营销描述	通过对理论的学习，对受训人员后续开展相关工作起到指导作用		20	
绩效评价方案	方案完整、逻辑性强、可行性强		20	

■ **课后拓展** ■

京东物流产品的提质升级

《2023 快递幸福感报告》显示，好服务已经成为快递行业发展的下一个拐点。人们在需要安全、省心的寄递体验的同时，也更期待有多元、个性化的快递服务。京东物流在个性化寄递服务领域进行了深入探索，为消费者带来了更极致的服务体验。

自创建京东物流以来，京东便始终聚焦用户体验。多年来，京东物流通过不断精进服务质量、提升服务品质，助力着整个快递行业向高质量发展迈进。

其中，由京东物流推出的"惊喜速达"便是京东物流致力于提升用户体验的一项积极探索。根据介绍，"惊喜速达"这项个性化寄递服务，消费者寄件时选择该项服务，收件人便不会收到包裹相关的消息推送，保留了送礼过程中的神秘感。同时，寄件人可以选择个性动态贺卡，包含新年、爱情、生日等 5 大主题，可自定义编辑祝福语，收件人收件时通过查看运单详情页或扫描运单上的二维码，即可查看动态贺卡，还原收寄礼物过程中的惊喜感。这也是京东物流为满足多元寄递需求推出的个性化服务，旨在通过寄前、收货时的多个触点，丰富消费者的寄递体验。在今年情人节当天接受了"惊喜速达"服务的卢女士表示："收快递之前没收到任何推送，一度还以为异地男友忘了这个节日，收到后非常惊喜！"当在小程序里收到了男朋友送给自己的甜蜜祝福时，她表示："像收到一张电子贺卡，仪式感一下子就上来了。"

2024 年 3 月 28 日，京东物流的两大产品正式更名升级："特快送"升级为"京东特快"，"特惠送"升级为"京东标快"。此次升级不仅是产品名称的变更，更代表着京东物流在时效和服务方面的不断提升，致力于为消费者提供更快、更灵活的寄递体验。速度始终是快递行业的核心竞争力。升级后的京东特快重点依托在航空资源的持续投入以及地空资源的衔接优化，实现跨省快递（尤其是远距离快递）时效的进一步提升，最快实现次晨达。今年以来，京东物流正积极投入全货机，结合高密度多频次的地面集散货能力，将航空次晨达的范围不断扩大，从北上广向全国核心城市铺开，未来将在长三角、珠三角、环渤海三大经济板块及全国核心城市实现次晨达的时效覆盖。

京东标快则主要通过强化陆运能力提供更快的寄递体验。自京东宣布时效提速以来，京东标快省内次晨达的覆盖范围已从北京、上海、广东等9个省市扩大至13个省市。此外，京东物流快递员上门取件的时间也延长至最晚23点，最早次日早8点即可送到收件人手中，极大地提升了用户体验。

此外，为积极响应新规要求，京东物流在十几年如一日上门服务的基础之上，面向不同用户的个性化需求，推出"按需揽派"服务，用户可根据自己的习惯进行"偏好设置"：如家中有老人或小孩需要安静，选择"免打扰"模式，快递员就不会敲门、按门铃，避免打扰家人休息；如想减少和快递员的见面或互动，可选择将快递放在家门口、电表箱、服务点等地；如对收取快递时间有特殊要求，可以根据实际情况灵活选择上门时间。

全新升级后的京东物流把用户体验放在首位，持续聚焦对"快"时效的打造，通过对空铁、陆运、枢纽等资源的持续投入，以及优化衔接流程等，提升快递网络能力。

问题：

1. 京东物流的新产品和老产品的升级体现了什么思想？

2. 作为物流企业，其服务产品的设计应遵循什么样的原则？

·职业进阶训练四·

一、单项选择题

1. 物流营销战略对物流企业而言是（　　）。

　　A. 正确地做事　　　B. 做正确的事　　　C. 认真地做事　　　D. 做认真的事

2. （　　）模式适用售前、售中、售后需要的技能差异较大、整体规模较大的企业。

　　A. 职能型物流营销组织　　　　　　　　B. 客户型物流营销组织

　　C. 产品型物流营销组织　　　　　　　　D. 区域型物流营销组织

3. （　　　）是衡量市场营销人员带动业务增长能力的指标。

　　A. 销售增长率　　　　　　　　　　　B. 销售额

　　C. 市场份额　　　　　　　　　　　　D. 销售目标完成率

4. 营销 4C 理论中的成本是指顾客为满足需求而愿意支付的（　　　）。

　　A. 总费用　　　　　B. 总价格　　　　　C. 商品总成本　　　　D. 顾客总成本

5. （　　　）模式根据物流产品类型来划分物流营销人员。

　　A. 区域型物流营销组织　　　　　　　B. 产品型物流营销组织

　　C. 客户型物流营销组织　　　　　　　D. 职能型物流营销组织

二、多项选择题

1. 物流营销与服务绩效评价方法包括（　　　　）。

　　A. 问卷调查法　　　　　　　　　　　B. 关键事件法

　　C. 层次分析法　　　　　　　　　　　D. 模糊综合评价法

2. 物流营销与服务中的"客户"考核指标包括（　　　　）。

　　A. 陌生客户拜访数量　　　　　　　　B. 新客户开发数量

　　C. 老客户流失数量　　　　　　　　　D. 客户满意度

3. 营销 4C 理论的 4C 是指（　　　　）。

　　A. 顾客　　　　　B. 成本　　　　　C. 价格　　　　　D. 便利

　　E. 沟通

4. 营销 4R 理论的 4R 是指（　　　　）。

　　A. 关联　　　　　B. 成本　　　　　C. 反应　　　　　D. 关系

　　E. 报酬

5. 数字营销的特点包括（　　　　）。

　　A. 集成性　　　　　B. 个性化服务　　　　　C. 成本优势　　　　　D. 选择空间

三、判断题

1. 物流企业的客户与一般的服务行业不同，物流行业服务的客户不是商品或服务的最终消费者，而是各种企业，既有生产领域的企业，也有流通领域的企业。　　　　　　　（　　　）

2. 物流服务质量管理具有全员参与和全程控制的特点。　　　　　　　　　　　（　　　）

3. 对物流服务质量进行管理，是物流客户关系管理的基础。　　　　　　　　　（　　　）

4. 区域型物流营销组织模式下，权力不集中，决策速度慢。　　　　　　　　　（　　　）

5. 销售额不是衡量市场营销人员绩效的关键指标之一。　　　　　　　　　　　（　　　）

四、简答题

1. 处于动荡期的物流营销团队如何管理?

2. 培训物流营销团队有何意义?

3. 营销 4R 理论的特点有哪些?

4. 数字营销存在哪些不足?

5. 物流营销与服务绩效评价的意义是什么?

五、情景分析题

梅吉平是贵州"80 后"新农人创业者,他在电商平台经营贵州特产菜籽油。2023 年,梅吉平的菜籽油爆单,但由于物流问题不能及时发货,导致他的电商店铺整体分数从四点几分一下子降到三点几分,店铺的产品链接全部被下架,这对于一个电商企业来说是毁灭性的打击。

梅吉平是如何解决菜籽油的物流难题的呢?

请扫描二维码观看"京东物流助力农货出山 实现流量口碑双丰收"视频,并回答以下问题:

京东物流助力农货出山
实现流量口碑双丰收

1. 京东物流是如何为梅吉平解决菜籽油的物流难题的?

2. 从梅吉平的这个例子可以看出,作为营销经理应该具备哪些能力和素质,才能管理好一个营销团队?

参 考 文 献

[1] 胡延华. 物流营销 [M]. 3 版. 北京：高等教育出版社有限公司，2019.

[2] 旷健玲. 物流市场营销 [M]. 2 版. 北京：电子工业出版社有限公司，2020.

[3] 彭石普. 市场营销原理与实训 [M]. 4 版. 北京：高等教育出版社有限公司，2018.

[4] 吴文娟. 市场营销理论与实务 [M]. 2 版. 南京：南京大学出版社有限公司，2021.

[5] 黄灿灿. 物流客户开发与管理 [M]. 2 版. 北京：中国财富出版社有限公司，2020.

[6] 罗生芳. 市场营销基础与实务 [M]. 3 版. 北京：电子工业出版社有限公司，2022.

[7] 肖院生. 市场营销实务 [M]. 2 版. 大连：东北财经大学出版社有限责任公司，2019.

[8] 杜明汉. 市场营销知识 [M]. 6 版. 北京：中国财政经济出版社，2021.

[9] 何雄明. 快递客户服务与营销 [M]. 北京：人民邮电出版社有限公司，2022.

[10] 张燕. 国际市场营销 [M]. 5 版. 大连：大连理工大学出版社有限公司，2022.

[11] 成荣芬. 互联网营销策划实务 [M]. 北京：电子工业出版社有限公司，2022.

[12] 苏芳. 跨境营销与管理 [M]. 北京：电子工业出版社有限公司，2021.

[13] 赵轶. 市场营销 [M]. 3 版. 北京：清华大学出版社有限公司，2024.

[14] 王水清. 市场营销基础与实务 [M]. 3 版. 北京：北京邮电大学出版社，2022.

[15] 胡德华. 市场营销原理与实务 [M]. 3 版. 北京：清华大学出版社有限公司，2022.

[16] 汪永华. 网络营销 [M]. 2 版. 北京：高等教育出版社有限公司，2019.

[17] 陆亚文. 微信营销与运营 [M]. 北京：国家开放大学出版社有限公司，2024.

[18] 章金萍. 营销策划 [M]. 2 版. 北京：高等教育出版社有限公司，2019.